`CANADA

QUÉBEC-CANADA

WHAT IS THE PATH AHEAD?	*NOUVEAUX* *SENTIERS VERS* *L'AVENIR*

Edited by / Sous la direction de

JOHN E. TRENT
ROBERT YOUNG
GUY LACHAPELLE

ACTEXPRESS

UNIVERSITY OF OTTAWA PRESS
LES PRESSES DE L'UNIVERSITÉ D'OTTAWA

Canadian Cataloguing in Publication Data

Main entry under title:
Québec-Canada: What is the path ahead? / Nouveaux sentiers vers l'avenir

(Actexpress; 20)
Proceedings of a conference held at the University of Ottawa, Jan. 26-28, 1996.
Includes bibliographical references.
Text in English and French.
ISBN 0-7766-0436-8

1. Canada — Politics and government — 1993- — Congresses. 2. Quebec (Province) — History — Autonomy and independence movements — Congresses. 3. Federal-provincial relations — Quebec (Province) — Congresses. 4. Quebec (Province) — Politics and government — 1994- — Congresses. 5. Canada — Economic conditions — 1991- —Congresses. 6. Canada — Ethnic relations — Congresses. I. Trent, John E II. Young, Robert III. Lachapelle, Guy, 1955- IV. Series.

FC2926.9.S4Q43 1996   971.064'8   C96-900797-3E
F1053.2.Q84 1996

Données de catalogage avant publication (Canada)

Vedette principale au titre:
Québec-Canada: What is the path ahead? / Nouveaux sentiers vers l'avenir

(Actexpress; 20)
Actes d'une conférence présentée à l'Université d'Ottawa, du 26 au 28 janv. 1996.
Comprend des références bibliographiques.
Texte en anglais et en français.
ISBN 0-7766-0436-8

1. Canada — Politique et gouvernement — 1993- — Congrès. 2. Québec (Province) — Histoire — Autonomie et mouvements indépendantistes — Congrès. 3. Relations fédérales-provinciales (Canada) — Québec (Province) — Congrès. 4. Québec (Province) — Politique et gouvernement — 1994- — Congrès. 5. Canada — Conditions économiques — 1991- — Congrès. 6. Canada — Relations interethniques — Congrès. I. Trent, John E II. Young, Robert III. Lachapelle, Guy, 1955- IV. Collection.

FC2926.9.S4Q43 1996   971.064'8   C96-900797-3F
F1053.2.Q84 1996

 UNIVERSITY OF OTTAWA
UNIVERSITÉ D'OTTAWA

Cover/Couverture: Robert Dolbec

This book contains proceedings of a joint colloquium held in January 1996 under the auspices of the Société québécoise de science politique and the Canadian Political Science Association.

"Books in the ACTEXPRESS series are published without the University of Ottawa Press's usual editorial intervention. The editorial process for and copy editing of Québec-Canada: What Is the Path Ahead?/Nouveaux sentiers vers l'avenir have been ensured by the editors and their contributors."

Ce livre contient les actes d'un colloque conjoint tenu en janvier 1996 sous les auspices de la Société québécoise de science politique et l'Association canadienne de science politique.

«Les ouvrages de la collection ACTEXPRESS sont publiés sans l'intervention éditoriale habituelle des Presses de l'Université d'Ottawa. La préparation éditoriale ainsi que la révision linguistique de Québec-Canada: What Is the Path Ahead?/Nouveaux sentiers vers l'avenir ont été assurées par les directeurs de publication et leurs divers collaborateurs.»

© University of Ottawa Press, 1996
Les Presses de l'Université d'Ottawa, 1996

Printed in Canada / Imprimé au Canada

PARTICIPANTS

Frances Abele, Public Administration, Carleton
Louis Balthazar, Science politique, Laval
Sylvia Bashevkin, Political Science, Toronto
Thomas Berger, Berger and Nelson, Vancouver
John Berry, Psychology, Queen's
André Blais, Science politique, Montréal
Gérard Boismenu, Science politique, Montréal
Ed Broadbent, Int'l Centre for Human Rights and Democratic Development
Kathy Brock, Political Science, Wilfrid Laurier
Douglas Brown, Inst. for Intergovernmental Relations, Queen's
André Burelle, Auteur, *Le mal canadien*
Alan Cairns, Political Science, Massey College, Toronto
David Cameron, Political Science, Toronto
Duncan Cameron, Canadian Centre for Policy Alternatives, Ottawa
Linda Cardinal, Science politique, Ottawa
Thomas Courchene, Policy Studies, Queen's
Donna Dasko, Environics Research, Toronto
Michel Doucet, Law, Moncton
David Elton, Canada West Foundation
Tom Flanagan, Political Science, Calgary
Roger Gibbins, Political Science, Calgary
Donna Greschner, Law, Saskatchewan
David Hawkes, Royal Commission on Aboriginal Peoples
John Helliwell, Economics, British Columbia
Danielle Juteau, Sociologie, Montréal
Thomas Kierans, C.D. Howe Institute
Guy Lachapelle, Science politique, Concordia
Vincent Lemieux, Science politique, Laval
Peter Leslie, Political Studies, Queen's
Kenneth McRoberts, Political Science, York
David Milne, Political Science, Prince Edward Island
Desmond Morton, McGill Institute for the Study of Canada
Gilles Paquet, Administration, Ottawa
Pierre-Paul Proulx, Économique, Montréal
François Rocher, Science politique, Carleton
Leslie Seidle, Institute for Research on Public Policy
Richard Simeon, Political Science, Toronto
Miriam Smith, Political Science, Carleton
Charles Taylor, Philosophy, McGill
André Tremblay, Droit, Montréal
John Trent, Political Science, Ottawa, Co-organizer
Michel Vastel, Columnist, Unimedia
Robert Young, Political Science, Western Ontario, Co-organizer

TABLE OF CONTENTS / TABLE DES MATIÈRES

B.   Values: What Values and Principles Currently Animate Public Opinion?
Which Ones Will and Should Direct Our Political Life?

Valeurs : quels valeurs et principes animent l'opinion publique ?
Lesquels vont et devraient diriger notre vie politique ?

C.   Political Economy: How Is the Economy Influenced? What Is Possible or Desirable? What Is the Future of the Economic Union?

L'économie-politique : quelles forces influencent l'économie ?
Quelles actions sont possibles ou désirables ? Les marchés et
l'union économique, quelle évolution préconiser ?

D.   Intercultural Relations: Can Relations Among Anglophones, Francophones, Aboriginals, and People of Various Regions Be Improved?

Relations interculturelles : peut-on mieux régir les rapports
entre francophones, anglophones, allophones, autochtones et les
gens des différentes régions ?

E. The State and Intergovernmental Relations: How Can Our Political Space Be Better Managed? What Changes Can We Anticipate or Advocate in Our Democratic Institutions?

L'État et les relations intergovernementales : comment mieux gérer l'espace politique ? Quels changements doit-on anticiper ou prôner dans nos institutions démocratiques ?

John E. Trent
Department of Political Science
University of Ottawa

QUEBEC-CANADA:
WHAT IS THE PATH AHEAD

Introduction

This book is the product of a colloquium that took place three months after the October 30, 1995 Quebec referendum. The colloquium, a joint effort of the Société québécoise de science politique and the Canadian Political Science Association, was held at the University of Ottawa from January 26 to 28, 1996. During those few days, fifty of the most eminent experts in the country focused on "Quebec-Canada: New Challenges and Opportunities"—or in more down-to-earth terms, "After the referendum: which new pathways toward the future?"

During the summer of 1995, a team made up of two associations of political scientists (Guy Lachapelle, Daniel Latouche, Pierre Tremblay, John Trent, Kenneth McRoberts, Miriam Smith, and Robert Young) began planning this joint meeting. At the time, we said that regardless of the referendum result, there would be a requirement for reasoned debate on the political, economic, and social relations which should govern Quebec-Canada relations, with the understanding that the interests of other major regional and ethnic partners, such as the West and natives, ought to be included. The tumultuous post-referendum period, which featured so much bitterness and so many mutual accusations, contradictory proposals, and hardenings of position, certainly proved our case.

If the referendum had a generalized effect on all Canadians, it was to convince them that they had their backs to the wall. So, motivated by fear or conviction, the country is once again listening to ideas concerning the renewal of relations between its constituent communities. Tiny groups of citizens everywhere want to take part in the debate on the future of their society. Some think this is the time for a hard line. They want to warn, or simply threaten, their adversaries about the harmful consequences of their actions. But there are others, and the organizing team presumed that their numbers included colloquium participants, who believe that it is necessary to continue the debate, to talk to each other, to deliberate until solutions that are equitable for everyone are found.

For this reason, the two associations invited thinkers from every corner of the country—philosophers and economists, jurists and psychologists, historians and political scientists, sociologists and opinion surveyors, experts in federalism and the constitution—to come together in Ottawa and discuss the future of citizens of Quebec and the rest of Canada. But what precisely were they to discuss?

It seemed to us that there is one question that unites everyone, despite their political and ideological orientations, which may be divergent. That question is: what are the conditions which best enable residents of the northern part of this continent to live and prosper alongside each other? Is it possible to reach a shared vision, a sort of minimum consensus on the roots of our problems, our common objectives, and the options available for attaining these? These are the goods the colloquium attempted to deliver.

We decided to divide this general question into five parts. (1) We used the 1995 Quebec referendum as a starting point, seeking its causes, antecedents and results. In other words, what impact does the referendum have on the debates and events which must follow in its wake? (2) The second fundamental question is: which shared principles and values should animate the political life of Canadians? Finally, other parts of the colloquium focused on three interdependent themes: (3) the economic evolution that must be recommended; (4) intercultural relations between ethnic and regional groups; and (5) the changes that must be advocated in our political institutions.

In all five cases, we invited colloquium participants to shrug off their traditional academic habits. First we asked them to be as brief and concise as possible. Then we asked them to concentrate much more on prescriptions than on descriptions and analyses. In other words, we wanted our contributors to propose remedies for Canadian ills rather than simple diagnoses. Which is why (fortunately) readers will see far fewer quotations and references in this book than in an ordinary academic text.

Finally, given its relevance, we wanted to make the product of our deliberations available to the public as soon as possible. To do this, we could not wait for the grants required for a complete translation of the work. Nevertheless, those who wish to "flip" through the book may consult summaries of each section in their official language of choice, as well as the introduction and conclusion.

A very interesting thumbnail sketch of some of the major Quebec-Canada issues underlined by the colloquium was synthesized by Douglas Brown in his introduction to the final session:

- Charles Taylor challenged the "rest of Canada" to come up with a formulation recognizing Quebec's distinctiveness, acceptable to both Quebec and the West.

- Tom Flanagan suggested the *quid pro quo* for the West may be to rework some or all of the current status quo regarding the Senate, bilingualism and equalization.

- Tom Courchene challenged us to develop interprovincial mechanisms that can achieve positive social and economic integration.

- François Rocher issued a call to get away from what he called "authoritarian drifting" and to rearrange a democratic dialogue about economic restructuring.

- Bob Young wonders whether our institutions are up to the task of defining subsidiarity and managing coordination.

- Linda Cardinal warned us that national unity will not be realized if solutions are imposed on constituent groups, regions or communities in Canada.

- Roger Gibbins raised his warning that the federally legislated veto for Quebec and four other regions added an unneeded burden to the difficult task of constitutional change.

In the final session itself, Brown wondered if the calls for an ever more complex Canadian identity were consonant with the public's desire for simple solutions. David Cameron asked if the federal government recognized it was as much a part of the problem as a part of the solution. And David Elton drew attention to the myriad ways in which the Prime Minister could initiate far-reaching, non-constitutional reforms—if he has the political will and sagacity.

Quebec-Canada and the Social Sciences

As President of the Société québécoise de science politique, I must touch briefly on one other subject in this introduction by making a few points concerning social science approaches to inter-ethnic relations and federalism.

Sustained effort: Social scientists have undoubtedly made an enormous investment in the debate on the future of Canada and Quebec. Academics are not limited to research and analysis. They have also organized key meetings to advise politicians or inform the public. And they form the

13

backbone of many organizations which sponsored public meetings, analyzed problems, and presented reports and recommendations to governments and political parties.[1]

Interdisciplinarity: Although concentrated in the political science field, the contributions made by social sciences are not in any way limited to a single discipline. Readers of this volume will note that the Quebec-Canada issue must be approached in an interdisciplinary and interdependent manner; i.e., it is not possible to solve political and constitutional problems without resolutely attacking economic and cultural difficulties at the same time.

Economics: For example, how can people in different regions of the country hope to be tolerant, even generous, toward each other unless they feel involved in an economy which can ensure their jobs and a reasonable distribution of the wealth resulting from work done by citizens? Or, on the other hand, how can we hope to work together to improve our prosperity unless we have the will to solve our political and constitutional problems? It is now clear that despite good economic indicators, investors are not putting enough money into Canada because they do not think Canadians are capable of managing their own country soundly. All of these problems are interrelated and cannot be solved piecemeal. This said, we are also of the opinion that our current situation must be seen as an opportunity as well as a challenge.

This consensus aside, there are some aspects of our continuing federal crisis that traditionally have been underestimated by social scientists and which merit being sought out in the contributions to this book. Particularly, insufficient attention has been paid to three issues: (1) how change comes about in a federation; (2) the role of public attitudes and participation in these changes; and (3) what sort of political culture is required to sustain inter-cultural relations in a time of turbulence and change. We have been better at proposing the "what" than the "how." Social scientists, like politicians, have spent more time on developing rational new models of Quebec-Canada relations than in suggesting how they can be brought about.

The Process of Change: One recent study of evolving Canadian federalism suggests just how long and involved the process of transformation can be. In their *State, Society, and the Development of Canadian Federalism*, Simeon and Robinson remind us that even small symbolic changes like the adoption of a flag or an anthem can take years of debate. For example, it has just taken 15 years to change the wording on Canada's official coat of arms. But when it comes to major transformations such as the implementation of an unemployment insurance program, hospital and medical insurance and equalization payments, it can take from one to three decades from the time the proposal is made by academics or a royal commission or a government green paper and the time the policy is finally adopted.[2]

It would appear from an analysis of the mechanisms of political change and of the evolution of federalism that it takes not only a long time but also a great deal of political pressure to bring about major system transformation in constitutional democracies, with their established institutions, entrenched interests, and internalized patterns of attitudes and behaviour.

It requires political leaders who believe the economic and social conditions are such that it is currently advantageous or necessary to take action. They come to believe this because of a constellation of direct public pressures, specific political events, perceived partisan advantages, and their reading of the necessities or opportunities in the political economy. One thing is certain: political systems, because of their built-in interests and arrangements, rarely change without being pushed to do so. This is certainly something that Lucien Bouchard appears to have understood. We want to ask ourselves whether the appropriate pressures and opportunities for change exist in Quebec-Canada relations since the 1995 Quebec referendum.

Also in this context, we can ask ourselves about the meaning of recent Canadian attempts to accommodate Quebec's aspirations. Were the Meech Lake and Charlottetown accords clear failures or can they be perceived as stepping stones in a much longer process that requires attitudinal adjustments to new concepts prior to symbolic and institutional power shifts? Was the post-referendum gesture of Jean Chrétien's federal government to legislate on Quebec's distinct society and constitutional veto simply a futile response to crisis or is it, in fact, really the way change is made in complex federations? That is to say, was this (a) crisis-inspired, hasty reaction which (b) finally initiates a long overdue political change that in turn (c) establishes a practice which, with the weight of time and adjustment, (d) may become a political convention, (e) eventually to be inscribed in the constitution? Are established federations condemned to evolve through jerky gyrations rather than rational conceptualization?

Political Culture: Although long ignored, there has been a recent small growth of interest in the normative and attitudinal foundations of federal systems and inter-ethnic relations.[3] There is also a new pressure from European theorists to see federalism as a normative regime with necessary cultural underpinnings.[4] Europeans and "covenantal federal theorists" believe that an effective federal culture is founded on an ideal of mutually agreed upon obligations and rights respecting the equality and integrity of the communities, according to Michael Stein. Building on both North American and European sources, Alan Cairns's writings permit us to deduce a ten-point set of cultural conditions for an ethnically/nationally diverse and dispersed population that seeks both unity and diversity.[5]

1. A *vouloir vivre ensemble* that englobes a desire for unity in diversity, that is, both togetherness and the recognition and protection of difference. It has been also called "interdependent interdependence" and a "federal political culture."[6]

2. A "political culture of mutual trust and bargaining."[7] A fraternity that assumes the peoples have goodwill toward each other, a sense of confidence based on a feeling of being recognized, rewarded and appreciated.

3. Common endeavours.

4. Political institutions for the welfare of all. Minorities need constitutional guarantees of language rights and of representation in institutions and in the electoral system. In Cairns's terms, this gives the minority a "platform from which they can address the majority."[8]

5. Common allegiances.

6. A fundamental commitment to democracy.

7. Both democracy and federalism require a capacity for self-restraint and an acceptance of tension and contradiction.

8. Among the contradictions, in a country with both territorially concentrated and dispersed ethnic minorities, the "country-wide community has to accept a double constraint on its majoritarianism."[9] There has to be an acceptance of both territorial/jurisdictional protection for concentrated ethnic communities (as in Quebec) and also a Charter type, court-enforced capacity to protect minorities against abuse by the majority.

9. The state must publicize an ethic of cultural and racial pluralism with repeated symbolic messages that the state's identity explicitly includes peoples who are not of the ethno/linguistic majority. The acceptance of pluralism requires not only constitutional and economic bases but also incessant symbolic confirmation.

10. The definition of the common citizenship is overarching and inclusive.

To summarize, relatively harmonious relations in federations and between ethnic communities appear to need to be underpinned by a political culture in which difference is not only accepted but to some degree prized even if it may lead to tensions and antagonism, and that there be an understanding that the protection of these differences must be firmly ensconced in the political and legal institutions.

After reading such a list one might wonder if our citizens must be angels. Obviously not. Humans are not angels. That is why a lot of the burden is carried by institutionalized relationships, concordant public policies, the legal protection of rights, and political promotion of symbols of harmony. Nevertheless, the popular culture must support (or at least, not oppose) these pluralist institutions, policies, rights, and symbols.

In Canada, as in other multi-ethnic countries, this is not easy to achieve. As we have seen, the English-speaking majority must not only come to accept the special role of Quebec in protecting the French culture but also agree to special rights for the French culture across Canada. Of course, in Quebec it is the inverse. In addition, if European federalist theory is correct, this must be achieved not just between territorially based governments, but be understood by the people as an agreement or implicit contract of mutual obligations and duties between the ethnic-linguistic communities. Once again, we want to see the degree to which these ideals are reflected in Quebec-Canada realities and in the propositions of our authors.

Public Participation: A final issue that has been underestimated by politicians and social scientists alike is that of public participation, the role of citizens in renewing Quebec-Canada relationships. We now know from the experience of Meech Lake and the Charlottetown accords that no matter how well laid the plans of the politicians, if the public is not brought along in the process they will refuse the outcome. There appear to be three broad issues with regard to citizen participation: education, participation techniques, and democratic development.

As Jean Laponce and John Meisel have pointed out in a summary document on the era of mega-constitution projects, any significant revision of constitutional relationships between Canadians will require some shift in underlying attitudes. This means that Canadians would have to achieve a more powerful sense of civic nationalism and a greater tolerance for regional and other forms of diversity. To a great extent this is a question of education, and the burden of change rests squarely on the shoulders of the education system and the media, as well as politicians and political parties and national voluntary organizations.[10] In other words, if citizens are going to make a meaningful contribution to the transformation of Canadian institutions it must be an informed one.

Critics of the Meech Lake Accord accused the process of being undemocratic and unrepresentative.[11] The Charlottetown Accord was

17

accused of excluding various categories of Canadians in its final debates and of being disrespectful of citizen participation and democratic process.[12] After having surprised the population with the openness of the Spicer Citizen's Forum, the Beaudoin-Dobbie Commission, and the five regional televised conferences, the politicians appeared to revert to form by retreating behind closed doors to finalize the negotiations on the Charlottetown Accord. The upshot was that the public had the impression of a closed and exclusionary process, which foisted on them at the eleventh hour huge new arrangements of which they had no knowledge or understanding and for which they were ill-prepared. The conclusion is that we must seek ways to ensure that any reform process is open to the public from the outset, that mechanisms are made available for their informed participation, that they be kept abreast of ongoing developments, that they have an opportunity to make their views known to the governments, and that they be consulted on the outcome.

Surely such proposals are in accord with democratic principles, if not with democratic traditions. In effect it is these very democratic traditions that are being challenged at the end of the millennium. Innovative experiments are being carried out in Canada, Great Britain, and the United States.[13] Although simple representative government may have been sufficient for the industrial epoch, in the era of high technology we require a mini-democratic revolution to bring our political practices into line with our more educated, mobilized, and informed citizenry. A vote every four years is insufficient either for controlling our governments or for giving a voice to electors.

It is evident that to resolve the Quebec-Canada crisis the public must become more aware of their political regime and more receptive to each other. But can we not go further at this beginning of a new millennium? Can the improvement of relationships among Canadians not also be an occasion for governments and citizens alike to seize the opportunity to improve the quality of our democracy through a more informed and involved citizenry?

In closing, a number of thanks are in order to the following:

- the institutions and corporations that were courageous enough to financially support the conference: Fonds pour la formation des chercheurs et l'aide à la recherche du Québec, the Social Sciences and Humanities Research Council of Canada, the *Ottawa Citizen*, the Canadian Centre for Policy Alternatives, the Institute of Intergovernmental Relations, the Canada West Foundation, the Institute for Research on Public Policy, the Faculty of Social Sciences of the University of Ottawa, the Canadian Political Science Association, la Société québécoise de science politique, the R. Howard Webster Foundation, and Heritage Canada.

18

- CPAC (the Cable Parliamentary Channel) for televising the entire proceedings;

- Miriam Smith and Kenneth McRoberts for their advice and for their work as rapporteurs;

- Francine D'Amour who prepared the camera-ready copy for this book;

- our team of students from the University of Ottawa: Katrina Anders, Melika Carroll, Paul Kotschorek, Jeff Morrison, and Patrick and Andrew Trent;

- our two political science associations that collaborated in this project from the outset, and particularly John Armstrong and Elaine Duprés for their precious help in organizing the meeting;

- and my extraordinary colleagues Robert Young and Guy Lachapelle with whom it is such a pleasure to work.

Notes

1. See John Trent, Steen Esbensen, and Michel Allard, *The Social Sciences in Canada: A National Resource*, Ottawa, Government of Canada, Department of Canadian Heritage, 1992, pp. 19-20.

2. Richard Simeon and Ian Robinson, *State, Society, and the Development of Canadian Federalism*, Toronto, University of Toronto Press, 1990, pp. 159, 161, 162.

3. Samuel LaSelva, "Federalism as a Way of Life: Reflections on the Canadian Experiment," *Canadian Journal of Political Science,* 26(2) 1993, pp. 221-234.

4. Michael B. Stein, "Changing Concepts of Federalism since World War II: Anglo-American and Continental European Traditions," paper presented at the XVI World Congress of the International Political Science Association, Berlin, 1994.

5. Alan C. Cairns, "Constitutional Government and the Two Faces of Ethnicity: Federalism Is Not Enough," in Karen Knop, Sylvia Ostry, Richard Simeon, and Katherine Swinton (Eds.), *Rethinking Federalism: Citizens, Markets, and Governments in a Changing World*, Vancouver, UBC Press, 1995, pp. 15-39.

6. Ivo Duchacek, "Antagonistic Cooperation: Territorial and Ethnic Communities," *Publius*, 7(4) 1977, p. 28.

7. Klaus von Beyme, "Social and Economic Conditions of Ethnic Strife in the Soviet Union," in Alistair McCauley (Ed.), *Soviet Federalism, Nationalism and Economic Decentralization*, London, Leicester University Press, 1991, p. 108.

8. Cairns, *op.cit.*, p. 35.

9. Cairns, *ibid.*

10. Jean Laponce and John Meisel, *Debating the Constitution*, Ottawa, University of Ottawa Press, 1994, p. 150.

11. Kathy L. Brock, "The Politics of Process," in Douglas M. Brown (Ed.), *Canada: The State of the Federation 1991*, Kingston, Institute of Intergovernmental Relations, Queen's University, pp. 57-87. Alan C. Cairns, "Citizens (Outsiders) and Government (Insiders) in Constitution-Making: The Case of Meech Lake," *Canadian Public Policy*, XIV supplement, September 1988.

12. Susan Delacourt, *United We Fall: In Search of a New Canada*, Toronto, Penguin, 1994.

13. For one example, see James Fishkin, *The Voice of the People*, New Haven, Yale University Press, 1995.

John E. Trent

Département de science politique
Université d'Ottawa

QUÉBEC-CANADA :
NOUVEAUX SENTIERS VERS L'AVENIR

Introduction

Ce livre est le fruit d'un colloque qui eut lieu trois mois après le référendum québécois du 30 octobre 1995. Effort conjoint de la Société québécoise de science politique et de l'Association canadienne de science politique, il fut tenu à l'Université d'Ottawa du 26 au 28 janvier 1996. Pendant ces quelques jours, cinquante des plus éminents spécialistes du pays ont abordé la question : « Québec-Canada : nouveaux défis et opportunités » — ou en termes plus terre à terre : « Après le référendum : quels nouveaux sentiers vers l'avenir »?

C'est pendant l'été 1995 qu'une équipe des deux associations de politologues (Guy Lachapelle, Daniel Latouche, Pierre Tremblay, John Trent, Kenneth McRoberts, Miriam Smith et Robert Young) avait commencé à planifier cette réunion conjointe. Nous nous sommes dit à ce moment-là que quel que soit le résultat du référendum, on aurait besoin d'un débat raisonné sur les relations politiques, économiques et sociales qui devraient régir les rapports Québec-Canada, avec le sous-entendu qu'on devait y inclure les intérêts des autres grands partenaires régionaux et ethniques tels l'Ouest et les Autochtones. La période houleuse qui a suivi le référendum, période qui a donné libre cours à tant d'amertume, d'accusations mutuelles, de propositions contradictoires et de durcissement des positions nous a certainement donné raison.

Si le référendum a eu un effet généralisé sur tous les Canadiens, ce fut de les convaincre qu'ils ont le dos au mur. Donc, par peur ou par conviction, le pays est encore une fois à l'écoute des idées concernant le renouvellement des rapports entre les communautés dont le pays est composé. Partout il y a des groupuscules de citoyens qui veulent participer au débat sur l'avenir de leur société. Pour certains, c'est le moment de la ligne dure. Ils veulent prévenir, ou tout simplement menacer, leurs adversaires sur les conséquences néfastes de leurs actions. Mais, il y en a d'autres, et l'équipe organisatrice présumait que c'était le cas de ceux qui participaient à la conférence, qui croient qu'il fallait continuer de débattre, de dialoguer, de parlementer jusqu'à ce que l'on trouve des solutions qui sont équitables pour tout le monde.

C'est pour cette raison que les deux associations ont invité des penseurs de tous les coins du pays : des philosophes et des économistes, des juristes et des psychologues, des historiens et des politologues, des sociologues et des sondeurs d'opinion, des spécialistes du fédéralisme et de la constitution, à venir à Ottawa pour discuter ensemble de l'avenir des citoyens du Québec et du reste du Canada. Mais discuter de quoi précisément?

Il nous semblait qu'il y a une question qui réunit tous les participants en dépit de leurs orientations politiques et idéologiques divergentes. Et cette question est la suivante : quelles sont les conditions qui peuvent mieux permettre aux habitants du nord de ce continent de vivre et de prospérer les uns à côté des autres ? Peut-on arriver à une vision commune, une espèce de consensus minimum sur ce que ces rapports devraient être ? Les citoyens, tout comme nos politiciens, cherchent des éclaircissements sur les racines de nos problèmes, nos objectifs communs, et les voies possibles pour les réaliser. C'est la marchandise que le colloque a tâché de livrer.

Nous avons décidé de diviser cette question générale en cinq parties. (1) Nous nous sommes servi du référendum québécois de 1995 comme point de départ en nous posant la question : quelles en étaient les causes, les antécédents et les résultats ? En d'autres termes, quel est l'impact du référendum sur les débats et les événements qui doivent nécessairement s'ensuivre ? (2) En deuxième lieu se pose la question fondamentale, à savoir quels principes et valeurs communs devraient animer la vie politique des Canadiens ? Enfin, les autres sections de la Conférence s'articulent autour de trois thèmes interdépendants. Ils concernent (3) l'évolution de l'économie politique qu'il faut préconiser; (4) les relations interculturelles entre groupes ethniques et régionaux; et (5) les changements qu'il faut prôner dans nos institutions politiques.

Dans les cinq cas, nous avons invité les participants au colloque à faire fi à leurs habitudes universitaires traditionnelles. C'est-à-dire, dans un premier temps, nous leur avons demandé d'être aussi bref et concis que possible. Deuxièmement, on les a invités à se concentrer beaucoup plus sur les prescriptions que sur les descriptions et analyses. Autrement dit, on a voulu que nos auteurs proposent des remèdes pour les maux canadiens plutôt que des simples diagnostics. Et c'est pour cette raison — et il faut s'en réjouir — que le lecteur trouvera beaucoup moins de citations et de références dans ce livre que dans un texte universitaire courant.

Enfin, vu leur pertinence, on a voulu mettre les fruits de nos délibérations à la disposition du public dans les plus brefs délais. Pour ce faire, nous ne pouvions pas attendre les subventions nécessaires à une traduction complète de l'œuvre. Néanmoins, ceux qui veulent passer à travers le livre « en diagonale » peuvent consulter, dans la langue officielle de leur choix, cette introduction, les résumés de chaque section et la conclusion.

Dans son introduction à la dernière séance du colloque, Douglas Brown a fait un exposé succinct et intéressant des principales questions relatives aux relations Québec-Canada. En voici les points saillants :

- Charles Taylor a mis le reste du Canada au défi de proposer une formulation pour reconnaître la spécificité du Québec dont le Québec et les provinces de l'Ouest pourraient s'accommoder.

- Tom Flanagan a proposé que le remaniement, en tout ou en partie, du *statu quo* au sujet du Sénat, du bilinguisme et de la péréquation pourrait constituer un *quid pro quo* acceptable du point de vue des provinces de l'Ouest.

- Tom Courchene nous a mis au défi de mettre au point des mécanismes interprovinciaux susceptibles de réaliser l'harmonisation des questions d'ordre social et politique.

- François Rocher nous a enjoints de délaisser ce qu'il dénomme la «dérive vers l'autoritarisme» et de mettre en place un dialogue démocratique axé sur la restructuration économique.

- Bob Young se demande si nos institutions sont prêtes à concrétiser la notion de subsidiarité et à gérer la coordination des activités gouvernementales.

- Linda Cardinal nous a prévenus que l'unité nationale ne se fera pas si l'on impose des solutions aux groupes constituants, aux régions ou aux collectivités du Canada.

- Roger Gibbins nous a rappelé que le veto accordé au Québec et à quatre autres régions par voie de législation fédérale rend toute modification de la constitution plus difficile.

Lors de la dernière séance, Douglas Brown s'est demandé si les appels en faveur d'une identité canadienne de plus en plus complexe s'accorde avec le désir de la population pour des solutions simples. David Cameron s'est demandé, par ailleurs, si le gouvernement fédéral est conscient qu'il fait partie du problème aussi bien que de la solution. Enfin, David Elton a attiré notre attention sur les innombrables façons dont le Premier ministre peut amorcer des réformes de grande envergure n'exigeant aucune modification de la constitution, s'il avait la volonté politique et s'il était doué de la sagacité nécessaire.

Québec-Canada et les sciences sociales

En tant que Président de la Société québécoise de science politique, il m'incombe d'aborder brièvement dans cette introduction quelques points concernant les approches des sciences sociales.

Un effort soutenu : Il est indéniable que les spécialistes en sciences sociales ont investi énormément dans le débat sur l'avenir du Canada et du Québec. Les universitaires ne se sont pas limités à la recherche et à l'analyse. Ils ont aussi organisé des réunions clés pour conseiller les politiciens ou pour renseigner le public. En plus, ils formèrent l'épine dorsale de maintes organismes qui parrainaient des assemblées publiques, analysaient des problèmes et présentaient des rapports et des recommandations aux gouvernements et aux partis politiques[1].

L'interdisciplinarité : Bien qu'elles soient concentrées surtout dans le domaine de la science politique, les contributions des sciences sociales n'ont pas du tout été limitées à une seule discipline. On remarquera, à la lecture de ce volume, qu'il faut aborder la question Québec-Canada d'une façon interdisciplinaire et interdépendante, c'est-à-dire qu'on ne peut pas résoudre les problèmes politiques et constitutionnels sans s'attaquer résolument aux difficultés économiques et culturelles en même temps.

L'économie-politique : Par exemple, comment peut-on espérer que les gens des différentes régions du pays vont être tolérants, voire généreux les uns envers les autres s'ils ne se sentent pas engagés dans une économie qui peut assurer leurs emplois et une distribution raisonnable de la richesse qui résulte du travail des citoyens. Ou, en contrepartie, comment espérer travailler ensemble pour améliorer notre prospérité si l'on n'a pas la volonté de résoudre nos problèmes politiques et constitutionnels ? Il est clair que, actuellement, en dépit de bons indicateurs économiques, on n'investit pas suffisamment au Canada parce qu'on ne croit pas que les Canadiens sont capables de bien gérer leur pays. Tous ces problèmes sont interreliés et ne peuvent pas être résolus à la pièce. Ceci dit, nous sommes aussi d'avis qu'il faut voir notre situation actuelle aussi bien comme une occasion que comme un défi.

À part ce consensus, il convient de signaler l'existence de certains aspects de notre crise fédérale dont les spécialistes en sciences sociales ont sous-estimé l'importance et qui méritent de ressortir dans les contributions à cet ouvrage. On n'a pas porté une attention suffisante, par exemple, à trois questions : (1) la façon dont se produit le changement dans une fédération; (2) le rôle des attitudes de la population et sa participation à de tels changements; et (3) la nature de la culture politique nécessaire pour entretenir des relations interculturelles dans des périodes de turbulence et de changement. Nous avons mieux réussi à proposer le «quoi» que le « comment ». Les spécialistes en sciences sociales, tout comme les politiciens, ont passé plus de temps à élaborer de nouveaux modèles rationnels concernant les relations Québec-Canada qu'à formuler des stratégies pour les améliorer.

Le processus de changement : Une étude récente portant sur l'évolution du fédéralisme canadien insiste sur la complexité du processus de changement et du temps qu'il exige. Dans leur ouvrage intitulé *État, Société, et le développement du fédéralisme canadien,* Simeon et Robinson nous rappellent que même des changements mineurs symboliques comme l'adoption d'un drapeau ou d'un hymne national suscitent des débats qui peuvent durer pendant des années. Il a fallu 15 ans, par exemple, avant de pouvoir changer la devise figurant sur les armoiries du Canada. Mais lorsqu'il s'agit de transformations majeures, telles que la mise en œuvre d'un programme d'assurance-chômage, d'assurance-hospitalisation, d'assurance-maladie, ou de paiements de péréquation, il peut s'écouler de 10 à 30 ans, à partir du moment où la proposition est formulée, soit par des universitaires, les membres d'une commission royale ou dans un livre vert, avant l'adoption de la politique pertinente[2].

Selon une analyse des mécanismes de changement politique et de l'évolution du fédéralisme, il semblerait non seulement qu'il faut beaucoup de temps, mais aussi beaucoup de pression politique pour réaliser une transformation majeure du système dans les démocraties constitutionnelles dotées d'institutions établies, d'intérêts implantés et de modèles d'attitudes et de comportements intériorisés.

Il faut des dirigeants politiques convaincus que les conditions économiques et sociales sont telles qu'il est avantageux ou opportun de passer à l'action. Cette conviction se développe sous l'influence d'une constellation de pressions publiques, d'événements politiques particuliers, d'avantages partisans perçus, et de leur interprétation des nécessités ou des possibilités dans la conjoncture de l'économie politique. Une chose est certaine : en raison de leurs intérêts intériorisés et de leur façon de fonctionner, les régimes politiques ne changent pas, à moins d'y être contraints. Voilà une réalité que Lucien Bouchard semble avoir bien comprise. Il y a donc lieu de se demander si la conjoncture dans laquelle s'actualise la dynamique des relations Québec-Canada depuis le référendum québécois de 1995 est aussi un véhicule de pressions et d'occasions de changement appropriées.

Dans cette même perspective, on peut aussi s'interroger à propos des récentes initiatives du gouvernement du Canada visant à répondre aux attentes du Québec. Les accords du Lac Meech et de Charlottetown étaient-ils de véritables échecs ou peut-on les considérer comme des points de départ d'un processus beaucoup plus long, exigeant l'adoption d'attitudes réceptives à la considération de nouveaux concepts, avant de pouvoir réaliser des transferts de pouvoirs symboliques et institutionnels ? Le geste post-référendaire du gouvernement fédéral de Jean Chrétien visant à consacrer par voie de législation la spécificité de la société québécoise et le droit de veto constitutionnel était-il tout simplement une réaction futile en période de crise ou est-ce de cette façon que le changement doit se concrétiser dans les fédérations complexes ? En d'autres mots, s'agissait-il d'une réaction précipitée par une crise ? Cette réaction a-t-elle enfin amorcé un changement politique qui s'imposait depuis longtemps ? Celui-ci a-t-il à son tour consacré une pratique qui, avec le temps et des ajustements, atteindra le statut de convention politique ? Et l'objet de toute cette évolution sera-t-il enchâssé dans la constitution ? Les fédérations établies sont-elles condamnées à évoluer par secousses plutôt que sous l'influence de conceptualisations rationnelles ?

La culture politique : On assiste, après une longue période d'inactivité quasi complète, à un faible réveil de l'intérêt pour ce qui est des fondements normatifs et psychologiques des systèmes fédéraux et des relations interethniques[3]. Les théoriciens européens insistent, par ailleurs, sur le fait que le fédéralisme est un régime normatif qui exige des fondements culturels particuliers[4]. Selon Michael Stein, les Européens et les théoriciens du fédéralisme « classiques » « par covenant » (obligation contractuelle) estiment qu'une culture fédérale efficace repose sur un idéal d'obligations et de droits mutuellement reconnus et acceptés concernant l'égalité et l'intégrité des collectivités. S'inspirant de sources nord-américaines et européennes, les ouvrages d'Alan Cairns nous permettent d'entrevoir un ensemble de 10 points ayant trait aux conditions culturelles nécessaires pour l'existence d'une population, diversifiée sur le plan ethnique et national d'une part, dispersée sur le plan géographique d'autre part, et qui cherche à la fois l'unité et la diversité[5].

Signalons, entre autres, les points suivants :

1. Il doit exister une philosophie axée sur l'idée de «*vouloir vivre ensemble*» englobant le désir de l'unité dans la diversité, c'est-à-dire la solidarité doublée de la reconnaissance et de la protection des différences. Cette philosophie a aussi été dénommée « interdépendance interdépendante » et « culture politique fédérale »[6].

2. Il doit exister une « culture politique axée sur la confiance mutuelle et la négociation »[7]. Cette culture doit reposer sur un sentiment de fraternité qui suppose que les gens ont de la bonne volonté les uns envers les autres, qu'ils sont animés par un sentiment de confiance découlant du fait qu'ils sont reconnus, récompensés et aimés pour ce qu'ils sont.

3. Il faut privilégier les initiatives conjointes.

4. Les institutions politiques doivent avoir pour but le bien-être de tous les citoyens. Les minorités ont besoin de garanties constitutionnelles en matière de droits linguistiques, de représentation au sein des institutions et en ce qui a trait au système électoral. Selon Cairns, cela fournit aux minorités une « tribune à partir de laquelle elles peuvent s'adresser à la majorité »[8].

5. Il doit aussi exister des allégeances communes.

6. Un engagement fondamental envers la démocratie est essentiel.

7. La démocratie et le fédéralisme exigent des citoyens une capacité d'autodiscipline et l'acceptation de tensions et de contradictions.

8. Comme exemple de contradiction, mentionnons que, dans un pays où les minorités ethniques sont à la fois concentrées et dispersées géographiquement, « la collectivité dans l'ensemble du pays doit composer avec une contrainte double qui s'exerce sur le principe de la majorité »[9]. On doit accepter la protection territoriale-juridique de certaines collectivités ethniques (comme au Québec) aussi bien que la protection dans l'ensemble du pays des droits des minorités par le truchement d'une Charte et des procédures juridiques.

9. L'État doit promouvoir une éthique de pluralisme culturel et racial, et répéter constamment que l'identité nationale de l'État englobe explicitement les peuples qui ne font pas partie de la majorité ethno-linguistique. L'acceptation du pluralisme exige non seulement de solides assises constitutionnelles et économiques, mais aussi la promotion assortie de la symbolique connexe.

10. La définition de la citoyenneté doit être englobante et inclusive.

En résumé, les relations relativement harmonieuses entre les collectivités ethniques au sein des fédérations semblent devoir s'appuyer sur une culture politique qui non seulement accepte les différences, mais les prime, même si cela entraîne des tensions et des antagonismes à l'occasion. L'harmonie des relations exige aussi la reconnaissance que la protection de ces différences doit être enchâssée dans les institutions politiques et juridiques.

Après avoir pris connaissance d'une telle liste de conditions préalables, on pourrait se demander s'il faut que nos citoyens soient des anges. Certainement pas. Les humains ne sont pas des anges. C'est pourquoi les relations institutionnalisées, les politiques gouvernementales concordantes, la protection juridique des droits et la promotion des symboles d'harmonie sur le plan politique doivent faire les frais de l'imperfection humaine. Néanmoins, la culture populaire doit appuyer (ou du moins se garder d'opposer) l'ensemble d'institutions, politiques, droits et symboles d'inspiration pluraliste.

Au Canada, comme dans d'autres pays multi-ethniques, cela n'est pas facile à réaliser. Comme nous l'avons vu, la majorité anglophone doit non seulement reconnaître le rôle spécial qui échoit au Québec aux fins de la protection de la culture française, mais aussi consentir à privilégier d'une certaine façon la culture française, et ce, d'un bout à l'autre du Canada. Au Québec, bien sûr, c'est l'inverse qui s'impose. En outre, si la théorie fédéraliste d'inspiration européenne est bien fondée, cette culture doit non seulement prévaloir au sein des gouvernements territoriaux, mais elle doit aussi être acceptée par la population à titre d'entente ou de contrat implicite concernant les obligations et les responsabilités des collectivités ethno-linguistiques. En d'autres mots, nous voulons déterminer dans quelle mesure la réalité des relations Québec-Canada et les propositions de nos auteurs reflètent ces idéaux.

Participation de la population : Il reste une question dont la gent politique et les spécialistes en sciences sociales ont sous-estimé l'importance. Il s'agit de la participation de la population, c'est-à-dire le rôle de la population en matière du renouvellement des relations Québec-Canada. L'expérience du Lac Meech et de Charlottetown nous a appris que la meilleure planification de la gent politique est vouée à l'échec si la population n'est pas invitée à participer au processus. En ce qui a trait à la participation de la population, trois aspects de la question méritent notre attention : l'éducation, les techniques de participation et le processus démocratique.

Comme Jean Laponce et John Meisel l'ont souligné dans un document qui résume les faits saillants de l'époque des méga-projets constitutionnels, toute modification des relations constitutionnelles existantes entre les Canadiens nécessitera une modification de leurs attitudes fondamentales. Cela signifie que les Canadiens devraient afficher un sentiment de « civisme nationaliste » plus puissant et une plus grande tolérance envers les diversités régionales et autres formes de diversité. Il s'agit, en grande partie, d'une question d'éducation. Le fardeau du changement dans cette optique repose sur les épaules du système d'éducation, des médias d'information, de même que sur celles de la gent politique, des partis politiques et des organisations privées nationales[10]. En d'autres mots, si les citoyens doivent apporter une contribution significative à la transformation des institutions canadiennes, cette contribution se doit d'être éclairée.

Selon les personnes qui ont critiqué l'accord du Lac Meech, le processus employé était antidémocratique et non représentatif[11]. On a prétendu que l'Accord de Charlottetown excluait certaines catégories de Canadiens des débats finaux et qu'il était irrespectueux de la participation des citoyens et du processus démocratique[12]. Après avoir étonné la population par suite de l'ouverture du Forum des citoyens sur l'avenir du Canada (la Commission Spicer), le Comité Beaudoin-Dobbie et les cinq conférences régionales télédiffusées, la gent politique a retrouvé ses vieilles habitudes, se réunissant à huis clos pour mettre la dernière main aux négociations de l'Accord de Charlottetown. Par conséquent, la population a conclu à un processus fermé et limitatif qui leur imposait, à la dernière heure, de nouvelles dispositions qu'elle ignorait, qu'elle ne comprenait pas ou auxquelles elle n'avait pas été préparée. La leçon qui se dégage de cet exercice est qu'il faut trouver des mécanismes pour assurer, dès le départ de tout processus de réforme, la participation de la population, son information suivie et des occasions de communiquer ses opinions aux gouvernements. Il faut absolument faire en sorte qu'elle soit consultée sur les résultats attendus.

De telles propositions concordent sûrement, si ce n'est avec les traditions démocratiques, du moins avec les principes de la démocratie. En fait, à la fin du présent millénaire, ce sont les traditions démocratiques qui sont remises en question. Au Canada, en Grande-Bretagne et aux États-Unis, on assiste à des initiatives innovatrices[13]. Alors qu'un simple gouvernement représentatif suffisait à l'époque industrielle, nous constatons qu'à l'époque des techniques de pointe, une mini-révolution démocratique s'impose pour transformer nos pratiques politiques de manière à ce qu'elles répondent aux exigences d'une population plus scolarisée, mobile et informée. La tenue d'élections tous les quatre ans ne suffit plus pour influencer nos gouvernements ou pour donner voix au chapitre aux électeurs.

Pour résoudre la crise Québec-Canada, il est clair que la population doit mieux connaître son régime politique et que les citoyens doivent être plus accueillants les uns envers les autres. Est-il possible de progresser davantage sur ces deux plans à l'aube d'un nouveau millénaire?

Pour terminer, il convient d'exprimer des remerciements :

- Aux établissements et aux sociétés qui ont eu le courage d'appuyer financièrement cette conférence, à savoir le Fonds pour la formation des chercheurs et l'aide à la recherche du Québec, le Conseil de recherches en sciences humaines du Canada, le *Ottawa Citizen*, le Centre canadien de politiques alternatives, l'Institut de relations intergouvernementales, la Canada West Foundation, l'Institut de recherches en politiques publiques, la Faculté de sciences sociales de l'Université d'Ottawa, l'Association canadienne de science politique, la Société québécoise de science politique, la Foundation R. Howard Webster, et le ministère du Patrimoine canadien.

• À la Chaîne parlementaire par câble Inc. (CPAC), qui a télédiffusé toutes les séances du colloque.

• À Miriam Smith et Kenneth McRoberts pour leurs conseils et leur travail en tant que rapporteurs.

• À Francine D'Amour, qui a préparé la copie prête à imprimer de cet ouvrage.

• À nos étudiants de l'Université d'Ottawa : Katrina Anders, Melika Carroll, Paul Kotschorek, Jeff Morrison, Patrick et Andrew Trent.

• À nos deux associations de science politique qui ont collaboré à ce projet dès le départ, et à John Armstrong et à Elaine Dupré en particulier, pour leur aide précieuse aux fins de l'organisation du colloque.

• Enfin, à mes collègues extraordinaires, Robert Young et Guy Lachapelle, avec qui il est tellement agréable de travailler.

Notes

1. Voir John E. Trent, Steen Esbensen et Michel Allard, *Les Sciences sociales au Canada, une ressource nationale*, Ottawa, Gouvernement du Canada, Patrimoine Canadien, 1992, pp. 19-20.

2. Simeon, Richard et Ian Robinson, *L'État, la Société, et le développement du fédéralisme canadien*, Toronto, University of Toronto Press, 1990, pp. 159, 161 et 162.

3. LaSelva, Samuel, « Federalism as a Way of Life : Reflections on the Canadian Experiment », *Revue canadienne de science politique*, 26 (2) 1993, pp. 221-234.

4. Stein, Michael B., « Changing Concepts of Federalism Since World War II : Anglo-American and Continental European Traditions », Communication faite au XVI Congrès mondial de l'Association internationale de science politique, Berlin, 1994.

5. Cairns, Alan C., « Constitutional Government and the Two Faces of Ethnicity : Federalism is Not Enough », dans *Rethinking Federalism: Citizens, Markets, and Governments in a Changing World*, Karen Knop, Sylvia Ostry, Richard Simeon et Katherine Swinton (Éd.), Vancouver, UBC Press, 1995, pp. 15-39.

6. Duchacek, Ivo, « Antagonistic Cooperation : Territorial and Ethnic Communities », *Publius*, 7 (4) 1977, p. 28.

7. Klaus von Beyme, « Social and Economic Conditions of Ethnic Strife in the Soviet Union », dans Alistair McCauley (Éd.), *Soviet Federalism, Nationalism and Economic Decentralization*, Londres, Leicester University Press, 1991, p. 108.

8. Cairns, *op. cit.,* p. 35.

9. Cairns, *ibid.*

10. Laponce, Jean et John Meisel, Ottawa, Presses de l'Université d'Ottawa, 1994, p. 150.

11. Brock, Kathy L., « The Politics of Process », dans *Canada : The State of the Federation 1991*, Douglas M. Brown (Éd.), Kingston, Institut des relations intergouvernementales, Université Queen's, pp. 57-87. Cairns, Alan C., « Citizens (Outsiders) and Government (Insiders) in Constitution-Making : The Case of Meech Lake », dans *Analyse de Politiques*, supplément XIV, septembre, 1988.

12. Delacourt, Susan, *United We Fall: In Search of a New Canada*, Toronto, Penguin, 1994.

13. Consulter, à titre d'exemple : Fishkin, James, *The Voice of the People*, New Haven, Yale University Press, 1995.

SECTION A

RETROSPECTIVE ON THE 1995 REFERENDUM

RÉTROSPECTIVE SUR LE RÉFÉRENDUM QUÉBÉCOIS

Sylvia Bashevkin

Department of Political Science
University of Toronto
Presenter

MYTHS AND REBUTTALS

Je voudrais expliquer que j'ai préparé ma présentation en anglais à cause du fait que les mythes que je vais examiner sont au fond ceux du Canada anglophone.

I must begin by stating that I have never been involved in the Big P politics of the Canadian constitution. I have never attended any federal/provincial conference nor have I ever served as a consultant to any level of government. I speak today simply as someone who has tried to make sense of recent developments as a citizen, a political science researcher, and a teacher of Canadian politics. As a Canadian and, I should add, as an immigrant to this country, my pride in the enormously high level of voter turnout at the referendum and in the strength of democracy which this referendum process demonstrated is tempered by a sense that we are all walking on eggshells. There are lots of hard feelings in the wake of the October 30 outcome. We should never forget that what the Non side has claimed as a political victory—will remain for the Yes side a moral triumph. For the analysts among us, the difference between the popular vote garnered by the two sides constitutes a very slim edge that rests well within the margin of error.

I also want to add that by far the most troubling political event for me since the referendum was the assassination of Israeli Prime Minister Yitchak Rabin. Rabin's death can be interpreted as a wake-up call to all who notice the increasingly polarized and intemperate rhetoric surrounding Quebec/English Canada relations. And I want to explicitly include some federalist academics and some federal politicians in this intemperate category. One of the most thoughtful commentaries on Rabin's death came from a political philosopher based in Jerusalem. David Hartman commented as follows: "Language has become so absolute and dogmatic.

There is a total lack of civilized discourse, and it starts at the level of the grocery store and bus driver. People here don't talk to each other, but at each other. They think you have to scream to be taken seriously" (quoted in *The Globe and Mail*, November 6, 1995). This kind of escalation in the political temperature that promotes hatred and division and, most upsetting of all, that allows zealots to commit murder in the name of some twisted sense of a higher good, is precisely what we must work to avoid in Canada.

I have two very basic answers to the question of what scholars can contribute to ongoing discussions. One is that we can continue to reflect on an ugly question, the use of force and threats to keep Canada together. Ultimately, in my view, coercive force does not keep a democratic country together; only social cohesion does. I direct this comment in particular to those of our colleagues who talk about dividing Quebec's territory by cutting off Montreal or the far North, or about sending federal troops to enforce open corridors for these regions. Let's get real. These ideas are offensive to basic notions of civil society and democratic political culture, and do nothing but reinforce an uncreative intransigence among federal elites.

The second response is that those of us who work with colleagues in Quebec have a greater duty than ever to keep the channels of communication open. The need to build and foster closer ties with our Quebec counterparts on professional grounds is crucial in this period, and I commend the SQSP and the CPSA for organizing this conference in the spirit of cooperative relations.

My more general reflections are organized along the lines of myths and rebuttals. My basic argument is that although we live in one of the world's most educated and affluent and politically open societies, we as citizens carry around a series of dangerous myths that need at this point to be confronted head on.

Myth Number One. The debate about Quebec within Canada, and constitutional futures, is all about leadership. I beg to differ. I believe that for much of the last 15 years, recklessness rather than leadership has been the guiding force. There has been, to put it bluntly, too much machismo and too much willingness to bring a fragile country with a fragile economy to the brink of the precipice. To borrow from Peter Russell's terminology on mega-constitutional discourse, I believe that we have had too many mega-dollars spent on too many mega-egos for too many mega-crises.

Myth Number Two. It is useful to proceed at a constitutional level while the PQ holds power in Quebec. The fact that a prime minister of Canada initiated fundamental constitutional change while an independentist government held power in Quebec City, as occurred in 1980-1982 during the Trudeau years, has brought no end of trouble. The imagery of the night of the long knives, when the gang of eight against the Liberals was reduced to a lonely gang of one—Mr. Lévesque—is well entrenched in Quebec political perceptions. In light of this historical background, I believe that a series of decisive, non-constitutional, administrative changes in federal/provincial arrangements represent the only responsible way to address systemic reform as long as the PQ holds power. We need a massive federal/provincial disentanglement, not further re-entanglements.

Myth Number Three. Canada is a powerful federation. This is a mirage propagated by independentists in Quebec and by Reform party activists in the rest of the country. Comparative research indicates very clearly that we live in one of the most decentralized federal systems in the world. Factually speaking, the federal government has ceded a great deal of jurisdictional turf over the years to all of the provinces. Just look at the deal on natural resources that Mr. Trudeau agreed to in 1982. My point is that the powerful myth of a pushy federal regime has persisted far too long despite overwhelming evidence to the contrary. As researchers and teachers, we have a responsibility to communicate at least that basic point.

Myth Number Four. The federal government holds massive economic clout to reinforce its political will. Again, this is simply not true. The cynic in me goes further and says today, we are all partners in a massive bankruptcy liquidation. The core Trudeau legacy was NOT a fiscally sound, united Canada. It was too much arrogant leadership (particularly on constitutional issues), little interest in problems other than the Quebec challenge and, above all, a studied avoidance of the fact that public spending was completely out of sync with economic decline. The federal Liberals bequeathed a national debt of $199 billion and a yearly deficit of $36 billion (see *The Globe and Mail*, October 28, 1995, page C26). Despite all the high-flown Conservative rhetoric to the contrary, fiscal matters only worsened during the Mulroney years. In short, the present federal government, operating in a globalized economy, cannot and should not try to buy political acquiescence. This goes for relations with Quebec, the West or aboriginal groups.

Myth Number Five. The national question in Quebec can be settled "once and for all." Nationalisms do not often have a last time. Comparative research shows that each nationalist defeat, by a mile or by a whisker, becomes the next stage in the continuing struggle. Every challenge, every experience that tests the national fibre, forms part of the ongoing story. It is embellished and interpreted and communicated from generation to generation. Let's face the fact that talking about crushing nationalism only reinforces the martyrology; it nourishes the collective in-group identity in the face of what is seen as yet more out-group oppression. Nationalism is not about rules and it cannot be re-made into a legal issue. I direct this argument to the latest group of legal fixers, who propose a new law on separation referenda—as if this will somehow stop Quebec nationalism in its tracks.

Myth Number Six. Economic rationality arguments can trump claims for political sovereignty. The "tough guy" strategists of the Non side appeared to believe that if you got enough people to worry about economic consequences, then Québécois voters would set aside their cultural, linguistic and political aspirations. This was not a likely scenario given other cases around the world where improved living conditions and higher life expectancy and even greater political freedoms have NOT shut down nationalist movements. To my colleagues working within the rational choice paradigm, and the politicians who take their cues from them, I ask, "since when was nationalism EVER a pocketbook issue?"

Myth Number Seven. There is a common consensus out there which answers the question "what is Canada?" I would maintain that we live instead in a period of contested responses, of competing discourses. Some citizens see Canada as the creation of a group of founding provinces; they believe that all power emanates from the provinces and that all provinces are and must be treated as equals. On the other side, we have had, until recently, a considerable number of people who saw Canada as a dualist or two-culture system, where two societies, French and English, co-existed within a single federal system, and where Quebec was recognized as having a unique role. It is time to acknowledge the direct, head-on clash between these two positions, as well as the fact that the "all provinces are equal" argument has been advanced to the point that dualism belongs on the critical list.

Myth Number Eight. The compassionate Canadian welfare state will attract Quebeckers and keep Canada united. It is true that under the old capital-L Liberal vision, the federal government claimed it intervened on the side of equality, justice, and something called national standards. But the rise of the Reform party, federal Liberal budgets since 1993, the marginalization of the federal NDP, the turn to the right in Ontario and Alberta provincial politics, and the enormous power of domestic business groups and foreign investors to dictate what highly indebted governments do—these factors taken together—undermine any assumptions about a prevailing social democratic consensus in English Canada. Appeals to a welfare state argument to keep Quebec in this system fall flat, because they are empirically disconfirmed by the political realities around us.

Myth Number Nine. Intolerance is the Achilles heel of the sovereignists. No, in my view it is our collective Achilles heel because it is NOT confined to the partisans of the Oui in Quebec. The comments of Lucien Bouchard during the campaign about the birth-rate, and of Jacques Parizeau about the ethnic vote, are distasteful and deplorable. As a number of sovereignists recognized, on the record, these comments cast a grave shadow over any claim that an independent Quebec would be a tolerant, liberal, multicultural society. But what does the comment during the campaign by Liberal Senator Jacques Hébert say about tolerance on the Non side? Hébert referred to Professor Josée Legault, one of OUR

38

colleagues in Quebec, as "a sovereignist cow." In my view, that was a disgusting, misogynist slur that showed the limits of tolerance on the federalist side. (It may have also contributed to the erosion of support for the Non among Quebec women; the Non was ahead among women by about 8 percentage points 10 days before the vote, but only by one point in the last days of the campaign [*Le Soleil*, October 27, 1995].) We need to bear in mind that the 1995 Ontario provincial election campaign featured lots of very thinly veiled intolerance as well. Conservative attempts to target welfare mothers and immigrants as the source of economic and social problems in that province burrowed deep into the same vein of resentment against "the other" as the appeals of the Yes side did in Quebec. My point? Let's not forget that we, too, live in a glass house, and that there has been very little public outrage in English Canada against the excesses of the "tough guy" strategists and the territorial dividers.

I want to conclude by pleading guilty to the charge that I hold fast to one view that I trust is not a myth. It is that Canada would be better off if a moderate centre, a tolerant and hopeful centre, held greater sway than it presently does in federal and provincial politics. The moderate centre I would like to see begins with the assertion that there is a common social good that transcends market forces. It rejects the fetishist marketism of economic conservatives, the unquestioning worship of private enterprise as the only human activity worthy of social validation. It maintains that countries are held together by more than currencies, passports, and fear of the economic price markets will extract if we vote this way or that.

The moderate voices I want to hear would build bridges among people, rather than constructing high fences, as ethnic nationalists in Quebec and social conservatives in English Canada are wont to do. Both of these extremes would impose a rigid fundamentalism that denies personal choice and pushes women's control of their lives backwards by decades. Instead, we need a new vision that confronts our old myths and that tackles our fiscal mess.

But let's not descend to the level of a punitive, exclusionary, and rigid dogma that only divides Canadians further.

Guy Lachapelle

Département de science politique
Université Concordia
Présentateur

LA SOUVERAINETÉ PARTENARIAT : DONNÉE ESSENTIELLE DU RÉSULTAT RÉFÉRENDAIRE ET DE L'AVENIR DES RELATIONS QUÉBEC-CANADA

La thèse principale de ce texte est que ce n'est pas tant la nomination de Lucien Bouchard comme chef négociateur qui a été le facteur principal ayant permis aux forces du OUI de «gagner» la campagne référendaire, mais la crédibilité croissante du projet de souveraineté partenariat tout au long de l'année référendaire. Si les souverainistes avaient eu plus de temps pour expliquer leur projet et si Lucien Bouchard avait été nommé plus tôt comme chef négociateur, le Québec aurait été, au lendemain du référendum, en train de négocier avec le gouvernement fédéral et les provinces canadiennes les éléments constitutifs de l'entente de partenariat. Si pour certains, les « durs et purs » comme Jacques Parizeau, tout cela n'était que tactique et stratégie, pour une grande partie de l'électorat, y compris Lucien Bouchard, le partenariat était beaucoup plus : une idéologie et un engagement moral vis-à-vis de nos partenaires du Canada.

L'idée d'une offre d'association ou de partenariat n'est pas nouvelle et le référendum de 1995 n'a fait que moderniser une idée qui se retrouve à toutes les étapes du cheminement du Parti québécois. Cette idée est même inscrite dans l'évolution de tous les partis politiques québécois. C'est toutefois le PQ qui a le plus développé ce concept. Déjà, au moment de la présentation du manifeste sur la souveraineté-asssociation le 18 septembre 1967 et lors de la création du Parti québécois en 1968, l'idée de la souveraineté-association, avec un trait d'union, était au centre de son projet politique. René Lévesque, dans son ouvrage *Option Québec*, parlait abondamment de l'exemple du Traité de Rome, du 25 mars 1957, qui avait permis le développement de l'Europe. M. Lévesque soulignait d'ailleurs comment plusieurs petits États craignaient cette nouvelle association, leur peur étant d'être avalés par les nations plus puissantes, dont l'Allemagne de l'Ouest. De manière presque prophétique, on peut d'ailleurs lire au chapitre sur l'association ce qui suit :

> « Dans toute étape importante qu'un peuple décide d'accomplir, il y a nécessairement une part de risque calculé. Celui que nous avons pris nous paraît absolument raisonnable. L'association de deux égaux que nous proposons, nous croyons fermement qu'elle paraîtra bientôt acceptable au reste du pays. Non seulement acceptable, mais bien plus souhaitable, en définitive, que des statuts particuliers qu'on lui arracherait indéfinitivement, bribe par bribe, et qui finirait par faire de l'État fédéral une espèce de monstre constitutionnel en perpétuel danger de désintégration » (Lévesque, 1968, 49-50).

C'est donc dans ce contexte qu'il s'agira ici d'analyser l'évolution de l'opinion publique et de quelle façon les étapes ayant mené à la proposition de partenariat et à la question référendaire sont des données essentielles pour mieux comprendre l'évolution de l'opinion publique québécoise. Nous distinguerons ici trois périodes ou étapes qui ont permis la mutation de l'idée de l'enclenchisme vers la souveraineté partenariat : (1) la longue campagne, de l'élection jusqu'au « virage » proposé par Lucien Bouchard au mois d'avril 1995 lors du congrès du Bloc québécois tenu au Mont Sainte-Anne, en passant par le rapport de la Commission nationale sur l'avenir du Québec; 2) du « virage » à la signature de l'entente tripartite du 12 juin 1995; 3) la campagne préréférendaire, du 12 juin jusqu'au 7 septembre, date du dépôt de la question; et la campagne référendaire comme telle.

1. La Commission nationale sur l'avenir du Québec et l'émergence de l'idée de partenariat

Jamais les Québécois n'ont été aussi courtisés au cours d'une année politique. La *Commission nationale sur l'avenir du Québec*, présidée par madame Monique Vézina et créée au début de décembre 1994, avait pour mandat, selon le premier ministre du Québec, Jacques Parizeau, « d'écouter ce que nos concitoyens ont à dire. Les Québécois ont des espoirs et ils ont des craintes. Ils ont des questions à poser et ils ont des solutions à proposer » (CNAQ, 1995, 11). Comme en fait foi le rapport de la Commission, la participation des citoyens a été exemplaire :

> « Tout au long des mois de février et mars 1995, en effet, plus de 55 000 citoyennes et citoyens, de tous les coins du Québec, se sont déplacés pour participer aux 435 activités publiques tenues par les dix-huit commissions sur l'avenir du Québec. Deux cent quatre-vingt-huit commissaires, majoritairement des non-élus, issus de tous les milieux et exerçant une très grande variété de métiers et de professions, ont donc été

saisis de 5 000 interventions verbales ou écrites émanant de leurs compatriotes en plus d'être nourris de quelque 5 500 mémoires déposés auprès des commissions » (CNAQ, 1995, 10).

Le rapport de la Commission a d'ailleurs tracé la voie vers une autre étape importante de la précampagne référendaire, soit le « virage » au sein de la stratégie souverainiste vers la souveraineté partenariat qui débouchera sur le projet de loi numéro 1 sur l'avenir du Québec et l'entente tripartite (PQ-BQ-ADQ) du 12 juin 1995. En fait, dès le mois de mars, le président de la Commission de Montréal, Marcel Masse, affirmait qu'il faudrait, avant de tenir le référendum, élargir le débat et inclure à l'avant-projet de loi la définition d'un projet de société : « Je crois qu'ils ne sont pas prêts à voter, parce que ceux qui sont les plus enclins à voter en faveur de l'avant-projet de loi, ce sont ceux qui militent le plus en faveur d'un projet de société. Ils ne retrouvent pas dans ce projet les instruments d'application de leur projet de société» (O'Neill, 4-5 mars 1995, A-1).

Lors du congrès d'avril du Bloc québécois, Lucien Bouchard proposait, le 7 avril 1995, une nouvelle union Québec-Canada à l'image de l'Union européenne (Hébert, 8 avril 1995), et ce, deux jours après l'annonce faite par Jacques Parizeau que le référendum aurait lieu à l'automne. Le chef bloquiste était d'ailleurs fort explicite et affirmait : « L'examen des recommandations des Commissions régionales ainsi que les discussions tenues à la Commission nationale révèlent que nos concitoyens veulent des assises plus élaborées à l'Union économique Québec-Canada. Compte tenu de l'ampleur de l'espace économique commun, il nous faut réfléchir davantage sur les moyens concrets de la consolider. Il importe d'examiner sérieusement l'opportunité de l'encadrer par des institutions communes, voire de nature politique » (Bouchard, 11 avril 1995). Toutefois, le maintien de l'espace économique ne pouvait se réaliser pour le chef bloquiste sans l'établissement d'un nouveau rapport de force issu de la volonté démocratique du peuple du Québec d'accéder à la souveraineté.

Durant les travaux de la Commission nationale, la question de l'association économique avec le Canada fut de fait abordée par plusieurs citoyens et citoyennes, plusieurs y voyant un moyen de maintenir l'espace économique canadien. D'ailleurs, un sondage Environics effectué du 11 mars au 1er avril indiquait que 51 % des Québécois appuieraient la souveraineté si elle était assortie d'une association économique avec le Canada (*Toronto Star*, 18 avril 1995).

Dans son rapport, la Commission nationale indiquait d'ailleurs clairement que la souveraineté constituait la seule option apte à répondre aux aspirations des Québécois, rejoignant en même temps la position adoptée par Lucien Bouchard lors du congrès du Bloc québécois. Elle recommandait non seulement le maintien de l'association économique avec le Canada, mais la création éventuelle d'une nouvelle union politique.

La Commission recommandait également que la Déclaration de souveraineté soit rédigée à partir des attentes exprimées par les citoyens et les citoyennes du Québec. Parmi celles-ci, notons la protection et la promotion de la liberté, de la justice, de l'égalité et de la paix, sur l'attachement aux devoirs et responsabilités de chacun ainsi qu'aux droits collectifs de la communauté, sur le respect des droits et libertés, de la vie démocratique et de l'environnement, sur l'importance de l'éducation et de la solidarité sociale et internationale, sur la préservation des valeurs humaines et spirituelles, sur la décentralisation des pouvoirs et sur le français comme langue commune et officielle du Québec.

Le premier ministre Jacques Parizeau qualifiait d'ailleurs le rapport de « rassembleur » au moment de sa remise solennelle par la présidente Monique Vézina au Salon rouge de l'Assemblée nationale, le 19 avril 1995. Bien qu'il entendît ne donner ses commentaires qu'après sa lecture, le premier ministre du Québec affirmait à ce moment : « Il me semble aussi y entendre des échos de propositions faites il y a peu par M. Lucien Bouchard. J'y sens aussi une ouverture sur les visions avancées par Mario Dumont et M. Jean Allaire et celles d'autres membres de la société québécoise » (Normand, 20 avril 1995, A-1). Un sondage Léger et Léger réalisé du 13 au 20 avril 1995 et publié le 21 avril indiquait d'ailleurs que si la question référendaire comportait à ce moment une offre d'association économique avec le Canada, le OUI l'emporterait (53,1 % contre 46,9 %) (Auger, 21 avril 1995). Le gouvernement fédéral avait lui aussi en main à ce moment-là un sondage CROP et dont on ne connaîtra l'existence qu'en juin, sondage qui démontrait que 54 % des Québécois favorisaient la souveraineté-association si elle signifiait un Québec politiquement souverain dans une union avec le Canada; 38 % y étaient opposés et 8 % demeuraient indécis (PC, 19 juin 1995).

Quelques jours plus tard, le premier ministre s'avançait davantage en affirmant qu'il n'excluait pas que le Québec fasse des propositions d'association autant politique qu'économique au reste du Canada avant le référendum. Il allait même plus loin en suggérant l'idée d'un parlement commun ou d'un « conseil composé de ministres des deux côtés». M. Parizeau affirmait d'ailleurs que derrière l'idée d'association, trois composantes se dégageaient : l'incontournable (la monnaie, l'ALENA), le souhaitable (l'union économique) et l'envisageable (l'union politique) (Marissal, 25 avril 1995).

Le président du comité référendaire pour le NON, Michel Bélanger, cherchait quant à lui, au lendemain du dépôt du rapport, et devant la nouvelle orientation suivie par les forces souverainistes, à minimiser la valeur du projet d'union économique, affirmant qu'il s'agissait tout au plus de créer un nouveau gouvernement central et qu'il faudrait au moins 30 ans pour réaliser une telle structure. Mais sa crainte première était de voir les troupes fédéralistes perdre leur motivation et faire en sorte que le OUI puisse même entrevoir une victoire morale : « Si le référendum devait être gagné à 55-45, par exemple, le lendemain, on entendrait parler de la victoire morale du camp du Oui. Alors si le vote c'était 62-38, ce qui est moins qu'en 1980, ça indiquerait que la tendance va en diminuant» (Gagnon, 25 avril 1995). Le virage bloquiste couplé au rapport de la Commission nationale, et l'idée de l'union économique et politique, inquiétaient le clan du NON et ses stratèges. Quant au Canada anglais, il voyait dans les discussions stratégiques viriles entre MM. Bouchard et Parizeau un espoir de voir le projet souverainiste disparaître. Certains affirmaient même que le « séparatisme était mort » (Came, 24 avril 1995).

Dans le sondage SONDAGEM, réalisé à compter du jour même de la remise du rapport, nous avons demandé aux Québécois et aux Québécoises si à leur avis il serait préférable de négocier une association économique avant ou après la souveraineté. Les répondants affirmaient à 68,1 % qu'ils préféraient que l'entente économique soit réalisée avant que la souveraineté soit mise de l'avant. Toutefois, parmi les personnes indiquant leur intention de voter pour la souveraineté, 69,0 % estimaient que la négociation pouvait avoir lieu après la souveraineté, alors que ceux qui se disaient prêts à voter contre favorisaient une négociation avant la souveraineté. (voir le tableau 1). Ce clivage est révélateur non pas de l'ambiguïté des électeurs, mais bien de leur évaluation quant à l'opportunité de réaliser la souveraineté avant ou après des négociations. De plus, nos données indiquent que 49,8 % des personnes interrogées se disaient prêtes à voter OUI, 40,4 % NON et 9,8 % demeuraient discrètes; les résultats croisés en fonction de la négociation éventuelle nous donnent cependant un résultat favorable au NON à 54,6 % contre 45,4 % pour le OUI.

Lorsque interrogés sur la formulation éventuelle de la question, les répondants indiquent qu'ils voteraient dans une proportion de 59,3 % pour la souveraineté si elle était assortie d'une union économique, comme on peut l'observer au tableau 2. Les électeurs affirment qu'ils voteraient davantage pour le camp du OUI, à 66,2 %, si la question portait sur le transfert au Québec de pouvoirs comme la formation de la main-d'œuvre ou les communications. Nul doute qu'avec une stratégie sectorielle les forces souverainistes auraient à ce moment, tout comme en 1980, gagné leur référendum. Par ailleurs, il est intéressant de souligner que les personnes interrogées étaient fort partagées quant à une question formulée à partir de l'Accord du Lac Meech, seulement 36,2 % affirmant qu'elles voteraient OUI à une question allant dans ce sens.

Il faut également mentionner qu'une question comportant une union politique avec le Canada divisait largement l'électorat; 44,5 % voteraient OUI et 44,2 % appuieraient le NON. Le tableau 3 indique clairement qu'une question formulée autour de l'union politique recueillerait, parmi toutes les propositions, le moins d'appui de la part des électeurs péquistes (55,7 %), mais 68,3 % des partisans du parti de l'Action démocratique du Québec. Les partisans du Parti québécois se disaient toutefois en accord à 79,1 % avec la définition de la souveraineté telle que formulée dans l'avant-projet de loi sur la souveraineté; 20,9 % voteraient contre une question formulée dans ce sens. C'est dire que la première ébauche de la question référendaire ne faisait pas l'unanimité au sein des troupes péquistes.

Cependant, l'idée de la souveraineté accompagnée d'une association économique recueillait l'appui de 89,0 % des partisans péquistes et de 84,7 % des électeurs adéquistes qui se disaient prêts à voter OUI dans un tel contexte. Dans le cas des électeurs libéraux et ceux des autres formations politiques, une dévolution ou une décentralisation de pouvoirs vers le Québec représentait une question qu'ils appuieraient majoritairement. Mais malgré tout, la souveraineté avec association économique reçoit l'aval de 58,6 % des électeurs des tiers partis et de 31,1 % des partisans libéraux. Il ne faut donc pas se surprendre, au lendemain du « virage » de Lucien Bouchard, de voir certains tiraillements au sein du

Tableau 1 - **Si le Québec choisissait la souveraineté, serait-il préférable de négocier une association économique avec le reste du Canada avant ou après avoir fait la souveraineté ?**

Intentions de vote référendaire

	Pour	Contre	Total
Avant	34,4 (205)	65,6 (390)	68,1 (573)
Après	69,0 (187)	31,0 (84)	29,5 (248)
Aucun	50,5 (9)	49,5 (9)	2,4 (20)
Total	45,4 (401)	54,6 (483)	100,0 (841)

Question : Vous-même, voteriez-vous pour ou contre la souveraineté du Québec si le référendum avait lieu aujourd'hui ?

Source : SONDAGEM, 19 au 28 avril 1995 auprès de 1008 répondants.

Parti québécois, car si l'union économique était souhaitable, il en allait autrement de l'union politique. Mais en adoptant la ligne de l'union économique, les forces souverainistes s'assuraient de faire le plein au sein des forces adéquistes et, peut-être, de rallier à leur projet un bon nombre de libéraux « fatigués ».

Tableau 2 - **Si la question du référendum était l'une des suivantes, voteriez-vous OUI ou NON à...**

	OUI	NON	Discrets
le transfert au Québec de certains pouvoirs comme la formation de la main-d'œuvre ou les communications	66,2 (579)	23,7 (207)	10,1 (89)
la souveraineté comportant une association **économique** avec le Canada	59,3 (519)	30,4 (266)	10,3 (90)
la perception par Québec de tous les impôts payés actuellement à Ottawa	5,8 (488)	33,9 (297)	10,3 (90)
la reprise par Québec de tous les pouvoirs que le gouvernement fédéral veut laisser tomber	50,4 (441)	32,3 (283)	17,3 (151)
la souveraineté comportant une union **politique** avec le Canada	44,5 (389)	44,2 (387)	11,3 (99)
les revendications que le Québec avait formulées à l'occasion de Meech	36,2 (317)	33,6 (294)	30,2 (264)
la souveraineté telle qu'énoncée dans l'avant-projet de loi	35,2 (308)	47,9 (419)	16,9 (148)

Source : SONDAGEM, 19 au 28 avril 1995 auprès de 1008 répondants.

Tableau 3 -   Identification partisane et intention de vote référendaire
               (OUI seulement) selon la formulation de la question

	P.L.Q	P.Q.	A.D.Q.	Autres partis
la souveraineté comportant une association **économique** avec le Canada	31,1 (87)	89,0 (346)	84,7 (88)	58,6 (21)
la perception par Québec de tous les impôts payés actuellement à Ottawa	28,8 (76)	85,5 (342)	62,4 (68)	49,1 (16)
le transfert au Québec de certains pouvoirs comme la formation de la main-d'œuvre ou les communications	55,0 (146)	82,5 (319)	82,6 (88)	72,2 (24)
la souveraineté telle qu'énoncée dans l'avant-projet de loi	6,9 (19)	79,1 (277)	24,3 (23)	14,0 (4)
la reprise par Québec de tous les pouvoirs que le gouvernement fédéral veut laisser tomber	41,5 (102)	73,2 (270)	68,0 (69)	52,5 (18)
les revendications que le Québec avait formulées à l'occasion de Meech	38,8 (83)	61,3 (194)	56,2 (46)	45,0 (12)
la souveraineté comportant une union **politique** avec le Canada	36,6 (97)	55,7 (217)	68,3 (74)	52,4 (22)

Questions :   Si la question du référendum était l'une des suivantes,
               voteriez-vous OUI ou NON à...
               S'il y avait des élections provinciales aujourd'hui, pour
               quel parti politique voteriez-vous ?

Source :   SONDAGEM, 19 au 28 avril 1995 auprès de 1008
               répondants.

Au lendemain du dévoilement de l'offre de partenariat, un sondage Léger et Léger indiquait que les Québécois jugeaient important que le projet souverainiste comporte une offre de partenariat (78,5 %), la création d'un tribunal des différends (75,4 %), un Conseil du partenariat (70,1 %), une Assemblée parlementaire (66,4 %) et une offre d'union politique (62,1 %). Ces éléments se retrouvent donc dans le projet de loi 1 sur l'avenir du Québec. Il stipulait qu'un comité d'orientation et de surveillance des négociations relatives au *traité de partenariat* serait établi à la suite d'un référendum gagnant. L'article 3 du projet de loi indiquait clairement l'obligation du gouvernement du Québec de proposer au gouvernement du Canada un traité de partenariat économique et politique; l'article 4 établissait le comité d'orientation et de surveillance et l'article 5 spécifiait que les institutions créées par le traité serait situées dans la région de l'Outaouais.

2. De l'entente tripartite à la campagne référendaire

Par ailleurs, à la suite de la signature de l'entente tripartite, le gouvernement du Québec avait mis sur pied un comité de six ou sept fonctionnaires dont le mandat était de préparer la proposition de partenariat et d'élaborer un certain nombre de scénarios. En fait, les scénarios envisagés étaient strictement d'ordre économique. Le premier ministre Parizeau, lors de son entrevue postréférendaire avec le journaliste Stéphane Bureau, confirmait l'existence de ce document, affirmant qu'il avait une très bonne idée des modalités de l'offre de partenariat qu'il aurait faite au Canada si le OUI l'avait emporté au référendum. Il mentionnait également que la Caisse de dépôt et placement aurait acheté une certaine quantité de devises canadiennes afin de s'assurer de la stabilité des marchés. Au début du mois de septembre, le premier fonctionnaire du gouvernement, Louis Bernard, affirmait qu'il n'était pas impossible que la proposition soit rendue publique au cours de la campagne référendaire, bien que M. Parizeau estimât qu'il ne serait pas possible de rendre public ce document au cours de la campagne (Lessard, 3 octobre 1995).

La stratégie fédéraliste consistait à convaincre les électeurs de l'impossibilité du partenariat économique ou de la mince probabilité que le Canada accepte la création d'institutions politiques communes. Pour le journaliste Mario Fontaine, tel était essentiellement le danger de l'offre de partenariat : « Les chefs souverainistes ont joué avec le feu en assortissant la question référendaire d'une offre de partenariat politique et économique avec le reste du Canada. Car si la proposition rassure les inquiets et les incite à voter OUI, il suffit que le fédéral réussisse à convaincre les électeurs qu'il n'y aura pas de partenariat pour que le NON l'emporte » (Fontaine, 30 septembre 1995, B-5).

Toutefois, il ne fait aucun doute que l'idée même du partenariat était au cœur des préoccupations des électeurs, comme les données des sondages l'indiquèrent. Dans un sondage SOM-Radio-Québec réalisé du 15 au 18 septembre 1995, 75 % des électeurs affirmaient que le premier ministre du Québec devait rendre publique avant le référendum l'offre de partenariat; 75 % des personnes interrogées souhaitaient que le gouvernement du Canada accepte de négocier l'entente de partenariat, alors que seulement 45 % estimaient que le Canada allait de fait négocier cette offre de partenariat. Au sein de la communauté anglo-québécoise, il faut noter que celle-ci était divisée au sujet de savoir si elle souhaitait voir le gouvernement fédéral accepter de négocier (39 % - 40 %), une majorité (48 %) croyant plutôt qu'Ottawa refuserait toute négociation, comme le tableau 4 l'indique.

Le sondage SOM-Radio-Canada du 19 au 25 septembre 1995 indiquait que la question du partenariat était au centre des préoccupations des électeurs. Si les Québécois et les Québécoises étaient certains que le reste du Canada accepterait le partenariat politique, l'appui à la souveraineté du Québec est de 56 % contre 34 %, tandis que, dans l'hypothèse inverse, 57 % des électeurs affirment qu'ils voteraient contre la souveraineté. Dans un tel contexte, il ne faut donc pas se surprendre de constater que la stratégie des souverainistes fut de diminuer les appréhensions à l'endroit du partenariat et que celle du côté fédéraliste fut d'affirmer que tout partenariat était impossible. Lorsque l'on croise les réponses à ces questions avec l'intention de vote référendaire, on constate comme précédemment que les partisans du OUI sont à 93 % favorables à la souveraineté dans l'éventualité où le Canada accepterait de négocier; 30 % des électeurs du NON seraient aussi favorables au OUI dans une telle éventualité. Toutefois, suivant l'hypothèse inverse, plusieurs partisans du OUI, comme le démontre le tableau 5, révisent leurs positions, alors que ceux du NON affirment à 91 % être contre la souveraineté.

Tableau 4 - Les Québécois et l'offre de partenariat

1. Le premier ministre du Québec, monsieur Jacques Parizeau, doit-il rendre publique avant le référendum l'offre de partenariat économique et politique au reste du Canada ?

	Oui	Non	NSP/NRS
Total	75	15	10
Langue maternelle			
Français seulement	75	15	10
Anglais + autres	70	16	14

2. Advenant une majorité de Oui au prochain référendum, souhaitez-vous que le gouvernement du Canada accepte de négocier une entente de partenariat économique et politique avec le Québec ?

Total	73	14	13
Langue maternelle			
Français seulement	81	8	11
Anglais + autres	39	40	21

3. Advenant une majorité de Oui au prochain référendum, selon vous, le gouvernement du Canada va-t-il négocier une entente de partenariat économique et politique ?

Total	45	30	25
Langue maternelle			
Français seulement	49	26	25
Anglais + autres	28	48	24

Source : Enquête SOM réalisée entre le 15 et 18 septembre 1995. Au total, 1001 entrevues ont été complétées. Ce sondage a été présenté dans le cadre de l'émission *Droit de parole* à Radio-Québec, le 22 septembre 1995.

Tableau 5 - La négociation du partenariat

1. Voteriez-vous pour ou contre la souveraineté du Québec si vous étiez à peu près certain que le reste du Canada accepterait un partenariat politique et économique avec un Québec souverain ?

| | Intention de vote référendaire | | |
	Total	OUI	NON
Pour	56	93	30
Contre	34	4	65
Discrets	10	3	5

2. Voteriez-vous pour ou contre la souveraineté du Québec si vous étiez à peu près certain que le reste du Canada n'accepterait pas un partenariat politique et économique avec un Québec souverain ?

Pour	30	71	3
Contre	57	22	91
Discrets	13	7	6

3. Si, à la suite d'un OUI au référendum, le gouvernement du Québec et le reste du Canada n'arrivent pas à former un partenariat économique et politique, l'Assemblée nationale du Québec devrait-elle déclarer la souveraineté du Québec ou ne pas déclarer la souveraineté du Québec ?

Devrait déclarer la souveraineté	47	83	22
Ne devrait pas déclarer souveraineté	40	11	67
NSP/PR	12	-	1

4. Si le OUI l'emporte au référendum, le gouvernement du Québec tentera de négocier un partenariat économique et politique avec le reste du Canada. Croyez-vous que le gouvernement du Québec devrait, à la suite de ces négociations, tenir un deuxième référendum avant de déclarer la souveraineté du Québec ?

Oui	39	28	50
Non	55	68	46
Discrets	6	4	4

Source : SOM-Radio-Canada, enquête réalisée du 19 au 25 septembre 1995 auprès de 1820 répondants.

Dans la même veine, si le Québec n'arriverait pas à signer une entente de partenariat, 47 % des Québécois estimaient malgré tout que l'Assemblée nationale devrait déclarer la souveraineté du Québec; 55 % des Québécois s'opposaient, dans le contexte du référendum de 1995, à ce que le gouvernement du Québec tienne un second référendum avant de déclarer la souveraineté. Dans leur esprit, l'Assemblée nationale pourra, dans l'année suivant un référendum en faveur du OUI, déclarer la souveraineté au moment qu'elle jugera opportun. Les données du sondage CROP de la fin septembre donnent les mêmes chiffres, 41 % des personnes interrogées (contre 36 %) affirmant que le gouvernement du Québec pourra proclamer la souveraineté même si les négociations ne réussissent pas, 46 % contre 39 % estimant que, advenant une victoire du OUI, le reste du Canada acceptera de négocier (Fontaine, 1er octobre 1995).

L'un des premiers gestes importants fut la nomination, le 6 octobre 1995, des cinq premiers membres du comité d'orientation et de surveillance des négociations sur l'éventuel partenariat. Le premier ministre Jacques Parizeau annonçait à ce moment les noms des cinq premiers membres de ce comité : l'ex-sénateur Arthur Tremblay, l'ex-président du comité constitutionnel du Parti libéral du Québec Jean Allaire, deux représentants du monde des affaires, Serge Racine, président de Shermag, et Denise Verreault, du groupe maritime Verreault, et Jacynthe B. Simard, mairesse de Baie-Saint-Paul et présidente de l'Union des municipalités régionales de comté du Québec.

Par la suite, le premier ministre du Québec entendait nommer deux ou trois autres personnes avant la fin de la campagne référendaire. Les noms de Pierre-Marc Johnson et de Claude Castonguay circulaient à ce moment. Après le référendum et une victoire du OUI, le chef du camp souverainiste entendait nommer deux ou trois autres personnes, de concert avec le chef du camp du NON et leader du Parti libéral du Québec, Daniel Johnson.

Le premier ministre Jacques Parizeau indiquait également que le comité serait consulté pour la nomination d'un négociateur en chef. De plus, le comité aurait les responsabilités suivantes : nommer un observateur à toutes les tables de négociation du partenariat, conseiller le gouvernement sur la marche des négociations et informer le public sur le processus et l'aboutissement des négociations. Par ailleurs, lors de la nomination des premiers membres du comité, M. Parizeau indiquait clairement que ces nominations avaient des objectifs stratégiques : forcer la discussion sur le partenariat d'ici la fin de la campagne référendaire et rassurer les Québécois sur le sérieux de la démarche proposée (Cauchon, 7 et 8 octobre 1995).

Mais la nomination du négociateur en chef ne se fera pas attendre. Deux jours plus tard, soit le samedi 8 octobre, Lucien Bouchard était officiellement nommé par M. Parizeau à titre de négociateur en chef. Dès ce moment, le nombre de personnes participant aux assemblées publiques souverainistes a connu une croissance remarquée : Estrie, 800 personnes; Rimouski, 2200...

Dans une entrevue qu'il accordait le 13 octobre 1995, Lucien Bouchard affirmait que le principe de l'égalité entre le Québec et le Canada dans la prise de décision au sein des institutions d'un éventuel partenariat entre les deux pays n'était pas négociable. Il affirmait : « Ce n'est pas de gérer le Québec et le Canada moitié-moitié. Chacun gère à 100 pour cent sa partie. Mais si c'est une bonne idée de faire un accord, disons sur les Postes, là on fait un accord et ça fonctionne d'égal à égal parce qu'on l'aura voulu à l'avance» (Auger, 14 octobre 1995, 36).

Un autre sondage SOM, réalisé cette fois à la mi-octobre pour les quotidiens *Le Soleil* et *The Gazette*, confirmait les données antérieures. Comme les chiffres du tableau 6 l'indiquent, si le OUI l'emportait, 49,6 % des personnes interrogées contre 36,6 % estimaient que, même s'il était impossible de conclure une entente de partenariat avec le reste du Canada, l'Assemblée nationale pouvait déclarer l'indépendance du Québec; 56,7 % s'opposaient également à ce que le gouvernement du Québec tienne un autre référendum avant de déclarer l'indépendance. Si le NON l'emportait, une nette majorité, soit 80,5 %, souhaitait vivement des changements dans le fonctionnement de la fédération canadienne. Toutefois, une légère majorité, soit 44,2 % contre 42,1 %, n'avait aucune confiance que ces changements se produiraient.

Un sondage CROP, réalisé du 19 au 23 octobre, indiquait que 51 % des Québécois et des Québécoises croyaient que le Canada accepterait de négocier un nouveau partenariat advenant une victoire du OUI, comme le montre le tableau 7. Cette opinion était évidemment davantage répandue chez les partisans du OUI (79 %) que chez ceux du NON (25 %), et davantage à l'extérieur de la région de Montréal. Les hommes (59 %) davantage que les femmes (43 %) y croyaient, de même que les électeurs de moins de 55 ans (55 %) par rapport aux plus âgés (36 %).

Par la suite, la stratégie des forces fédéralistes fut bien sûr de miner la crédibilité du projet de partenariat et à démontrer qu'il s'agissait d'une proposition néo-fédéraliste. Lors d'une conférence de presse à Rivière-du-Loup, le 19 octobre, on a cherché à faire dire à M. Bouchard que la souveraineté du Québec serait proclamée dans les plus brefs délais après le référendum, avant même que les paramètres de la négociation ou que ses conclusions soient connus. En fait, l'objectif du gouvernement était-il de faire d'abord la souveraineté pour ensuite entreprendre les négociations de partenariat, ou l'inverse ? M. Bouchard affirmait d'ailleurs : « ... le mandat sollicité par le gouvernement de M. Parizeau, et par les souverainistes, c'est que le Québec fasse sa souveraineté et que, fort de cette souveraineté, il tente ensuite de négocier un accord de partenariat. Mais la conclusion de cet accord n'est pas une condition à laquelle se subordonne l'accession du Québec à la souveraineté... La question pose celle de la souveraineté et celle du partenariat, mais il n'y a pas de trait d'union entre les deux » (Cantin, 20 octobre 1995). Le soir même, à Rimouski, M. Bouchard indiquait clairement que le projet de loi 1 indiquait que l'Assemblée nationale était autorisée à proclamer la souveraineté du Québec à n'importe quel moment après avoir fait une offre formelle de partenariat au reste du Canada (Authier, 20 octobre 1995).

Tableau 6 - Si le OUI ou le NON l'emporte

1. Si le Oui l'emporte au référendum, mais qu'il est impossible de conclure une entente de partenariat avec le reste du Canada, seriez-vous d'accord pour que le Québec déclare son indépendance ?

Oui	Non	Discrets
49,8	36,6	13,6

2. Si le Oui l'emporte au référendum, mais qu'il est impossible de conclure une entente de partenariat avec le reste du Canada, croyez-vous que le Québec devrait tenir un autre référendum avant de déclarer son indépendance ?

Oui	Non	Discrets
32,4	56,7	10,8

3. Si le Non l'emporte au référendum, souhaitez-vous qu'il y ait quand même des changements dans la façon dont le Canada fonctionne ?

Oui	Non	Discrets
80,5	12,4	7,1

4. Si le Non l'emporte au référendum, croyez-vous que des changements se produiront effectivement dans la façon dont le Canada fonctionne ?

Oui	Non	Discrets
42,1	44,2	13,7

Source : Sondage SOM/*Le Soleil*/*The Gazette* réalisé du 13 au 16 octobre 1995 auprès de 981 répondants.

Tableau 7 -   Si le gouvernement du Québec gagne son référendum,
croyez-vous que le reste du Canada acceptera de négocier
un nouveau partenariat économique et politique avec un
Québec souverain ?

	Oui	Non	Discrets
Total	51	29	21
Intention de vote			
Oui	79	9	12
Non	25	53	22
Discrets	37	19	44
Région			
Montréal métro	46	35	20
Québec métro	60	24	16
Reste du Québec	54	24	23
Sexe			
Hommes	59	26	15
Femmes	43	31	26
Âge			
18-34 ans	56	28	16
35-54 ans	55	27	18
55 ans et plus	36	34	30

Source : Sondage CROP/*La Presse* réalisé du 19 au 23 octobre 1995 auprès de
1072 répondants.

Le 22 octobre 1995, Lise Bissonnette écrivait d'ailleurs que l'attitude
du gouvernement fédéral durant la campagne référendaire rendait toute
discussion sur le projet de partenariat relativement caduque :

« La volonté canadienne d'opposer un *niet* absolu à l'ensemble de
l'offre de partenariat empêche tout débat intelligent sur ces questions.
Tout au plus entend-on, sur le mode de la dérision, que les « séparatistes » veulent créer un « troisième niveau de gouvernement » qui
serait au total aussi lourd que le fédéralisme actuel. Tel n'est pas le
cas, puisque le partenariat politique resterait limité aux objets inclus
dans le pacte d'association économique. Mais il est certain qu'un flou
règne autour du fonctionnement pratique de ces institutions et que leur
définition actuelle est encore loin d'une formulation pleinement
satisfaisante, tant au plan de l'équilibre entre les deux États que de
l'imputabilité de la nouvelle organisation. Le principe du partenariat

politique n'est pas à rejeter pour autant » (Bissonnette, 22 octobre 1995, A-12).

Le dernier sondage SOM de la campagne, réalisé entre le 22 et le 25 octobre, continuait d'indiquer que si des garanties d'une entente de partenariat Québec-Canada pouvaient réussir, une forte majorité des Québécois et des Québécoises voteraient OUI le 30 octobre 1995; 52 % des personnes interrogées appuieraient le OUI et 34 % le NON. À l'opposé, si l'électeur estimait que la négociation serait un échec, 47 % indiquaient leur intention de voter NON contre 38 % pour le OUI (Michel David, 27 octobre 1995). Tel était en bonne partie le dilemme existentiel d'une bonne partie des électeurs du Québec et le résultat référendaire fut finalement un arbitrage entre ces deux visions.

3. La crédibilité du projet de partenariat

Si l'on compare les trois sondages CROP réalisés au cours de la campagne référendaire et dans lesquels on demandait aux électeurs si, advenant un victoire du OUI, ils estimaient que le Canada accepterait de négocier un nouveau partenariat, on observe, entre la fin septembre et la fin octobre, un bond de 5 % parmi ceux qui répondent OUI, alors que ceux qui répondent NON baissent de 10 %; le nombre d'indécis augmente de 15 à 21 %. Déjà, le second sondage CROP, réalisé quelques jours après la nomination de Lucien Bouchard, soit du 13 au 16 octobre, indiquait chez les répondants une plus grande confiance quant à la possibilité de la négociation.

La maison CROP demandait également aux personnes interrogées si elles estimaient qu'il était probable que l'accord de partenariat économique et politique puisse être conclu dans une période d'un an. Entre septembre et octobre, le nombre de personnes qui estiment très probable la conclusion de cette entente passe de 29 % à 35 %, soit une augmentation de 6 %, alors que le nombre de ceux qui jugent peu probable une telle entente chute de 38 % à 31 %, soit une diminution de 7 %. Ces deux questions traduisent fort bien le changement de climat au lendemain de la présence plus soutenue de Lucien Bouchard dans le débat référendaire (voir le tableau 8).

Afin d'évaluer la fermeté de l'adhésion des électeurs au projet souverainiste, l'institut SONDAGEM a développé un indicateur basé sur quatre estimateurs ou questions. La première question porte sur la possibilité de réformer le fédéralisme canadien de manière à satisfaire le Québec et les provinces canadiennes : « Croyez-vous qu'il sera possible de réformer le fédéralisme canadien de façon à satisfaire à la fois le Québec et le reste du Canada ? » La seconde question porte sur le droit du Québec à l'autodétermination : « Personnellement, croyez-vous que le Québec a le droit de se séparer du Canada ? » Les troisième et quatrième questions traitent de la capacité à court et moyen terme pour le Québec d'être un pays indépendant : « À votre avis, le Québec a-t-il la compétence technique, les ressources naturelles et le capital financier pour devenir un pays indépendant ? » et « Le projet de souveraineté politique du gouvernement actuel du Québec vous apparaît-il facilement réalisable, relativement réalisable, difficilement réalisable ou tout à fait irréalisable ? »

Tableau 8 - La crédibilité du partenariat

1. Si le gouvernement du Québec gagne son référendum, croyez-vous que le reste du Canada acceptera de négocier un nouveau partenariat économique et politique avec un Québec souverain ?

Date	Oui	Non	NSP
20-25 sept.	46	39	15
13-16 oct.	49	32	19
19-23 oct.	51	29	21

2. Si la majorité des Québécois vote OUI au référendum, croyez-vous qu'il est très probable, assez probable, peu probable ou pas probable du tout qu'un Québec souverain puisse conclure avec le reste du Canada, en un an, un accord global de partenariat économique et politique ?

Date	Très ou assez probable	Peu probable	Pas du tout probable	NSP
20-25 sept.	29	38	25	8
13-16 oct.	35	31	26	8

Source : Sondages CROP/*La Presse*.

L'intérêt de ces quatre estimateurs, c'est qu'ils nous permettent de faire éclater les camps du OUI et du NON en catégories ordonnées. Aux deux extrémités, l'on retrouve des répondants pour qui le fédéralisme canadien est un échec, qui pensent que le Québec a le droit de se séparer, qui considèrent qu'un Québec souverain posséderait les ressources pour réussir et qui croient que la souveraineté est réalisable. D'autres répondants pensent exactement le contraire. Entre les deux se situent les catégories de répondants par nombre croissant d'objections à l'un ou l'autre des énoncés.

Comme on peut l'observer à la figure 1, on constate que, entre janvier et octobre 1995, le nombre d'électeurs estimant que la souveraineté est réalisable a connu une croissance importante entre avril et octobre, une augmentation de plus de 20 %; à l'opposé, la confiance des électeurs dans la possibilité de réformer le fédéralisme diminue constamment entre janvier et octobre. Quant à la question portant sur le droit du Québec de se séparer et sur les ressources qui lui permettraient de le faire, la confiance de l'électorat demeure relativement stable.

Si on additionne les résultats à ces questions pour le sondage d'octobre, réalisé à quelques jours du rendez-vous référendaire, la distribution de ces catégories donnait le portrait suivant : 35 % des répondants acquiesçaient aux quatre énoncés, constituant ainsi la catégorie la plus souverainiste; 22 % soulevaient une objection à l'une ou l'autre de ces interrogations; 11 % en relevaient deux; 17 % répondaient par la négative à trois d'entre elles et 16 % des répondants s'objectaient aux quatre énoncés, formant ainsi la catégorie la plus fédéraliste.

La répartition des intentions de vote en faveur de l'un ou l'autre camp à l'intérieur de ces cinq groupes d'électeurs révèle que si plus de 94 % des répondants de la catégorie la plus souverainiste (aucune objection) et 72 % de la catégorie immédiatement adjacente (une objection seulement) avaient l'intention de voter pour le OUI, cette proportion tombait à moins de 20 % pour la catégorie où deux objections étaient soulevées. Le OUI récolte très peu d'appuis dans les catégories ayant trois ou quatre objections, soit 7 % et 2 %. La ligne de démarcation des camps souverainistes et fédéralistes se situait donc entre les catégories d'une et de deux objections.

Il nous faut donc conclure, à la lumière de ces quelques données, que le projet de souveraineté partenariat a connu une croissance significative au cours de la campagne référendaire. Les chiffres présentés jusqu'ici indiquent que l'entrée en scène de Lucien Bouchard a certainement joué un rôle de catalyseur important en permettant à l'axe confiance-crédibilité d'attirer un plus grand nombre d'électeurs.

Figure 1 - Les estimateurs de la confiance des électeurs

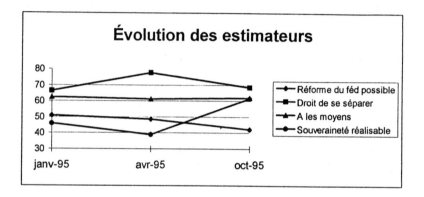

Graphique 1 - Comparaison pour trois terrains réalisés entre janvier et octobre 1995. L'ordonnée exprime des pourcentages.

Source : Sondages SONDAGEM de janvier, d'avril et d'octobre 1995.

4. Conclusion

Ces quelques chiffres indiquent à notre avis l'importance que l'électorat accorde au fait d'offrir au Canada une proposition de partenariat économique et politique. Le réalisme des électeurs contraste avec le discours des forces du NON, puisque les électeurs québécois préfèrent nettement une forme de souveraineté partenariat au *statu quo*. Le résultat référendaire est clair à ce propos. Toutefois, si ce projet demeure l'option favorite de bon nombre de citoyens, sa crédibilité a connu une croissance importante avec la nomination du chef bloquiste, Lucien Bouchard, comme chef négociateur, nomination couplée à celle des premiers membres de l'équipe de négociation. La nomination de Jean Allaire a sans doute contribué à rallier un certain nombre d'électeurs adéquistes au projet de souveraineté partenariat. Il serait donc hasardeux de conclure que l'arrivée de Lucien Bouchard n'a pas eu d'effet sur la campagne, comme il serait présomptueux de conclure que le changement observé en octobre est dû uniquement à sa présence accrue.

Comme le soulignait Lucien Bouchard au lendemain du «virage» d'avril 1995 lors du congrès du Bloc québécois, « quoiqu'un Québec souverain propose éventuellement au Canada, il doit le faire de façon rigoureuse et authentique » (Bouchard, 11 avril 1995). C'est dans cette perspective, empreinte de la tradition dominante au sein des forces souverainistes depuis plus de trente ans, qu'il faut comprendre l'évolution de l'électorat québécois en octobre 1995. La souveraineté association partenariat représente les assises mêmes du projet du Parti québécois, du Bloc québécois et de l'Action démocratique du Québec, et il faut noter que si en 1980 Pierre E. Trudeau avait pu affirmer qu'Ottawa refuserait de négocier toute entente avec le gouvernement québécois même si les électeurs du Québec lui donnaient le mandat de négocier la souveraineté-association, en 1995 le projet de partenariat n'était plus une condition nécessaire à la souveraineté. Le partenariat représente aujourd'hui davantage une proposition teintée de pragmatisme qu'une fin en soi.

C'est dans cette perspective que le premier ministre du Québec, Lucien Bouchard, a proposé, lors du caucus des députés du Parti québécois tenu à Montréal le 14 mars 1996, l'idée d'inscrire à l'article 1 du programme du Parti québécois l'entente PQ-BQ-ADQ du 12 juin 1995. En d'autres termes, advenant la victoire du OUI lors d'un éventuel troisième référendum, le Québec amorcerait avec le Canada des négociations, qui ne devraient pas durer plus d'un an, sur un nouveau partenariat économique et politique. L'Assemblée nationale du Québec pourra déclarer la souveraineté du Québec au moment qu'elle juge opportun (O'Neill, 15 mars 1996). Le projet souverainiste continue donc d'évoluer et la formule de partenariat constitue une donnée essentielle du projet souverainiste. À ce stade-ci, il appartient aux souverainistes de bonifier leur offre (Seymour, 1996; Turp, 1995), mais il faut aussi se demander comment le Canada pourra répondre à cette proposition (Jedwab, 1996) et s'il existe dans les provinces du Canada anglais un leadership intellectuel assez cohérent pour proposer des réformes du système fédéral canadien.

Références

Auger, Michel C. 1995. « OUI à la souveraineté avec association », *Le Journal de Montréal*, 21 avril, n° 11.

Auger, Michel C. 1995. « L'égalité Québec-Canada dans un partenariat n'est pas négociable », *Le Journal de Montréal*, 14 octobre, n° 36.

Authier, Philip. 1995. « Partnership talks first : Bouchard », *The Gazette*, 20 octobre, A-1 et A-7.

Bellemare, André. 1996. « Le cap reste sur la souveraineté, jure Bouchard », *Le Devoir*, 1ᵉʳ avril, B-3 (citation de Lucien Bouchard et Frédéric Dubé).

Bissonnette, Lise. 1995. « OUI ou NON : le partenariat politique Québec-Canada », *Le Devoir*, 22 octobre, A-12.

Bissonnette, Lise. 1995. « Le projet de société », *Le Devoir*, 25 septembre, A-8.

Bouchard, Lucien. 1995. « L'indépendance demeure un préalable essentiel à tout nouveau partenariat », *La Presse*, 11 avril, B-3.

Came, Barry. 1995. « Is Separatism Dead ? », *Maclean's*, 24 avril, 13-16.

Cantin, Philippe. 1995. « Souveraineté d'abord, négociations ensuite ? », *La Presse*, 20 octobre, B-1.

Cauchon, Paul. 1995. « Parizeau nomme les cinq premiers membres du comité de surveillance », *Le Devoir*, 7 et 8 octobre, A-7.

Centre de recherche sur l'opinion publique (CROP). 1995. Le climat préréférendaire au Québec — Sondage d'opinion auprès des Québécois, CROP-EXPRESS, février.

Commission nationale sur l'avenir du Québec. (CNAQ) 1995. *Rapport*, Conseil exécutif, Secrétariat national des commissions sur l'avenir du Québec.

David, Michel. 1995. « Les Québécois veulent du changement », *Le Soleil*, 27 octobre, A-9.

Fontaine, Mario. 1995. « Le partenariat : les chefs du camp du OUI ont joué avec le feu », *La Presse*, 30 septembre, B-5.

Fontaine, Mario. 1995. « Le Canada acceptera de négocier après un OUI », *La Presse*, 1er octobre, A-4.

Gagnon, Katia. 1995. « Le virage souverainiste - Éviter une victoire morale du Oui », *Le Soleil*, 24 avril, A-7.

Gouvernement du Québec. 1995. Projet de loi sur l'avenir du Québec incluant la déclaration de souveraineté et l'entente du 12 juin au 12 septembre.

Hébert, Chantal. 1995. « Bouchard prône une union économique avec le Canada », *La Presse*, 8 avril, A-1 et A-2.

Jedwad, Jack. 1996. « Le débat référendaire et la notion de partenariat », *Bulletin d'histoire politique* 4 (3), printemps, 11-17.

Lachapelle, Guy. 1995. *Mémoire - Commission nationale sur l'avenir du Québec*, février.

Lessard, Denis. 1995. « Québec a en main les éléments d'une proposition de partenariat », *La Presse*, 3 octobre, B-4.

Lévesque, René. 1968. *Option Québec*, Montréal, Les éditions de l'Homme.

Marissal, Vincent. 1995. « Le virage s'accentue - Une offre d'association possible d'ici au référendum », *Le Soleil*, 25 avril, A-1.

Normand, Gilles. 1995. « La commission prend le virage Bouchard », *La Presse*, le 20 avril, A-1 et A-2.

O'Neill, Pierre. 1995. « Bouchard veut faire prendre au PQ le virage du partenariat », *Le Devoir*, 15 mars, A-1 et A-10.

O'Neill, Pierre. 1995. « Les Québécois ne sont pas prêts à voter », *Le Devoir*, 4 et 5 mars, A-1.

O'Neill, Pierre. 1994. « Constitution : les Québécois rejettent le moratoire prôné par Johnson », *Le Devoir*, 22 août, A-1 et A-8.

Presse canadienne. 1995. « La souveraineté avec l'association recueille 54 % », *Le Devoir*, 19 juin, A-3.

Seymour, Michel. 1996. « Partenariat Québec-Canada : comment bonifier l'offre ? », *La Presse*, 22 mars, B-3.

Turp, Daniel. 1995. « It's time for a new partnership with Canada », *The Gazette*, 19 octobre, B-3.

Vincent Lemieux

Département de science politique
Université Laval
Présentateur

LE RÉFÉRENDUM DE 1995 : QUELQUES PISTES D'EXPLICATION

Je me limiterai dans les quelques pages qui me sont accordées à suggérer quelques pistes d'explication des résultats du référendum de 1995, en utilisant pour cela le modèle appliqué dans mon livre *Le Parti libéral du Québec* (Lemieux, 1993).

Selon ce modèle, les partis établis ou les options référendaires peuvent compter au départ sur l'appui d'un certain pourcentage d'électeurs croyants. Il y aurait autour de 30 % de croyants fédéralistes et un peu moins de croyants souverainistes. Les autres électeurs (non-croyants) décident de s'abstenir ou décident de voter pour l'un ou l'autre camp dépendant de la situation où ils se trouvent, et selon les perceptions qu'ils ont du positionnement respectif de ces camps dans trois espaces qu'on peut nommer, pour les fins de la présente communication, l'espace socio-économique, l'espace identitaire et l'espace partisan.

Je ferai quelques observations sur chacun de ces trois espaces, ainsi que sur le taux de participation au référendum et sur l'évolution des intentions de vote au cours de la campagne référendaire.

L'espace socio-économique

Le positionnement des deux camps dans cet espace a surtout porté, comme on le sait, sur les conséquences économiques de la souveraineté du Québec. On a trop vite conclu, en certains milieux, que cet espace n'avait pas été aussi significatif pour les électeurs non croyants qu'il l'avait été en 1980. Il me semble que, pour les non-croyants, cet espace est toujours très significatif, mais que leur perception du positionnement des deux camps a été, en 1995, assez complexe avec des effets partagés sur leur vote.

Je m'en tiendrai à trois observations. Premièrement, la situation socio-économique des électeurs était, en 1995, différente de celle de 1980, à la suite des dépressions économiques du début des années 1980 et du début des années 1990. Il semble que beaucoup d'électeurs, parmi les non-croyants, qui estimaient n'avoir plus rien à perdre ont voté Oui, alors que ceux qui, au contraire, estimaient avoir beaucoup à perdre ont eu tendance à voter Non. Deuxièmement, la situation financière de l'État canadien et les coupures annoncées dans les transferts aux provinces ont sans doute incliné plusieurs non-croyants à voter Oui. Les protagonistes fédéraux et québécois du Non ne pouvaient avoir qu'une crédibilité réduite quand ils dramatisaient les conséquences économiques de la souveraineté. « De toute façon, le Canada est au bord de la faillite », disait-on, en réponse à cette dramatisation. Troisièmement, les électeurs n'ont pas très bien perçu, semble-t-il, la différence entre le partenariat économique proposé par le camp du Oui et les échanges commerciaux, dont le camp du Non devait bien avouer qu'ils continueraient. Pour dissiper la confusion, les fédéralistes ont dramatisé les conséquences économiques de la sécession bien plus qu'ils ont exposé les avantages de l'appartenance à la fédération, ce qui a eu pour effet de rendre antagonistes, dans l'espace identitaire, l'appartenance au Québec et l'appartenance au Canada.

L'espace identitaire

Alors que l'évaluation des positionnements dans l'espace socio-économique est faite selon des valeurs d'appropriation, celle des positionnements dans l'espace identitaire est faite selon des valeurs d'appartenance. On peut penser que ce sont ces valeurs surtout qui fondent les choix constants des électeurs croyants, les souverainistes valorisant avant tout leur appartenance à la nation québécoise, et les fédéralistes, leur appartenance à la nation canadienne. Dans l'espace identitaire, la plupart des non-francophones sont, comme on le sait, des croyants fédéralistes à la nation canadienne.

Généralement, les électeurs non croyants sont moins sensibles aux positionnements des deux camps dans l'espace identitaire qu'ils le sont aux positionnements dans l'espace socio-économique. Lorsque les non-croyants deviennent plus sensibles à l'espace identitaire, c'est le camp souverainiste qui en profite, comme l'ont montré les sondages faits un peu avant et un peu après l'échec de l'accord du Lac Meech (à ce sujet, voir Pinard, 1992, et Cloutier, Guay et Latouche, 1992).

En plus de susciter des clivages ethno-linguistiques, l'espace identitaire suscite aussi des clivages d'âge, la principale ligne de démarcation se situant à 55 ans. Les plus vieux sont plus fédéralistes que les plus jeunes. On l'a bien vu à l'occasion du référendum. Certains ont conclu un peu vite que l'option souverainiste finirait par l'emporter avec le temps, ce qui suppose que les effets de génération prédominent sur les effets de vieillissement et les effets de période. Rappelons que les sondages ont montré que les 54 ans et moins se décomposent en sous-groupes pour ce qui est de leur appui à la souveraineté : les 18-24 ans et surtout les 35-44 ans qui sont les plus favorables à cette option, les 25-34 ans et les 45-54 ans qui le sont moins. Les effets de génération, les effets d'âge et les effets de période semblent jouer de façon différente dans les quatre groupes, ce qu'il serait intéressant d'explorer davantage.

L'aspect le plus déterminant des positionnements dans l'espace identitaire fut sans doute l'incapacité du camp fédéraliste et de Jean Chrétien, en particulier, de convaincre les non-croyants qu'ils pouvaient demeurer canadiens sans restreindre pour autant leur identité québécoise, c'est-à-dire que l'identification à la nation québécoise n'était pas incompatible avec l'identification à la nation canadienne.

L'espace partisan

L'espace partisan fait davantage référence à l'expression des positionnements qu'à leur contenu. Ce sont les gestes posés par les protagonistes que sont les leaders politiques qui sont significatifs pour les électeurs et en particulier pour les électeurs non croyants. Il y a eu au cours de la campagne référendaire des changements importants dans cet espace. Comme en 1980, le débat entre les deux camps a commencé à l'Assemblée nationale, avec des protagonistes qui étaient en 1995 le premier ministre du Québec, Jacques Parizeau, et le chef de l'opposition, Daniel Johnson. À la fin de la campagne, les deux principaux protagonistes étaient plutôt Lucien Bouchard, le chef de l'opposition à Ottawa, et Jean Chrétien, le premier ministre du Canada.

De même, en 1980, le premier ministre Trudeau avait fini par devenir le principal protagoniste du camp fédéraliste. Il jouissait alors d'une popularité beaucoup plus grande que celle de Jean Chrétien en 1995, et, surtout, il pouvait prétendre de façon crédible que des changements seraient apportés à la constitution canadienne. Jean Chrétien au contraire, a été perçu à tort ou à raison comme celui qui avait comploté, après 1980, contre ces changements. De plus, alors que Jacques Parizeau s'était opposé à l'accord du Lac Meech, Lucien Bouchard y avait cru et avait démissionné du gouvernement Mulroney parce que l'accord était, selon lui, irrémédiablement condamné. Il pouvait, de façon plus crédible que Jacques Parizeau, accuser Jean Chrétien de s'être toujours opposé aux changements voulus par les électeurs du Québec. Le premier ministre du Canada lui donnait d'ailleurs raison, même dans ses interventions désespérées de fin de campagne, en demeurant vague, et pour cause, sur les changements constitutionnels à venir.

On dit parfois que, dans une campagne référendaire, les leaders importent moins que les options. Il faudrait nuancer cette affirmation. Il y a personnalisation des positionnements dans l'espace partisan, mais cette personnalisation se concentre encore davantage que lors des élections sur les principaux leaders, étant donné l'absence de candidats à élire dans les circonscriptions.

Le taux de participation

Dans quelle mesure le taux très élevé de participation au référendum, soit 94 % des inscrits, est-il relié au résultat ? C'est là une question à laquelle je n'ai pas encore entendu de réponses convaincantes. Les données des sondages faits avant le référendum nous aident assez peu à cet égard. Pour améliorer nos connaissances, il serait intéressant de sélectionner des électeurs qui avaient d'abord l'intention de ne pas voter, pour les interroger sur ce qui les a amenés à participer au scrutin, et à voter Oui ou Non.

On peut se demander également si l'absence de candidats à élire, dans les circonscriptions, n'enlève pas à certains électeurs non croyants des raisons de ne pas aller voter. Il arrive parfois qu'aucun candidat ne soit jugé acceptable par un électeur, qui décide pour cela de s'abstenir. Comme en 1980, le sentiment que l'enjeu du référendum était important, aussi bien d'un point de vue socio-économique que d'un point de vue identitaire et d'un point de vue partisan, a sans doute favorisé la participation.

Après avoir analysé les élections depuis le début du siècle, dans mon ouvrage *Le Parti libéral du Québec*, j'avais conclu que la participation électorale était d'autant plus élevée que le positionnement des partis était clair plutôt que mitigé dans les trois espaces, et en particulier dans l'espace partisan. Par rapport aux élections provinciales depuis 1981, l'opposition entre les deux camps était certainement plus nette, en 1995, parce que concentrée autour de la question de l'avenir politique du Québec, où le positionnement des deux camps est beaucoup moins mitigé qu'en matière de gestion de l'économie, de la société et de la culture. Cela peut expliquer, avec d'autres facteurs, la participation très élevée lors du référendum de 1995.

L'évolution des intentions de vote

Encore au début d'octobre, il y avait de bonnes raisons de croire, en analysant les résultats des sondages, que le camp du Oui recueillerait l'appui d'à peine 40 % des votants. Le 30 octobre il en recueillait presque 50 %. À partir des remarques que j'ai faites sur chacun des trois espaces et sur la participation, on peut suggérer, à titre hypothétique, l'explication suivante.

Étant donné l'incertitude qui entoure les effets du taux de participation, je ne tiendrai pas compte de ce facteur dans ma tentative d'explication. Ramener l'explication au facteur Lucien Bouchard me semble trop simpliste, même si cela contient une certaine part de vérité. De façon un peu plus complexe, on peut suggérer trois facteurs étroitement reliés entre eux. D'abord, le déplacement du débat du couple Parizeau-Johnson au couple Bouchard-Chrétien, et la plus grande proéminence qu'a pris l'espace identitaire par rapport à l'espace socio-économique. Ensuite, la confusion qui s'est installée dans l'espace socio-économique entre le partenariat économique et les échanges commerciaux, les efforts des fédéralistes pour dissiper cette confusion ayant pour effet de durcir l'opposition entre l'identité canadienne et l'identité québécoise. Enfin et surtout, l'incapacité des fédéralistes, dans l'espace identitaire, à contrer la position de Lucien Bouchard, face à Jean Chrétien, voulant que dans le régime actuel l'identification au Québec et l'identification au Canada soient incompatibles.

Nous pourrons, dans la discussion, tirer les leçons de cette analyse, à supposer qu'elle soit adéquate. Je dirai seulement, pour le moment, que ces leçons me semblent assez évidentes.

Auteurs cités

Cloutier, Édouard, Jean H. Guay et Daniel Latouche. 1992. *Le virage*, Montréal, Québec/Amérique.

Lemieux, Vincent. 1993. *Le Parti libéral du Québec*, Sainte-Foy, Les Presses de l'Université Laval.

Pinard, Maurice. *The Quebec Independence Movement. À Dramatic Reemergence.* Working Papers in Social Behavior, nº 92-06, Montréal, McGill University.

André Blais

Commentateur

Richard Nadeau
Pierre Martin

Département de science politique
Université de Montréal

POURQUOI LE OUI A-T-IL FAIT DES GAINS PENDANT LA CAMPAGNE RÉFÉRENDAIRE ?

Pendant la campagne référendaire, le OUI a gagné essentiellement huit points, passant de 45 % à 53 % des appuis parmi ceux qui indiquaient une intention de vote. Dans cette note, nous montrons qu'on peut expliquer ce déplacement à l'aide d'un modèle que nous avons élaboré pour rendre compte des attitudes sur l'enjeu constitutionnel. D'après ce modèle, la décision d'appuyer ou de s'opposer à la souveraineté dépend de sentiments d'identité ou d'appartenance au Québec et au Canada et des attentes quant aux conséquences économiques et linguistiques de la souveraineté.

Notre but plus spécifique est d'identifier quels sont les facteurs qui semblent le mieux expliquer le déplacement des intentions de vote. Le OUI a pu faire des gains soit parce que le camp souverainiste a réussi à raviver le sentiment d'appartenance au Québec pendant la campagne, soit parce que les Québécois sont devenus plus optimistes quant aux conséquences économiques ou linguistiques, ou les deux, de la souveraineté. Mais il y a également la possibilité que ni le sentiment d'appartenance ni les attentes n'aient évolué pendant la campagne, mais que le poids des différentes considérations ait changé. Selon une interprétation courante, par exemple, la campagne aurait amené les Québécois à « oublier » les préoccupations économiques et à voter d'abord et avant tout en fonction de leur identité. Si cette interprétation est juste, il y aurait un effet d'ordre du jour, et l'impact des considérations économiques sur le vote se serait atténué.

Qu'en est-il au juste ? Notre analyse se fonde sur une juxtaposition de deux sondages Léger et Léger, le premier effectué au mois de juin et le second dans la semaine précédant le référendum. Nous nous concentrons sur les francophones, puisque c'est dans ce groupe essentiellement que le OUI a effectué des gains. En juin, 52 % des francophones disaient avoir l'intention de voter OUI à un référendum sur la souveraineté; en octobre, 62 % indiquaient avoir l'intention de voter OUI au référendum. D'où vient cette hausse ?

La première étape consiste à examiner si nos variables clés ont évolué entre juin et octobre. Nous avons mesuré l'identité par la question suivante : « Personnellement, vous considérez-vous : Québécois seulement; Québécois d'abord, Canadien ensuite; Québécois et Canadien à part égale; Canadien d'abord, Québécois ensuite; Canadien seulement; ou rien de cela ? » Le pourcentage de ceux se considérant Québécois seulement ou d'abord est passé de 53 % à 58 %, celui de ceux se considérant Canadien seulement ou d'abord de 13 % à 12 %. Il y à là un petit déplacement, qui n'est pas tout à fait significatif au niveau habituel de 5 %.

Pour ce qui est des attentes, il faut souligner que les questions ne sont pas identiques. Deux modifications ont été apportées au questionnaire de juin, l'une mineure, l'autre plus importante. La modification mineure est la suivante. En juin la question était : « À votre avis, si le Québec devient un pays souverain, la situation économique [du français au Québec] serait-elle : meilleure, à peu près la même, moins bonne ? » Pour ceux qui répondaient « meilleure » ou « moins bonne », la question subséquente demandait : « beaucoup ou un peu ». Cela nous donne un total de cinq catégories, allant de « beaucoup moins bonne », pour laquelle nous avons donné une valeur de -2, à « beaucoup meilleure », pour laquelle nous avons donné une valeur de +2.

En octobre, nous avons cherché à obtenir la même information à l'aide d'une seule question où l'on présentait les cinq catégories, de « beaucoup meilleure » à « beaucoup moins bonne ». Le seul désavantage est que la catégorie « la même » risque d'être un peu moins choisie quand il y a cinq choix de réponse que lorsqu'il y en a trois. Mais nous ne croyons pas que cela puisse affecter le score moyen sur notre échelle de -2 à +2.

La deuxième modification est plus substantielle. Lors du prétest pour le questionnaire d'octobre, il est apparu qu'un bon nombre de répondants voulaient, sur le plan économique, faire la distinction entre le court et le long terme. Nous avons donc décidé de poser deux questions, sur les conséquences à court et à long terme. Pour pouvoir comparer les réponses d'octobre à celles de juin, il nous faut donc construire une variable unique à partir des réponses données aux deux questions sur le court et le long terme. Nous avons tout simplement calculé le score moyen pour les deux questions. Nous convenons que ce n'est là qu'une approximation et qu'il faudra interpréter les résultats concernant les attentes économiques avec beaucoup de prudence.

Le score moyen des attentes économiques est passé de -0,31 à +0,03, une différence de 0,34, et le score moyen des attentes linguistiques de +0,50 à +0,72, une différence de 0,22. Les deux différences sont hautement significatives. On a ici des indications que la montée du OUI pourrait être imputable à un plus grand optimisme sur le plan linguistique et à une diminution du pessimisme sur le plan économique. Notons de plus que c'est sur le plan économique que les attentes semblent avoir le plus bougé.

Mais ceci ne nous dit pas que c'est à cause de ces attentes que le OUI a fait des gains. Pour mieux voir ce qu'il en est, il faut identifier les facteurs du vote. Pour ce faire, nous avons fusionné les deux sondages et régressé les intentions de vote dans les deux sondages sur les quatre variables suivantes : IDENTITÉ QUÉBÉCOISE, variable dichotomique qui est égale à 1 si le répondant se considère comme Québécois d'abord ou seulement; IDENTITÉ CANADIENNE, si le répondant se considère Canadien d'abord ou seulement; ATTENTE ÉCONOMIQUE et AT-TENTE LINGUISTIQUE, qui sont les deux variables déjà décrites mesurant les perceptions des conséquences économiques et linguistiques de la souveraineté sur une échelle de -2 à +2. Nous avons également ajouté deux caractéristiques socio-économiques qui paraissaient conserver une influence même après avoir tenu compte de l'identité et des attentes : 55 ANS ET PLUS, variable égalant 1 pour ceux de 55 ans et plus; PERSONNE AU FOYER, variable égalant 1 pour ceux qui travaillent au foyer.

Le tableau 1 présente la régression logistique que nous obtenons. Les résultats indiquent que ce sont les attentes économiques qui exercent l'influence la plus grande sur le vote. On objectera que ces données supposent que chacune de ces variables avait une influence semblable en juin et en octobre. N'est-il pas possible, comme nous l'avons suggéré plus haut, que le poids des différentes considérations ait changé dans le temps, que les attentes économiques, par exemple, soient devenues moins importantes ?

Pour vérifier cette possibilité, nous avons créé des variables interacti-ves (IDENTITÉ ou ATTENTE x SONDAGE) où la variable SONDAGE est égale à 1 si le répondant a été interviewé en octobre et à 0 s'il a été interviewé en juin. Il ressort qu'aucune des variables interactives n'est significative. Ceci signifie que nous ne détectons aucun effet d'ordre du jour. En particulier, l'hypothèse selon laquelle l'identité aurait gagné de l'importance et les considérations économiques en auraient perdu doit être rejetée.

Nous avons également ajouté la variable SONDAGE pour voir si elle avait un effet indépendant. Cela pourrait se produire si la campagne avait renversé le fardeau de la preuve. Il se pourrait que les électeurs ambivalents eussent tendance, dans le doute, à pencher vers le NON en juin et vers le OUI en octobre. Le phénomène ne semble pas s'être produit, la variable SONDAGE n'étant pas significative.

Si les intentions de vote ont évolué, c'est donc parce qu'un certain nombre d'électeurs ont modifié leurs perceptions et non parce que le poids des différentes considérations a changé. Mais quel facteur est principalement responsable de la montée du OUI ? Nous avons fait la simulation suivante. La régression LOGIT du tableau 1 nous permet de calculer, pour chaque individu, la probabilité qu'il vote OUI. Cette probabilité moyenne pour l'ensemble de l'échantillon de juin est de 51 %. Nous avons ensuite estimé la probabilité de voter OUI de chaque individu en supposant que la valeur de chacune des variables change, pour chaque individu, d'une valeur égale au changement moyen de la variable pour l'ensemble de l'échantillon. Pour chaque répondant, par exemple, nous avons ajouté +0,34 à sa valeur sur les attentes économiques. Nous pouvons alors voir de combien cela fait augmenter la probabilité moyenne de voter OUI.

Les résultats sont les suivants. La petite hausse de l'identité québécoise aurait donné un point au OUI, le plus grand optimisme sur les conséquences linguistiques un point également, et le plus grand optimisme sur les conséquences économiques, six points. Un tel résultat n'est pas surprenant, puisque la variable ATTENTES ÉCONOMIQUES est celle qui est la plus corrélée au vote et aussi celle qui change le plus entre juin et octobre.

Il faut évidemment interpréter ce résultat avec prudence, puisque cette variable n'a pas été mesurée de la même façon dans les deux sondages. Ce résultat nous apparaît cependant plausible pour les raisons suivantes. Premièrement, nos données infirment l'une des principales interprétations rivales, selon laquelle la campagne aurait agi essentiellement sur l'identité. Nos données indiquent que l'identité a peu changé et qu'elle n'a pas eu davantage d'effet en octobre qu'en juin. Deuxièmement, l'association entre ATTENTES ÉCONOMIQUES et le vote est semblable dans les deux sondages. Cela suggère que les deux mesures sont comparables.

Il semble donc que les gains du OUI découlent principalement d'un plus grand optimisme ou d'un moins grand pessimisme, selon le point de vue, quant aux conséquences économiques de la souveraineté. Il est faux de croire que les Québécois ne se soucient pas des conséquences économiques. Ils s'en soucient, mais ces conséquences leur sont apparues, à la veille du vote, moins négatives ou plus positives qu'elles ne l'étaient en juin.

Il convient de regarder de plus près les réponses que les Québécois francophones ont données à nos deux questions sur l'économie, lors de la dernière semaine de la campagne référendaire. Il est vrai que beaucoup plus de gens entrevoient, à court terme, une détérioration plutôt qu'une amélioration de l'économie, si le Québec devient un pays souverain : 50 % prévoit une détérioration et seulement 18 % une amélioration. Il est de plus important de noter que plus du tiers (36 %) des tenants du OUI ont appuyé cette option, même s'ils y associaient des coûts économiques à court terme.

Mais il faut également retenir que la moitié des répondants ne prévoit aucun coût à court terme et que, parmi la moitié qui anticipe un coût, la majorité s'attend à une légère, non à une forte, détérioration. Et à long terme, les perspectives sont nettement optimistes : la majorité (55 %) prévoit une amélioration et la moitié d'entre eux une forte amélioration, alors que seulement 20 % s'attend à une détérioration. Ces données nous semblent indiquer que le camp du OUI a réussi en grande partie à contrer l'argumentation économique des tenants du NON, qui s'était imposée au fil des ans comme leur carte maîtresse.

Annexe : Description des variables

Attente linguistique = variable allant de -2 pour ceux qui estiment que la situation du français serait beaucoup moins bonne si le Québec était souverain à +2 pour ceux qui estiment que la situation du français serait beaucoup meilleure.

Québécois d'abord = 1 si le répondant s'identifie comme « Québécois d'abord », 0 pour les autres catégories.

Canadien d'abord = 1 si le répondant s'identifie comme « Canadien d'abord », 0 pour les autres catégories.

Attente économique = variable allant de -2 pour ceux qui estiment que la situation économique serait beaucoup moins bonne si le Québec était souverain à +2 pour ceux qui estiment que la situation économique serait beaucoup meilleure.

Personne au foyer = 1 pour les personnes au foyer, 0 pour les autres.

Plus de 55 ans = 1 pour les individus de plus de 55 ans, 0 pour les autres.

Tableau 1 - Déterminants de l'appui à la souveraineté : analyse de régression logistique

Variables	Coefficient de régression	(erreur)	R
Constante	10,34[c]	(0,16)	
Québécois(e) d'abord	1,65[a]	(0,18)	0,20
Canadien(ne) d'abord	-0,74[c]	(0,31)	-0,04
Attente économique	1,57[a]	(0,11)	0,33
Attente linguistique	0,54[a]	(0,10)	0,12
55 ans et plus	-0,57[b]	(0,21)	-0,05
Personne au foyer	-0,81[b]	(0,26)	-0,06
Pseudo-R^2 ajusté[**]	0,72		
Prédictions correctes	87,35		
Khi-carré	1043,72		
Nombre de cas	1462		

Signification statistique (test bilatéral) :

a < ,001; b < ,01; c < ,05; d < ,10

[**] Le pseudo-R^2 est obtenu selon la formule : $R^2 = X^2 / (X^2 + N)$, où X^2 représente la mesure du khi-carré pour l'ensemble du modèle et N la taille de l'échantillon; voir John H. Aldrich et Forrest D. Nelson, *Linear Probability, Logit, and Probit Models* (Beverly Hills : Sage, 1984), 57. Nous utilisons ici l'ajustement du pseudo-R^2 proposé par Timothy Hagle et Glenn E. Mitchell II, « Goodness of Fit Measures for Probit and Logit », *American Journal of Political Science* 36 (1992), 762-784.

Alan Cairns

Department of Political Science
University of British Columbia
Commentator

LOOKING BACK FROM THE FUTURE

In normal times, membership in the same polity carries with it the assumption that the citizenry will share a civic togetherness in the future. In such circumstances, interpersonal, intergroup, and in the Canadian case, federal-provincial behaviour are governed by two elemental considerations: (1) the assumption of continuing shared citizenship means that the kind of behaviour that is appropriate for foreigners, strangers, or enemies should not be applied to fellow citizens. When the going is good, this can produce a civic camaraderie based on the acceptance of shared rules applicable to an ongoing community, even when there are passionate conflicts over issues; (2) a cool, instrumentalist logic suggests that pulling one's punches with present colleagues, either citizens or governments, who will also be future colleagues, is sensible behaviour. Reciprocities occur over time. A nation, in Renan's classic language, is "a great solidarity ... summed up in the present by one tangible fact: the consent, the desire, clearly expressed to continue living together."

Contemporary Canada is far removed from Renan's vision. When future civic togetherness can no longer be taken for granted, a different calculus takes over. A new question surfaces how will we treat each other if we become foreigners. The sovereignists prepare Quebeckers for that independent future by portraying the past, not as a record of joint achievement with their partners, but as an unending history of rebuffs, humiliations and failures of recognition.[1] The possibility that this could change within federalism is denied by Bouchard who eagerly awaits the time when "notre partenaire sera allé au bout de son impuissance à reconnaître notre réalité de peuple."[2] The sovereignist political elite has prepared for that sovereign future, and hints are dropped into public debate of how the Rest-of-Canada partner will be treated. Thus Parizeau suggested that if negotiations on partnership dragged on, then Quebec might simply delay sending its share of interest payments on the debt to Ottawa.[3] From the sovereignist perspective, Canada is already seen as a foreign country. Future relations are viewed entirely from the perspective of Quebec self-interest. What will happen outside of Quebec is relevant only to the extent that it will have an effect in Quebec. There is no concern for Canada outside Quebec as such. If the Yes side had carried in the recent referendum, the Parti québécois government had prepared a massive assault on an unprepared Ottawa, designed, according to press accounts, to humble Ottawa and to "bring the federal government to its knees."[4] Earlier, British Columbia Premier Mike Harcourt asserted that should Quebec separate, "we wouldn't be the best of friends; we'd be the worst of enemies... There will be great bitterness and a nasty split."[5] Premier Romanow supported Harcourt's tough position, which "tapped into the sentiments of a lot of people in Western Canada."[6] More recently, Reform Party leader Preston Manning released Reform's draft answers to twenty "hard questions being asked by rank and file Canadians regarding Quebec's potential separation from Canada."[7] All sentiments based on past togetherness had been cast aside in the Reform party's draft answers that displayed an unremitting toughness guided by the self-interest of Canadians outside Quebec.[8]

We are being conditioned for a future world in which we are at best strangers rather than each other's fellow citizens.[9] These anticipations of the future cannot be neatly isolated from our present behaviour. Suspicion increases. Trust erodes. Threats are uttered. Bargaining is designed to score points, not to reach agreements. Every slip by the other side—real or concocted—is pounced upon, distorted if necessary, and broadcast to the susceptible. As the assumption recedes that we are, at least in a civic sense, one people, we find ourselves without a common constitutional discourse. Exchanges between sovereignists and federalists are weapons to destroy not arguments to convince.

What we now begin to see clearly in Quebec-Canada relations is the very antithesis of what happened in 1949, when Newfoundland joined Canada. Immediately, welfare state programs were extended to encompass a new set of Canadian citizens. The new definition of Newfoundland as now part of the Canadian system of provinces, and of the Newfoundland people as part of the Canadian community, triggered a process of mutual empathy as a positive response to the coming together of formerly separate peoples. With respect to Quebec-Canada/ROC relations, a preliminary version of the same process, in reverse, is now underway.

In brief, as breakup of Canada becomes a serious possibility, the idea of membership in a common society, and thus of civil discussion among citizen equals, begins to erode. The catalyst is not an accelerating divergence of values but an increasing divergence of identity—the dawning recognition that our membership in the same civic community can no longer be taken for granted.

Of course, the tendencies just cited do not yet dominate the way we view each other. They coexist with the ongoingness of the existing system. Even within Quebec, a complete break from Canada is not what the majority seeks. The point, nevertheless, remains, that on both sides inside and outside Quebec a future in which we do not belong in the same country is becoming part of popular consciousness. It negatively affects how we relate to each other now, when formally we are still one. A degree of reserve, tension, and suspicion plays a more prominent role in our encounters.

Outside Quebec, there is a palpable change of mood. It is the ROC version of what happened in Quebec after Meech when, according to Charles Taylor, "something snapped." "Something snapped" outside Quebec after the razor-thin victory for the No in the recent referendum. That "something" has two main components: (1) the assumption that no preparation for a Yes result is rational behaviour has been discarded; there is now strong pressure to establish criteria and terms for secession; (2) the leadership role of governments, especially the federal government, in looking after either Canada's or ROC's constitutional future has a greatly reduced credibility. The loss of faith in governments generates proposals for, and evidence of civil society participating on, its own behalf; this may end up as a disorganized series of responses that cancel each other in the absence of coordination.

It will probably be easier for Canada/ROC to establish a position on the criteria and processes for breakup than to reinvent its own constitutional future should Quebec leave Canada. There is also the danger that disproportionate attention, outside of governments, will focus on responding to a Quebec Yes rather than on constitutional renewal to encourage a future referendum No. More generally, there is the danger, or attractive possibility, depending on one's viewpoint, that serious introspection in ROC might make the breakup of Canada appear less of a threat than an opportunity. Therefore, in the fluid and volatile circumstances of contemporary Canada, the role of leaders will be crucial.

Notes

1. André Picard, "Parizeau sees federalist win as erasing gains," *The Globe and Mail*, September 12, 1995.

2. "Bouchard au Parti québécois," *Le Devoir*, November 22, 1995. (Speech announcing his willingness to be a candidate.)

3. Rhéal Séguin and Richard Mackie, "Quebec won't delay exit, Premier says." *The Globe and Mail*, October 21, 1995. Bouchard laid out the strategy even more graphically by asserting, according to a reporter, that Canada will have "to beg

Quebec to assume its share of the national debt," which will be leverage in negotiating an economic partnership. Tu Thanh Ha, "Canada will "beg" for talks: Bouchard," *The Globe and Mail*, September 28, 1995.

4. Rhéal Séguin, "Separatists were poised to humble Ottawa," *The Globe and Mail*, November 9, 1995.

5. Miro Cernetig, "Harcourt hardens on Quebec," *The Globe and Mail*, May 17, 1994.

6. David Roberts, "Quebec hot topic for western premiers," *The Globe and Mail*, May 18, 1994. Harcourt reiterated his tough position more than a year later, stating that "(t)he people of British Columbia would be very angry... That anger would be very real, very manifest." Warren Caragata, "He said, they said," *Maclean's*, September 4, 1995. See also Miro Cernetig, "West blasé about Quebec," *The Globe and Mail*, October 12, 1995. According to Roger Gibbins, "the anger would be intense" in the West following the breakup of Canada. Miro Cernetig, "Quebec cure-all a bitter pill in West," *The Globe and Mail*, October 27, 1995. See also André Picard, "Beware Canada's mood, PM warns," *The Globe and Mail*, October 27, 1995.

7. Preston Manning, "Open Letter to the Prime Minister," June 8, 1994.

8. See Reform Party of Canada, "Reform responses to the twenty questions posed to the Prime Minister on June 8, 1994," mimeo, draft, n.d. See also Susan Delacourt, "Reform's Opposition bid stymied," *The Globe and Mail*, November 22, 1995, reporting that Manning finds much interest in "Let's lay it on the line" as to what separation really means, from Canada's perspective. "I found a stiffening on that. Let's lay out the Canadian position. They're tired of having this position defined by separatists who don't understand the aspirations of the rest of the country."

9. Paul Martin, Minister of Finance, informed Quebeckers of the benefits they would lose on independence, for Canada is "not in the business of doing favours for foreigners." Alan Freeman, "No favours, Martin tells Quebec," *The Globe and Mail*, September 27, 1995.

David Milne

Department of Political Science
University of Prince Edward Island
Commentator

PAST AND FUTURE:
REFLECTIONS AFTER THE REFERENDUM

It is not often that we can see a single event reshape the landscape of a people's thinking, or change the odds on a country's future. Yet the recent Quebec referendum seems to have passed this test. Even more astonishing, this event came as a *surprise* to both sovereignists and federalists inside and outside Quebec. Federalists, whose win this time was razor-sharp, now stand disabused of older, comfortable assumptions that federalism would always win. As for sovereignists, though they lost, they now know that they really *can* win, and that calls for sovereignty are not an interminable game of chicken. In short, they now know that their cards may be called and their promises tested.

The recent referendum has changed us and the way we think. We now ask much more directly who we are, where we're going, and the speed and dynamics of our direction. For the first time, this referendum seems to have served as a vehicle for Quebeckers to pass collective judgement on our constitutional past and to serve notice on our future. We now know (as we did not before) that a majority of Francophone Quebeckers voting "yes" have declared inadequate our past constitutional efforts and failures (including patriation, Meech Lake, and the Charlottetown Accord).

We know now that a majority of Francophone Quebeckers crossed a crucial *psychological* threshold when they were emboldened to think they had little to lose by way of the benefits of the federation or the shared economy in voting "yes," or little to hope for from a stymied constitutional order. We must recognize that when a majority of Francophones in Quebec actually registered these sentiments, the country necessarily faced an increasingly untenable state of affairs. It seems to me that we must not obfuscate about this fact by complaining about the vagueness of the referendum question or about Quebeckers' confusion over its meaning. Both "yes" and "no" sides during the course of the campaign increasingly concurred that a "yes" vote really meant a new country; the attendant confusion was probably no more extensive than that to be expected in any complex modern campaign. Finally, we must also recognize that this vote takes place against a backdrop where older international norms or taboos over self-determination through secession are gradually being eroded as in the Ukraine, Slovenia, or the Baltic states.

More and more people in Canadian civil society recognize the dangers, even if our federal leaders seem content to declare foolishly that "Canada won," as though blind to the pregnancy of defeat now growing menacingly in their narrow womb of victory. Let me repeat: for the first time, and even then under a Francophone Prime Minister from Quebec, a majority of Quebec Francophones have voted for sovereignty.

The question is: can a federal strategy constructed over the next eighteen months win back these Francophone Quebeckers? For, without their support for federalism, we might ask, what kind of endurance and stability would the Canadian federation really have? Is this not a vital battleground? And how would any majority vote, without it, be viable in the long term? In any event, with sovereignist momentum growing and slippage in the number of Anglophone and Allophone voters in the province in the interim, we face a real danger of a majority "yes" next time.

And how has the centre responded to this crisis? Federalist hopes appear to hinge upon a federal strategy that:

- corrects the misinformation about what Quebeckers have in the federation and what they risk (with a strengthened Quebec Francophone federal leadership in Stéphane Dion and Pierre Pettigrew);

- takes a tough legal and political line on the issue of the next Quebec referendum question and its grave consequences;

- provides a modest "recognition" package on Quebec's distinct society and veto through federal legislation, bill C-110, and attempts to secure the same in subsequent constitutional amendments; and

- takes a series of non-constitutional steps toward devolving a modest list of powers to Quebec and other provinces through administrative agreements such as that announced recently in the environmental field.

So far, the offer on powers extends no further than that offered in the Charlottetown Accord, recently rejected by Quebeckers in the October 1992 referendum as "too little."

One might not want to wage bets on the success of such a meagre strategy at this late stage of the game: both the gestures and toughness may simply be "too little, too late." In my view, if the No side wins decisively next time, it will because sovereignists themselves have instilled doubts and opposition during a tough period of governing in the interim, or because economic and other costs already paid and yet to be paid have finally come home to Quebeckers.

It seems too that the referendum has convinced us of our irreconcilable differences. This appears evident in Francophone Quebeckers' vote, and increasingly in a remarkable change in Canadians outside Quebec. Unlike the silence around such questions in the past, the people of ROC now accept that the terms of secession should be spelled out in a tough-minded and hardened spirit; they talk openly of force, of carving up Quebec's territory, and of demanding higher thresholds of consent in any future referendum; on "track two" they now think about and plan for a Canada without Quebec; they toy with constituent assemblies and other previously radical options on process. Taboos around substance and process all fall before us. In the end, we wonder whether thinking the once unthinkable now makes the unthinkable ever more plausible.

It is a sign of this disorientation perhaps that we see bizarre "panaceas" now raised for constitutional restructuring of the country. Take, for example, the sudden and silly ressurection of that old "no brainer," Maritime Union. It is perhaps a sign of our time of troubles that old, superficial remedies like these take on a new public life, despite the weak foundation for it in the region, and despite growing evidence of an explosion of new and resilient *small* jurisdictions in an increasingly global world. And what are we to make of the astonishing emergence of the idea of Montreal as a new city state inside the new land of ROC? Or ROC talk of carving up Ontario to avoid what would otherwise be, by any measure, the most unbalanced federation in the world? All of this suggests that uncorking this potent bottle of regional tensions might prove an even more wrenching experience for the people of ROC than would the prospect of Quebec's departure. Yet this seems increasingly unavoidable, as Canadians outside Quebec wrestle with the new two-track process that the October 1995 referendum has unleashed upon us.

It would be mischievous of me, I suppose, to pronounce that the universe is "unravelling" as it should. For such a posture wrongly presumes that we can count on Providence, Hegel or whatever, to provide some hidden logic to history. Yet "unravelling" is an apt enough recasting of this famous quote as it relates to Canada, or so it seems to me.

Do we deserve this future we are now inheriting? That, too, is a question that can easily become theological. We will know the answers soon enough. For now we can confidently say that October 30, 1995, is a turning from which we can never go back.

Kenneth McRoberts

Department of Political Science
York University
Rapporteur

REPORT ON "THE QUEBEC REFERENDUM RESULTS: CAUSES AND ANTECEDENTS"

As with any rapporteur's comments, the following constitutes a particular view of what transpired during this session, coloured to at least some degree by my own perceptions of what was said—or should have been said. Having so acknowledged, let me suggest that three main themes dominated this session: (1) the dynamics of the referendum campaign; (2) interpreting the referendum vote; and (3) assessing the consequences of the referendum result.

The Dynamics of the Referendum Campaign

A primary focus of the presentations and discussions was the marked ineffectiveness of the federalist campaign. Indeed, this question tended to receive more attention than the relative success of the sovereignist campaign. For instance, Vincent Lemieux argued that along each of three different dimensions the federalists were distinctly disadvantaged in their appeal to "non-believers" or marginal voters, who were initially committed to neither a "Yes" nor a "No" vote. In terms of the socioeconomic dimension, the general economic recession made it difficult to point to concrete benefits of the federal system. Moreover, federalist warnings about the economic consequences of sovereignty were undermined by their own admission that sovereignty would be accompanied by free trade of goods: many voters took this as confirmation that there would be a "partnership," just as sovereigntists had been insisting.

In terms of identity, the second dimension, federalist forces were either unwilling or unable to project the notion that the Canadian and Quebec identities are both legitimate; a "No" vote seemed to require negation of a Quebec identity in favour of the Canadian one. Finally, in terms of the "partisan" dimension, federalist forces were disadvantaged by the change in leadership of the debate from the original Daniel Johnson/Jacques Parizeau duo to a Jean Chrétien/Lucien Bouchard duo. The contrast between Chrétien, Canadian Prime Minister and closely associated with the Trudeau legacy, and Bouchard, who had abandoned the federal cause over Meech, served to reinforce the role of identity in the debate, adding to the federalist disadvantage.

A comparison with the 1980 referendum campaign underlined the weakness of the federalist position. As Guy Lachapelle noted, the continuing controversy about the 1982 repatriation, coupled with the debacles of Meech and Charlottetown, precluded the 1980 tactic of offering a "renewal" of Canadian federalism. And Ottawa's rebuffs of Daniel Johnson's pleas for a more flexible federalism and a commitment to constitutional revision did not help. By the same token, Sylvia Bashevkin noted that Ottawa's fiscal difficulties and spending cutbacks, hindered arguments based on the benefits of an active federal government and the security of the federal welfare state, both major themes of 1980.

Most striking is the apparent ineffectiveness of federalist warnings about the economic consequences of sovereignty, a central theme of the 1980 referendum campaign. Sylvia Bashevkin argued that, in the last analysis, economic rationality cannot prevail over questions of collective affirmation. For his part, André Blais contended that economic rationality was very much part of the picture: the surge in "Yes" support during the campaign resulted primarily from voters revising downward their perception of the economic costs of a "Yes" vote. Rather than a heightened sense of identity, it was a diminished sense of costs that led to the result.

By the same token, Guy Lachapelle traced the processes of "virage" through which sovereignists shifted from the original notion of simple sovereignty, that had been articulated by the Parizeau government, to the concept of a "partnership" advocated by Bouchard and others. Lachapelle argued that Bouchard's assumption during the campaign of formal responsibility for negotiating sovereignty contributed to voters' reassessment of the consequences of sovereignty, although Blais and others insisted that the surge in the "Yes" vote was already underway well when Bouchard took on this role.

Interpreting the Result

It is striking that, unlike much of the English-Canadian media, none of the participants sought to explain the close "Yes" vote as simply a personal victory for Bouchard, whether he be seen as brilliant leader or as sheer demagogue. Nor did any seek to argue that the "Yes" votes constituted anything less than a vote for sovereignty. Typical was the position of David Milne who asserted that the result simply should be accepted as a vote in favour of sovereignty. Indeed, the discussion did not dwell long on this question. Instead it moved quickly to the next question: the consequences, both for Quebec and for the rest of Canada, of a near majority vote for sovereignty.

Assessing the Consequences of the Vote

There was an apparent consensus that with the referendum, to use David Milne's terms, Quebec had crossed a threshold: sovereignty had become realizable. By the same token, it was agreed that English Canada has undergone a fundamental shock. Most of the discussion focussed on the nature of this English-Canadian reaction, as well as upon the kind of strategies that English Canada should adopt as a consequence. Indeed the presentations and discussion seemed to capture very well the general tenor of recent public discussion in English Canada as a whole about the referendum's meaning.

Just as few English-Canadian commentators have tried to argue that the result was a victory for the federalist forces, which did after all secure a majority of the votes, no one at this session made such an argument. The general assumption was that for the sovereignist forces to have come so close to winning was itself a victory, reflecting an impressive gain over the 1980 referendum result, or over even the apparent strength of the "Yes" vote just months before the referendum. By the same token, it was generally understood that the sovereignist forces continue to have the momentum. On this basis, it is important for English Canada to prepare for a possible "Yes" majority in a future referendum.

Much of the discussion in this session parallelled the general public debate in English Canada over the implications of the referendum result. In both, the underlying logic is one of a "two track" strategy. The "first track" consists of securing modifications to the federal system, or the constitutional order, so as to win marginal voters over to the "No" side, thus ensuring that a strong "No" majority in a future referendum. Indeed, if this "first track" effort were to be successful, there might not be a future referendum. In all likelihood, the Bouchard government will call a referendum only if it is confident of winning.

The "second track" consists of preparing for the possibility that, despite what might happen along the other track, the next referendum could produce a clear "Yes" majority. By this logic English Canada should seek to define now how it would respond to such a vote. Should there be negotiations with Quebec over the terms of its accession to sovereignty? If so, what would be the minimal majority "Yes" vote to warrant negotiations? Who should do the negotiating? What principles should prevail in such crucial areas as division of the debt or determination of the boundaries of a sovereign Quebec? And so on. On this basis, the rest of the country would not be unprepared for a "Yes" vote as it was last fall.

There is a certain rigidity within such a "two track" strategy. It is premised on the assumption that within as little time as a year from now there will be a new Quebec referendum with a question virtually identical to the last one. Yet, Lachapelle argued that Bouchard's own position on Quebec-Canada relations is quite diffuse. Indeed his concept of a "partnership" might be quite compatible with a federal system.

It is also striking that most of the public discussion of such a "two track" strategy, at least in English Canada, has tended to focus on the second track, defining the conditions of sovereignty. There has been little fresh or creative thinking regarding the "first track," finding an accommodation of Quebec within the Canadian system. Yet, clearly, the first preference of Quebeckers and Canadians outside Quebec is that some way be found for Quebec to remain within Canada.

Thus, one finds a certain paradox: the referendum result makes Quebec sovereignty a far more serious possibility than ever before, yet, rather than spurring a determination to renew the political order so as to reduce the likelihood of such an eventuality, the result seems to have had the opposite effect: leading the rest of Canada to be even more resistant to an accommodation. There are several possible explanations of this paradox.

As David Milne suggested, past experience at constitutional renewal leaves little reason for optimism about any "first track." Also, it may be that in ostensibly operating on the "second track," preparing for the possibility of sovereignty, many English Canadians are in fact working on the "first track." In other words, they hope that they can reduce the appeal of sovereignty simply through dire warnings about its consequences. However, as Sylvia Bashevkin argued, such tactics could well backfire, compounding the crisis by heightening the mutual antagonism.

A third possible explanation is that the constraints upon any accommodation of Quebec are simply too strong to be broken, even in the extreme situation created by the referendum result. In particular, many English Canadians clearly have become attached to the Trudeau vision of a bilingual, multicultural Canada in which all provinces have equal status. On this basis, there can be no accommodation of Quebec. Indeed, this vision was devised precisely to render illegitimate any new recognition of Quebec's specificity. For this reason, it never really took hold among Quebec Francophones. But it clearly has formed the basis upon which many English Canadians view Canada, and Quebec's place within it. In effect, it is easier to imagine recognition of Quebec's distinctiveness outside Canada, as a sovereign state, than within Canada.

However, Alan Cairns pointed suggestively to yet another explanation in his discussion of the "political sociology of growing estrangement." Simply put, by voting in favour of sovereignty, Quebec Francophones made themselves "foreigners" in the eyes of many English Canadians. And, through the same act, they may have come to see English Canada as foreigners as well. As a consequence, "something snapped" in English Canada; just as it did in Quebec with the collapse of the Meech Lake Accord. Thus, it is as if the referendum result were immaterial. Quebec and English Canada are already relating to each other as "foreigners." The kinds of behaviour which are appropriate to fellow citizens of the same state, including a search for accommodation, are no longer appropriate.

However it might be best explained, this new state of affairs does not bode well for the future of Canada, whether Quebec should remain a part of it or not. On this basis, the first session established a mood of apprehension and uncertainty that kept reappearing throughout the conference.

Kenneth McRoberts

Département de science politique
Université York
Rapporteur

« LES RÉSULTATS DU RÉFÉRENDUM QUÉBÉCOIS, CAUSES ET CONTEXTE HISTORIQUE »

Comme tout type de commentaire effectué par un rapporteur, le présent document constitue une opinion particulière de ce qui est ressorti de cette séance, opinion empreinte du moins en partie de mes propres perceptions de ce qui a été discuté ou aurait dû l'être. Ceci dit, voici les trois principaux thèmes abordés lors de cette séance, soit la dynamique de la campagne référendaire, l'interprétation du vote référendaire et l'évaluation des conséquences des résultats du référendum.

La dynamique de la campagne référendaire

Le thème marquant des exposés et des discussions a été l'inefficacité patente de la campagne fédéraliste. De fait, il semble que cette question ait préoccupé davantage les participants que le succès relatif de la campagne souverainiste. Par exemple, Vincent Lemieux considère que, pour ce qui est des trois dimensions différentes de la campagne (les dimensions socio-économique, identitaire et partisane), les fédéralistes ont été sensiblement désavantagés en raison de l'appel qu'ils ont lancé aux votants « indifférents » ou « indécis », c'est-à-dire ceux qui *a priori* ne préféraient ni la cause du « OUI » ni celle du « NON ». En ce qui a trait à la dimension socio-économique, la récession économique généralisée a présenté des difficultés quant à la précision des avantages concrets du système fédéral. De plus, les mises en garde des fédéralistes quant aux conséquences économiques de la souveraineté ont été amoindries par leur propre aveu que la souveraineté serait accompagnée d'un libre-échange des biens. Bon nombre de votants ont pris cet énoncé comme une confirmation d'un « partenariat », énoncé corroborant ainsi les affirmations des souverainistes.

Pour ce qui est de la deuxième dimension, c'est-à-dire la dimension identitaire, les forces fédéralistes ont été soit réticentes, soit incapables de présenter la notion de la légitimité des identités québécoise et canadienne. Un vote NON semblait associé à la négation de l'identité québécoise et appuyait du même coup l'identité canadienne. Enfin, pour ce qui est de la dimension « partisane », les forces fédéralistes ont été défavorisées par le changement de chefs de la campagne, le tandem original Daniel Johnson/Jacques Parizeau ayant été remplacé par le duo Jean Chrétien/Lucien Bouchard. Le contraste entre M. Chrétien, premier ministre canadien toujours étroitement associé à l'héritage de Pierre Elliott Trudeau, et M. Bouchard, qui avait abandonné le camp fédéraliste après l'échec de l'Accord du Lac Meech, a étayé davantage le rôle de l'identité dans le débat, et ce, au détriment des fédéralistes.

Une comparaison avec la campagne référendaire de 1980 met en évidence la faiblesse de la position des fédéralistes. Comme Guy Lachapelle le mentionne, l'éternelle controverse quant au rapatriement de la Constitution en 1982, ajoutée aux fiascos des accords de Meech et de Charlottetown, a empêché les fédéralistes d'offrir un « renouveau » du fédéralisme canadien comme ils l'ont fait en 1980. Les rebuffades en provenance d'Ottawa qu'a essuyées Daniel Johnson quant à ses plaidoyers pour un fédéralisme plus souple et son engagement envers une révision de la Constitution n'ont pas aidé davantage le camp du NON. De même, Sylvia Bashevkin souligne que les difficultés financières et les compressions budgétaires d'Ottawa ont fait obstacle aux arguments portant sur les avantages d'un gouvernement fédéral actif et la sécurité procurée par l'État providence, deux thèmes importants du référendum de 1980.

Encore plus saisissante demeure l'inefficacité manifeste des avertissements des fédéralistes quant aux conséquences économiques de la souveraineté, un aspect central de la campagne référendaire de 1980. Sylvia Bashevkin soutient qu'en dernière analyse la rationalité économique ne peut pas l'emporter sur les questions d'affirmation collective. Pour sa part, André Blais prétend que la rationalité économique entre grandement en ligne de compte : l'augmentation soudaine de l'appui au OUI au cours de la campagne a été entraînée principalement par des votants qui ont révisé à la baisse leurs perceptions des coûts économiques d'un OUI. Ce n'est donc pas un sentiment d'identité accru, mais bien une perception de coûts moindres qui a mené à ces résultats.

Dans la même veine, Guy Lachapelle retrace les manœuvres du « virage » des souverainistes, qui sont passés du concept original de simple souveraineté, notion clairement exprimée par le gouvernement Parizeau, au concept de « partenariat » préconisé, entre autres, par M. Bouchard. M. Lachapelle soutient que la prise en charge par M. Bouchard pendant la campagne de la responsabilité officielle pour des négociations relatives à la souveraineté a contribué à la réévaluation qu'ont effectuée les votants à l'égard des conséquences de la souveraineté. M. Blais et d'autres participants sont plutôt d'avis que la résurgence du OUI était déjà amorcée bien avant que Lucien Bouchard assume cette responsabilité.

Interprétation des résultats

Fait à noter, à la différence des médias du Canada anglais, aucun participant n'a tenté d'expliquer la presque victoire du OUI comme simplement une victoire personnelle pour M. Bouchard, qu'il soit considéré comme un chef brillant ou un véritable démagogue. De plus, personne n'a cherché à soutenir que les votes OUI n'étaient rien de moins que des votes pour la souveraineté. David Milne, dont l'opinion semble être partagée par plusieurs, a déclaré que les résultats devraient être acceptés comme un vote en faveur de la souveraineté. La discussion ne s'est pas poursuivie longtemps sur cette question. Les participants ont plutôt abordé la question suivante, soit les conséquences, tant pour le Québec que pour le reste du Canada, d'un vote quasi majoritaire pour la souveraineté.

Évaluation des conséquences du vote

Tous les participants ont semblé s'entendre sur le fait que, grâce au référendum, le Québec a (pour reprendre les paroles de David Milne) franchi une étape : la souveraineté est désormais réalisable. On a également convenu que le Canada anglais a subi un choc fondamental. La majeure partie de la discussion s'est concentrée sur la nature de la réaction des Canadiens anglais ainsi que sur le genre de stratégies que le Canada anglais devrait adopter. Les exposés et la discussion ont semblé saisir très bien la teneur générale des discussions publiques qui ont eu lieu récemment dans l'ensemble du Canada anglais en ce qui concerne la signification du référendum.

Tandis que quelques exégètes du Canada anglais ont tenté de soutenir que les résultats constituaient une victoire pour les forces fédéralistes (qui, après tout, ont remporté la majorité des votes), aucun participant n'a invoqué cet argument. Le postulat général est que les forces souverainistes ont été si près de remporter la victoire que le vote constitue à lui seul un triomphe, traduisant un gain impressionnant sur les résultats du référendum de 1980 et même sur la poussée apparente du OUI au cours des quelques mois précédant le référendum. On a également convenu que les forces souverainistes continuent leur lancée. Il est donc important pour le Canada anglais de se préparer pour une majorité éventuelle de votes OUI lors d'un prochain référendum.

La majeure partie des échanges tenus au cours de cette séance sont similaires au débat qui passionne le grand public dans le Canada anglais, soit l'incidence des résultats du référendum. La logique sous-jacente demeure toujours une « stratégie à deux options ». La première option consiste à garantir des modifications au système fédéral ou à la Constitution, afin que les indécis penchent du côté du camp du NON, ce qui assurerait un NON majoritaire lors d'un prochain référendum. D'ailleurs, si la première option se révèle un succès, il n'y aura sans doute pas de référendum; selon toute vraisemblance, le gouvernement Bouchard ne tiendra un référendum que s'il est sûr de remporter la victoire.

La deuxième option consiste à se préparer pour la possibilité qu'une forte majorité de votes OUI l'emporte, indépendamment du succès ou de l'échec de la première option. Le Canada anglais devrait donc déterminer maintenant quelle sera sa réaction à un tel vote. Des négociations devraient-elles être entamées avec le Québec pour ce qui est des conditions de son accession à la souveraineté ? Dans l'affirmative, quel est le pourcentage minimal d'un vote majoritaire OUI à partir duquel des négociations seront assurées ? Qui devrait être chargé des négociations ? Quels principes devraient avoir la préséance dans des domaines d'intérêt crucial comme la division de la dette ou la définition des frontières d'un Québec souverain ? Et ainsi de suite. Grâce à l'application de la deuxième option, le reste du Canada ne serait pas pris à l'improviste devant un vote OUI comme lors de l'automne dernier.

Il y a un manque certain de souplesse dans cette stratégie à deux options. Elle repose sur l'hypothèse qu'un nouveau référendum québécois doté d'une question pratiquement identique à la dernière question aura lieu d'ici un an. M. Lachapelle fait toutefois valoir que la propre position de Lucien Bouchard quant aux relations Québec-Canada est très diffuse. De fait, son concept de « partenariat » peut être tout à fait compatible avec le système fédéral.

Autre fait à noter, la plupart des discussions publiques concernant cette stratégie à deux options se concentrent, du moins au Canada anglais, sur la deuxième option, soit celle de la définition des conditions de la souveraineté. Peu de nouvelles idées quant à la première option ont été lancées, celle de trouver un compromis avec le Québec, et ce, au sein du système fédéral canadien. Pourtant, les Québécois et les Canadiens du reste du pays préféreraient manifestement trouver une solution afin que le Québec puisse rester dans le Canada.

Cela soulève un certain paradoxe : les résultats du référendum ont fait de la souveraineté une possibilité beaucoup plus réelle qu'auparavant et, au lieu d'inciter à une décision de renouveau de l'ordre politique afin de réduire la concrétisation d'une telle éventualité, ils ont semblé créer l'effet inverse. Ainsi, le reste du Canada paraît plus réfractaire à consentir à un compromis. Il existe plusieurs explications à ce paradoxe.

Comme David Milne le mentionne, les tentatives passées de renouveau constitutionnel laissent peu d'illusions quant au succès de toute version de la « première option ». De plus, bon nombre de Canadiens anglais, qui apparemment se consacrent à la deuxième option, soit se préparer à la possibilité de la souveraineté, travaillent en fait à la première option. Autrement dit, ils espèrent pouvoir réduire le charme de la souveraineté simplement en lançant de lugubres avertissements concernant ses conséquences. Toutefois, comme Sylvia Bashevkin le précise, de telles tactiques peuvent certes se retourner contre les fédéralistes, en aggravant la crise par une escalade de l'antagonisme mutuel.

Une troisième explication possible est que les contraintes exercées quant à un compromis avec le Québec sont tout simplement trop importantes pour être mises de côté, même dans la situation extrême créée par les résultats du référendum. Notamment, bon nombre de Canadiens anglais sont devenus attachés à la vision de M. Trudeau d'un Canada bilingue et multiculturel à l'intérieur duquel toutes les provinces ont le même statut. Cette vision ne laisse aucune place à un compromis avec le Québec. En fait, cette dernière a été mise au point précisément afin de rendre illégitime toute nouvelle reconnaissance de la spécificité du Québec.

C'est pour cette raison que cette vision n'a jamais remporté la faveur des Québécois francophones. Cette même vision est pourtant celle que de nombreux Canadiens anglais ont du Canada et de la place du Québec en son sein. En réalité, il est plus facile d'imaginer la reconnaissance du caractère distinct du Québec à l'extérieur du Canada, à titre d'État souverain, qu'au sein du Canada.

Alan Cairns suggère une autre explication dans sa discussion sur la « sociologie politique d'une aliénation croissante ». En termes simples, en votant en faveur de la souveraineté, les Québécois francophones sont devenus des « étrangers » aux yeux de nombreux Canadiens anglais. Et, par le même acte, ils en sont peut-être venus à considérer eux aussi les Canadiens anglais comme des étrangers. Par conséquent, quelque chose a « cassé » dans le Canada anglais; la même réaction s'était produite au Québec lors de la débâcle de l'Accord du Lac Meech. Les résultats du référendum semblent donc sans importance. Le Québec et le Canada anglais se considèrent déjà comme des « étrangers ». Les genres de comportements appropriés pour des compatriotes d'une même nation, y compris la recherche d'un compromis, sont déjà caducs.

Quelles que soient les explications qu'on tente d'y apporter, cette nouvelle situation est de mauvais augure pour l'avenir du Canada, que le Québec continue ou non d'en faire partie. À cet égard, la première séance a vu naître un sentiment d'appréhension et d'incertitude parmi les participants, sentiment qui n'a cessé de refaire surface tout au long du colloque.

Michel Vastel

Chroniqueur
Orateur invité

D'UN RÉFÉRENDUM À L'AUTRE

Que signifie la métaphore de la partie de hockey utilisée par les souverainistes : « Première période, élection du Bloc québécois à Ottawa... Deuxième période, élection du Parti québécois à Québec... Troisième période, match nul référendaire... » Eh bien !, cela veut dire qu'aujourd'hui, nous sommes en « Période de prolongation » !

Mais cette « Quatrième période », contrairement aux trois autres, n'a pas de durée déterminée par les règlements. Elle se termine lorsqu'une des deux équipes — le vainqueur — marque le premier but. Nous sommes donc engagés dans une course contre la montre entre fédéralistes et souverainistes.

Les échéances

Il n'est cependant pas possible, à l'une ou l'autre équipe, d'aller au but dans les premières minutes de jeu. Voici en effet les *contraintes* auxquelles les uns et les autres font face :

- 17 avril 1997. Contrairement à ce qu'on dit généralement, cette date n'a rien de magique. La Constitution de 1982 dit : « [d]ans les quinze ans suivant l'entrée en vigueur de la présente partie (sur la procédure de modification) le premier ministre convoque une Conférence constitutionnelle réunissant les premiers ministres provinciaux et lui-même, en vue du réexamen des dispositions de cette partie ». Il doit donc y avoir une réunion *avant* le 17 avril, à laquelle les leaders des Territoires et les chefs autochtones ne devraient *pas* participer, et pour réexaminer — *sans obligation de résultat* — la formule d'amendement. Peut-on suggérer que l'obligation ainsi créée a été remplie puisque les premiers ministres ont *déjà* réexaminé la formule d'amendement au lac Meech et à Charlottetown ? Je pose seulement la question...

- Octobre 1998. Le gouvernement de Jean Chrétien doit faire face à l'électorat.

- Septembre 1999. Le gouvernement de Lucien Bouchard doit à son tour faire face à l'électorat.

- La loi québécoise sur les consultations populaires interdit à Lucien Bouchard de tenir un référendum avant sa réélection. Et il s'est engagé à la respecter.

- La loi fédérale laisse le champ libre à Jean Chrétien pour organiser un référendum dans l'ensemble du Canada, ou dans une partie du pays, soit au Québec seulement, ou dans le Canada hors-Québec.

La fenêtre est donc plus large que les 15 mois généralement envisagés. Quant au temps, la marge de manœuvre de Bouchard est plus grande que celle de Chrétien. Mais au plan stratégique, seul le gouvernement fédéral dispose de l'arme référendaire — ce que j'appellerais « la passe » qui permet un tir au but ! Bouchard ne peut donc pas prendre Ottawa de vitesse. À moins d'un coup de force ou d'une provocation : j'y reviendrai...

Chronologie du mouvement souverainiste

Je suggère l'idée que la poussée du mouvement souverainiste au Québec a toujours répondu à des initiatives externes, du gouvernement fédéral ou du reste du Canada. Initiatives que les Québécois jugeaient contraires à leurs intérêts. Voici comment :

- La victoire du Parti québécois en *1976* était en partie due à l'usure du gouvernement libéral de Robert Bourassa, mais aussi aux provocations du Canada anglais — l'affaire des Gens de l'Air — et à un coup de force appréhendé de Pierre Trudeau — son projet de réforme constitutionnelle (Bill C-60, « Le temps d'agir »), et rumeurs de rapatriement que Bourassa prenait au sérieux.

- Au moment du référendum de *1980*, c'est le calme plat dans l'ensemble du pays. Et les souverainistes perdent dans une proportion de 60 à 40 %.

98

- La réélection du PQ en *1981* — en partie due au « Bon gouverne-ment » — est aussi une réaction au coup de force appréhendé d'Ottawa à la suite de la défaite référendaire des souverainistes. Les promesses de Pierre Trudeau n'ont pas encore été tenues... Ni reniées, selon le point de vue où on se place !

- La réélection de Robert Bourassa en *1985* est certes due à l'usure du pouvoir du gouvernement du Parti québécois, mais aussi au fait que rien ne menace vraiment le Québec. (Dans les premières années qui suivent le rapatriement de la Constitution — et la « nuit des longs couteaux » — on ne note pas de ressentiment dans la population : la Charte des droits est populaire). Et les Québécois se sont « vengés » des Libéraux en élisant massivement les conservateurs de Brian Mulroney.

- Au moment du référendum de *1992* — sur les Accords de Charlottetown — les Québécois éprouvent un fort ressentiment contre le reste du Canada qui a rejeté les Accords du Lac Meech. Le Non, défendu par les souverainistes, l'emporte à 57 %. L'élection du Bloc en *1993* procède du même règlement de compte, cette fois contre les Libéraux de Jean Chrétien, lui-même perçu comme le « fossoyeur du Lac Meech ».

- Au moment des élections générales de *1994* au Québec, il n'y a ni coup de force ni menace en vue. Jean Chrétien est élu depuis un an, ne parle pas de constitution, et gouverne sagement. Le Parti québécois finit sur un match nul avec les Libéraux de Daniel Johnson — 45/45 %. Le vote de l'Action démocratique est un vote en réserve — *parking* — dû aux soupçons que certains libéraux nourrissent à l'égard du Parti libéral du Québec.

- Au référendum de *1995* enfin, l'indifférence provocante de Jean Chrétien ressemble fort à une menace, surtout lorsqu'il rejette les appels du chef du camp fédéraliste, Daniel Johnson. Les Québé-cois en concluent que l'élection du Parti québécois n'a pas suffi, qu'il faut augmenter la mise en quelque sorte, et le camp souverai-niste passe à 26 000 voix d'une victoire.

Cette analyse du vote des Québécois depuis 20 ans me semble conduire à une conclusion : il faudrait un coup de force de la part du gouvernement de Jean Chrétien, ou une provocation de la part du Canada anglais, pour justifier le gouvernement du Québec de tenir une élection référendaire, ou une élection suivie d'un référendum. En quelque sorte, les souverainistes sont provisoirement *neutralisés*, sans parler des problèmes de gouvernement auxquels Lucien Bouchard fait face. Il a d'ailleurs annoncé son intention de gouverner...

Les enjeux

À mon avis, les colloques (comme celui-ci !), les conférences nationales à la Beaudoin-Dobbie, les conférences constitutionnelles et même les assemblées constituantes sont inutiles.

Première raison : tous ceux qui y participent ont été associés, d'une façon ou d'une autre, aux opérations de novembre 1981 — la « nuit des longs couteaux » — et de juin 1990 — la « mort du Lac Meech ». Il faut se faire une raison, le reste du Canada n'a aucune crédibilité aux yeux d'une vaste majorité de Québécois. À moins que... J'y reviendrai.

Deuxième raison : On sait ce que veulent les Québécois modérés — fédéralistes comme souverainistes :

- la reconnaissance qu'ils forment un peuple distinct, et que son gouvernement — le seul où les francophones soient majoritaires — doit être investi de certains pouvoirs spécifiques. Ce qu'il reste à faire, c'est convaincre les Canadiens des autres provinces que de tels pouvoirs ne leur enlèvent rien à eux. Quant à la minorité anglaise du Québec, qu'ils la laissent se défendre seule : elle a les moyens et les arguments pour le faire.

- une protection formelle, inscrite dans la Constitution, que le caractère binational du pays — ce qui ne veut pas dire parfaitement symétrique — caractère qui est reconnu dans les institutions fédérales, ne sera pas modifié unilatéralement, quelle que soit l'évolution démographique du pays. C'est donc un droit de veto formel, spécifique au Québec, qu'il faut reconnaître, mais un veto qui ne doit pas forcément s'appliquer à tous les éléments de la Constitution. Cela me paraît préférable à ce pseudo-veto régional qui revient, en bout de ligne, à la formule de l'unanimité. (Même l'Île-du-Prince-Édouard a réussi à conserver son veto, malgré le projet de loi C-110 !)

- enfin, les Québécois comme bien d'autres Canadiens, de l'Ouest en particulier, réclament une nouvelle *gouvernance* du pays qui, au-delà de la décentralisation — inévitable en raison de la situation financière du gouvernement central — encadre le pouvoir de dépenser d'Ottawa. Plutôt que la formule de l'*opting out*, je me demande s'il ne faudrait pas envisager un contrôle collectif accru des provinces sur les nouvelles initiatives d'Ottawa. On substituerait ainsi à une formule d'*opting out* qui s'apparente en fait à une forme de séparation à la pièce, un style de gouvernement qui développerait ce que les Européens appellent « le réflexe de la coopération ».

Que veut Bouchard ?

Certains croient que Lucien Bouchard va — une fois de plus ! — changer d'avis. Je lui ai soumis cette hypothèse en décembre. Il m'a ri au nez et il m'a dit : « Dites bien à ceux qui pensent ça que le Canada est mal pris ! Je ne suis pas négociable sur l'essentiel. Et l'essentiel, c'est que le Québec se fasse traiter comme une nation, qu'il se traite lui-même comme une nation. Cela veut dire qu'il faut tenir un autre référendum » !

Remarquez bien que Bouchard n'a pas dit « qui » devait organiser ce référendum. Il n'a pas dit « quand » non plus.

Tout indique que Bouchard veut d'abord et avant tout passer à l'histoire comme un bon premier ministre. Il devient très éloquent lorsqu'il parle de ce qu'il faudrait faire. Son discours à la Chambre de commerce de Laval, qu'il a écrit lui-même, est un vrai — et un bon ! — Discours du Trône.

La souveraineté, pour Bouchard, n'est pas une fin en soi, mais un moyen auquel il faudra avoir éventuellement recours si c'est la seule façon d'avoir le pouvoir de « bien gouverner ».

Les options

Il faut un résultat déterminant — d'au moins 60 à 40 % — pour régler la question, sinon définitivement, du moins pour une génération.

On me dira que le résultat de 1980-60 contre 40 % en faveur de l'option fédéraliste — n'a pas apporté la paix constitutionnelle. Mais il y a une raison indépendante des Québécois à cela :

- Le gouvernement de Pierre Trudeau a suscité, chez les fédéralistes du Québec, des attentes qu'il n'a pas tenues. Je rappelle que pendant la campagne référendaire — et contrairement à ce qui s'est passé en 1995 — le Parti libéral de Claude Ryan avait mis son Livre beige sur la table et que, à tort ou à raison, il a conclu que la Constitution de 1982 ne répondait pas à ses demandes. Ryan et une nette majorité de Libéraux provinciaux se sont opposés au *Canada Bill* à l'Assemblée nationale.

- En 1987, le gouvernement de Brian Mulroney a finalement « tenu la promesse de Pierre Trudeau » — la phrase est de David Peterson et s'étalait en grosses lettres à la une du *Devoir* !

- Mais, en 1990, certains signataires de l'Accord du Lac Meech sont revenus sur leur parole.

101

Voilà pourquoi non seulement le PQ, mais également le Parti libéral de Robert Bourassa avec la loi 150, ont envisagé la tenue d'un référendum sur la souveraineté en l'absence d'offres acceptables de la part du reste du Canada.

Alors, qui ? et comment ? peut espérer obtenir un résultat concluant de 60 contre 40 % ?

- Il est difficilement concevable, pour ne pas dire exclu, que l'option souverainiste obtienne plus de 55 % de l'appui populaire. C'est une question de démographie à moins que Bouchard ne réussisse à casser le bloc formé par l'alliance des anglophones et des allophones. Improbable...

- Il est également difficilement concevable que Jean Chrétien, ou le Parti libéral du Canada, provoquent l'adhésion de plus de 55 % des Québécois. (Et quand bien même le Parti le voudrait, Pierre Trudeau et ses disciples ne le laisseraient pas payer le « gros prix » nécessaire pour y arriver).

- Le minimum du Québec, le *bottom line* comme on dit, est très bien connu. Il doit obligatoirement tourner autour des trois conditions — société distincte, veto, pouvoir de dépenser — que j'ai évoquées plus tôt.

C'est ça ou l'instabilité permanente !

Car une défaite de l'option souverainiste à 40 ou 45 % ne règle rien : le noyau dur souverainiste conserve sa masse critique. Et surtout une capacité de reprendre le pouvoir.

Par contre, une victoire de l'option fédéraliste — ou mieux, de l'option « canadienne » — à plus de 60 % provoque l'éclatement du Parti québécois, signe donc l'arrêt de mort d'un parti de gouvernement voué à la séparation.

La solution ?

Puisque l'on convient que l'initiative appartient au camp fédéraliste, c'est à lui de préparer un projet de réforme qui intègre, sans s'y limiter forcément, des mesures susceptibles de rallier une majorité substantielle de Québécois.

On s'entend pour dire que l'organisation, par le gouvernement du Canada, d'un référendum au Québec seulement, est exclue. Même les Libéraux du Québec — quelque soit leur chef — s'y opposeraient. L'organisation d'un référendum national comporte un très gros risque de dresser le Québec contre le reste du Canada — surtout après une campagne de 45 jours et compte tenu de l'attitude extrêmement radicale des médias du Canada anglais !

Il y a une troisième option, que je privilégie car elle permet de contourner le problème de crédibilité du reste du Canada. Le gouvernement du Canada pourrait, avec l'appui des gouvernements des provinces, organiser un référendum dans le reste du Canada *seulement*. Les réformes proposées seraient ensuite formellement adoptées par tous les corps législatifs, pour satisfaire aux exigences de la formule d'amendement.

Nonobstant le fâcheux précédent créé par le gouvernement de Clyde Wells en 1990, je pense que ce serait considéré comme ces « offres formelles » que réclamaient les Libéraux du Québec et la Commission Bélanger-Campeau.

Il ne resterait plus alors au gouvernement du Québec qu'à ratifier cette réforme. Rien ne dit que Lucien Bouchard refuserait immédiatement. Il pourrait proposer de les faire approuver par la population. Or, je vous rappelle qu'il ne peut pas tenir de référendum. Les « offres formelles » du Canada deviendraient donc l'enjeu des élections générales qui se tiendraient au Québec. Si évidemment les Libéraux du Québec adhéraient à ces offres, ils pourraient en faire un puissant argument électoral. Élus, il ne leur resterait plus qu'à faire adopter par l'Assemblée nationale les amendements constitutionnels en question.

Cela veut donc dire que le Canada, s'il s'abstient de toute provocation, a jusqu'à la fin du mandat de Lucien Bouchard — au moins 1998 — pour compléter l'opération. Cela donne de 24 à 30 mois. C'est beaucoup si la volonté politique y est.

Tout cela peut paraître audacieux mais c'est la seule option. En effet, faute de réformes sérieuses, le gouvernement de Lucien Bouchard sera réélu — d'autant plus facilement qu'il va bien gouverner. Il sera alors tenu, sous la pression de son parti, de tenir un autre référendum.

L'article 1 du programme du PQ prévoit en effet que « son objectif fondamental est de réaliser démocratiquement la souveraineté du Québec »... et que « dès qu'il sera élu... » *et cætera*... L'enclenchement sera inévitable.

Un troisième référendum au Québec ? Quoi qu'on en dise en certains milieux, le Canada n'a pas les moyens politiques, sans doute même pas les moyens légaux, d'en empêcher la tenue. La sécession d'une province correspond en effet à un amendement massif de la Constitution. Or, pour modifier la formule d'amendement, il faut l'accord de l'Assemblée nationale. Les appels à la manière forte ne servent donc à rien sinon à donner des armes aux souverainistes. C'est désagréable de se le faire dire, mais c'est comme ça !

Et puisqu'il doit se tenir un troisième référendum, le Canada veut-il prendre le risque de laisser les souverainistes du Québec l'organiser ?

Par contre, le Canada a raison de tenter de définir les conditions de la sécession d'une province. Mais je lui souhaite bonne chance, car comment peut-on définir la position de négociation d'un pays qui n'existe pas ?

Le Canada est en définitive condamné à se réorganiser avec le Québec. Ou à disparaître.

VALUES: WHAT VALUES AND PRINCIPLES
CURRENTLY ANIMATE PUBLIC OPINION?
WHICH ONES WILL AND SHOULD DIRECT
OUR POLITICAL LIFE?

———————

VALEURS : QUELS VALEURS ET PRINCIPES
ANIMENT L'OPINION PUBLIQUE ?
LESQUELS VONT ET DEVRAIENT DIRIGER
NOTRE VIE POLITIQUE ?

Gérard Boismenu

Département de science politique
Université de Montréal
Présentateur

LES VALEURS SOUS-JACENTES À LA JOUTE POLITIQUE : DE LA CONCILIATION RAISONNABLE AU COMBAT FINAL ET DÉSESPÉRÉ

Nous sommes au Canada dans une période où les certitudes et les assurances sont peu nombreuses. Il est donc extrêmement difficile de ne pas être spéculatif. Mais en même temps, je crois qu'il faut chercher à analyser certains enjeux, mais aussi à apporter un éclairage qui tienne compte moins de préoccupations partisanes que de principes éthiques sur la vie politique.

En ce sens, je ne voudrais pas faire un relevé des sondages, mais plutôt indiquer certaines voies qui suivent une démarche privilégiant la conciliation raisonnable. J'utilise le mot conciliation au sens d'un arrangement ou d'une entente fondé sur des principes raisonnables, même si ces principes ne semblent pas *a priori* correspondre aux intérêts spontanés ou privilégiés dans un contexte d'absence de contraintes particulières. Ce que j'évoquerai comme conciliation raisonnable retient le principe du respect de la démocratie représentative et de la primauté du débat public qui, bien que vigoureux et dur, reste policé.

Je dirais tout de suite que, mis à part les obstacles à leur réalisation, cette conciliation raisonnable devrait nous amener à considérer deux hypothèses pour fin d'illustration. D'abord, une réforme constitutionnelle qui répond à certaines valeurs véhiculées par les revendications québécoises depuis trois décennies. Ensuite, une négociation rapide retenant le principe de la souveraineté du Québec.

Je dois dire qu'il me semble que plus nous nous éloignons de ce genre d'hypothèses, plus nous entrons dans une dynamique politique dans laquelle, même drapés dans un formalisme juridique classique, les instigateurs seraient tentés par des coups de force institutionnels ou des actions politico-militaires, et, en ce sens, plus il y a alors danger de dérapage vers des principes d'action éloignés des règles actuelles dans notre arène politique.

Le prolongement de la situation actuelle ne semble pas souhaitable. D'ailleurs, ce n'est pas tant la situation qui est actuelle que la perpétuation d'une situation difficile qui dure depuis une trentaine d'années, sinon davantage. Si on devait procéder à un changement, ce serait peut-être dans la perspective d'apporter une forme d'arrangement rendant possible ce qui pourrait être considéré par les partenaires comme un pacte social durable devenant un acte fondateur au plan de la symbolique.

Être capable d'un geste dramatique

La première hypothèse se situe dans le cadre du fédéralisme canadien, mais modifiant évidemment son fonctionnement. Faisons abstraction, un moment, des contraintes du Canada hors-Québec. On peut se dire, en allant assez vite, que, compte tenu du fait que le gouvernement du Québec est souverainiste, rien ne pourrait les satisfaire. Mais en même temps, si on va plus loin dans le raisonnement, il est assez évident qu'une proposition substantielle répondant à plusieurs principes mis de l'avant antérieurement par les gouvernements du Québec et suscitant un débat public d'intérêt pourrait mettre le gouvernement du Québec sur la défensive et l'amener à s'en saisir.

Là-dessus, il ne faut pas oublier certains éléments. Contrairement à Robert Bourassa, Lucien Bouchard n'est pas condamné à trouver une issue à l'intérieur du fédéralisme canadien. Dans le contexte actuel, contrairement à Robert Bourassa, il n'a pas le dos au mur. Toutes tractations visant à des concessions de formes ou à des concessions symboliques me semblent condamnées. Certains principes devraient être au cœur de la proposition.

À ce sujet, il faut rappeler que le *Canada Bill* incarne une pensée qui s'était donnée pour mission de vaincre les revendications nationales québécoises en invalidant leurs principes mêmes. À la négation de la nation, par l'intermédiaire à la fois du citoyen et du multiculturalisme, et au règne des droits individuels, s'ajoute une érosion de la souveraineté politique du lieu d'exercice du pouvoir qui recoupe le territoire et la population de la communauté nationale québécoise.

Mais il y a des aspects plus proprement politiques que l'on se doit de mentionner. Historiquement, l'adhésion du Québec au régime fédératif canadien a été accompagnée de mythes fondateurs qui ont nourri l'imaginaire et le système de représentations politiques. Parmi ces mythes, la notion de pacte entre nations, comprenant à la fois une connotation politique et une connotation constitutionnelle, a occupé une place centrale. Fondé ou non en droit, le mythe du pacte associé au veto n'en était pas moins utile politiquement. Avec l'imposition du *Canada Bill*, ce mythe s'est évanoui. L'imagerie constitutionnelle au Québec, qui en a souffert, est appelée à se reconstituer. À l'opposé, pour le Canada hors-Québec, le *Canada Bill* compose une pièce majeure dans l'élaboration d'une imagerie constitutionnelle renouvelée en suscitant une adhésion qui n'est pas sans connotation mythique.

La défaite politique pour le Québec devenait lourde de sens dans la mesure où elle devait changer durablement et significativement la dynamique constitutionnelle et les conditions de révisions ultérieures. Avec une réforme réfractaire aux revendications québécoises s'appuyant sur le fait national, on établissait un arbitrage qui ne pouvait accueillir cette dimension qu'au prix d'une modification substantielle, et non par seul ajout; de ce fait, on rendait extrêmement problématique toute tentative de redressement. L'épisode de l'Accord du Lac Meech l'a bien montré.

En l'absence de gestes dramatiques, voire décisifs, la situation apparaît sans issue. Or, quelle serait la proposition qui pourrait rallier l'opinion publique et ébranler les certitudes du gouvernement actuel du Québec ? Elle devrait réunir trois grandes caractéristiques : d'abord, la reconnaissance de la communauté nationale québécoise (ou du peuple) comme principe fondamental dans le fonctionnement du fédéralisme canadien; ensuite, dans le cadre d'une compréhension de la nation au sens territorial et civique du terme, la reconnaissance des institutions étatiques comme acteur de premier plan dans le développement et l'épanouissement de cette communauté; enfin, une prépondérance législative provinciale, assurée par le biais de compétences concurrentes ou partagées, en matière linguistique et culturelle, mais aussi pour le développement régional, la protection sociale, la formation de la main-d'œuvre et l'immigration.

Pour apparaître sérieuse et crédible politiquement, une telle proposition devrait avoir une présomption de succès au Canada hors-Québec et ses tenants devraient éviter de tenter de contourner ou de supplanter le gouvernement du Québec comme interlocuteur, par un recours unilatéral à une consultation populaire.

Cette perspective générale est sans doute à plusieurs années-lumière de ce qui est considéré comme possible ou même spontanément désirable du point de vue du Canada hors-Québec. Elle heurte assurément le système dominant de représentations politiques dans le Canada hors-Québec, tant pour ce qui est de la conception et de l'autodésignation de la réalité nationale au Canada que pour les conditions institutionnelles et constitutionnelles qui en découlent. Cela nécessiterait un certain travail de déconstruction des certitudes trudeauistes, travail qui a encore peu d'adeptes. Mais n'est-ce pas là le geste dramatique ou décisif que je viens d'évoquer ?

Se résoudre à négocier la souveraineté

D'un autre côté, devant l'incapacité de proposer un pacte social acceptable à la fois au Québec et au Canada hors-Québec, il y aurait peut-être à considérer l'éventualité d'une négociation fondée sur la souveraineté du

Québec. Cette hypothèse ne pourrait découler que de cette incapacité, mais d'abord de facteurs aggravants se combinant à cette dernière et qui motiveraient la démarche. On peut ici considérer quatre facteurs.

D'abord, le résultat du référendum du 30 octobre 1995 n'est sans doute pas un accident. À trop vouloir dire que les gens ont voté OUI par méprise, on s'empêche de situer les choses dans leur véritable perspective. Je ne veux pas entrer dans ce débat mal engagé, mais il importe de considérer que la majorité absolue des voix a été quasiment atteinte, que l'appui à la souveraineté s'est accru depuis le référendum, que le vieillissement de la population ne joue pas en défaveur de la souveraineté, que l'incapacité de formuler des propositions satisfaisantes ne peut que confirmer les positions prises et même élargir l'appui à la souveraineté, etc. À moins de penser que la population a fait preuve d'une étourderie momentanée, il y a là un signe majeur dont le gouvernement fédéral ne peut sous-estimer l'ampleur, à moins de se bercer d'illusions.

Ensuite, si l'appui populaire au nouveau chef du gouvernement du Québec se maintient en dépit des politiques budgétaires restrictives, il est loisible de penser que, face à un personnel politique inchangé à la tête du Parti libéral du Canada et du Parti libéral du Québec, la possibilité pour le gouvernement péquiste de gagner tour à tour des élections législatives et un référendum devient forte. Évidemment, cela mérite une observation attentive de la scène politique au cours des prochains mois.

En plus, des prévisions favorables à la souveraineté auraient des retombées, bien avant le résultat définitif, sur l'évolution du climat économique dans son ensemble. Le milieu des affaires manifeste à juste titre un agacement à ce propos, car s'il y a des coûts que traduit la diminution de la croissance des activités économiques, cela touche à la fois le Canada et le Québec. L'allongement de la période au cours de laquelle les choses ne sont pas jouées semble aussi devoir entraîner le Canada dans une certaine déliquescence de son tissu social et économique, alors qu'une évolution maîtrisée à la suite de négociations apparaît sans doute plus souhaitable.

Enfin, la période d'entre-deux séparant les rendez-vous référendaires est susceptible, et déjà on le voit aisément, de donner lieu à un foisonnement d'interventions publiques, de mouvements d'opinion, d'alternatives politico-constitutionnelles qui profiteront des hésitations ou de l'inaction gouvernementales. En ce sens, plusieurs positions radicales sont susceptibles d'émerger, de frapper l'imagination et d'avoir même un effet d'entraînement. Nous ne sommes pas à l'abri de dérapages politiques inspirés de positions intransigeantes et de principes d'action ayant pour effet de cristalliser l'antagonisme des positions et d'exacerber les conflits. Le danger que représente la perte de maîtrise du gouvernement sur l'évolution des mouvements d'opinion ou l'incapacité d'endiguer les actions à entreprendre peut l'inciter à ne pas laisser la joute politique lui échapper.

À partir du moment où l'intérêt raisonnable des acteurs réside dans le maintien de la capacité de contrôler la voie par laquelle les changements peuvent être apportés, il y a, avec ces facteurs, un intérêt véritable à considérer une négociation partant de la souveraineté du Québec et considérant des modes, plus ou moins poussés, de reconnaissance, voire d'institutionnalisation des relations socio-économiques assez étroites. Il ne m'appartient pas de définir le contenu d'une telle négociation; on se rappellera que Robert Young avait examiné attentivement cette question, mais après un référendum. Cette négociation aurait pour objet de procéder avec célérité, de maîtriser les mécanismes de transition et de dégager des arrangements comprenant éventuellement des concessions mutuelles sur les plans économiques, politiques ou autres.

Manque d'ouverture ou obstination

Il n'est pas certain que les gouvernements puissent faire preuve d'une vision raisonnable guidée par le volontarisme. C'est placés au centre de facteurs divers et de contraintes, et cherchant à éviter certaines situations non désirables, qu'ils peuvent être conduits vers cette avenue. À l'heure actuelle, il est difficile d'imaginer que le gouvernement Chrétien puisse avoir assez d'ouverture pour se résoudre à considérer l'une ou l'autre de ces hypothèses. En eût-il les moyens, il ne nourrit aucune ambition dans ce sens.

Ce qui a été annoncé par le gouvernement Chrétien à ce jour concernant les modifications du fédéralisme semble tout à fait contre-productif. Au Québec, cela est reçu par une froide indifférence ou avec un certain embarras de la part de ses alliés objectifs. Au Canada hors-Québec, on perçoit une improvisation politique porteuse d'effets pervers pour l'avenir, sans que l'on puisse voir les gains politiques à l'égard de la question québécoise. En fait, le tout est conçu dans un traitement superficiel qui élude les questions de fond, et dominé par les préoccupations politiciennes et de propagande élémentaire, du genre : moi, Jean Chrétien, j'aurai fait reconnaître le veto et la société distincte à l'encontre de la volonté des souverainistes.

L'histoire du contentieux constitutionnel et la saga des révisions ratées ont produit une certaine pédagogie constitutionnelle au sein de la population du Québec. Cela ne veut pas dire que la population a gagné en sagesse sur la question ni qu'elle a des connaissances fines à ce sujet, mais plutôt qu'elle a acquis des repères instinctifs et une représentation symbolique de ces questions. Quelle que soit l'appréciation que l'on en fasse, les gens comprennent aisément qu'une loi du Parlement est peu de choses eu égard à des modifications constitutionnelles.

Quant au droit de veto non constitutionnalisé, pour peu qu'il ait un impact, il devient assez évident que, sur le plan constitutionnel, rien ne changera plus au Canada. Cela apparaît comme une ode à l'honneur du *statu quo*. Cela donne au Québec la possibilité d'être garant de ce *statu quo*, une fois que la constitution a été modifiée significativement sans son consentement en 1981-1982.

Enfin, la société distincte n'est sans doute pas qu'un gadget que l'on utilise pour épater la galerie. Lors de son travail d'opposition plus ou moins souterrain à l'Accord du Lac Meech, Jean Chrétien affirmait, dans une logique imparable : ou la société distincte veut dire quelque chose, et on ment alors aux Canadiens, ou elle ne veut rien dire, et on ment alors aux Québécois. C'est une notion qui, dès l'origine, a joué un rôle énigmatique, d'où les interrogations suscitées au Québec même. Robert Bourassa avait utilisé cette expression comme substitut imprécis à la notion de peuple ou de communauté nationale, au sens civique et territorial du terme. Plusieurs avaient reproché à cette expression son imprécision et la considéraient comme dangereuse. Des arguments du type : si le Canada ne sait pas ce que ça signifie, nous on le sait, suscitaient la perplexité chez plusieurs commentateurs. C'est l'opposition du Canada hors-Québec à cette clause qui a suscité un ralliement autour de la notion. L'Accord de Charlottetown qui définissait la notion restrictivement a été rejeté au Québec et cela représentait l'une des restrictions qui faisaient l'objet de critiques. Tout cela pour dire qu'une notion de société distincte, qui ne se rapproche pas de la notion de peuple et dont le sens n'est pas formellement associé aux institutions étatiques québécoises, est sans intérêt pour faire avancer les choses. La population ne tient pas à un vocable vide de sens.

Cela fait en sorte que les fédéralistes québécois sont dans de nombreux cas gênés par cette opération et préféreraient ne pas avoir à se commettre à ce sujet. Certains diront sans conviction qu'il faut prendre ce qui passe — c'est toujours un pas dans la bonne direction — mais rares sont ceux qui vont monter au créneau pour cette manœuvre fédérale.

Rien dans ces initiatives n'est en mesure de mettre sur la défensive le gouvernement du Québec, il s'en faut de beaucoup. Il peut se permettre, sans s'en expliquer outre mesure, l'indifférence tranquille qu'il a affichée jusqu'à maintenant. Les observateurs politiques sont d'ailleurs plutôt critiques à l'égard d'une certaine gaucherie qu'ils perçoivent dans l'opération fédérale.

Priorité à l'argument d'autorité et à l'affrontement décisif

Le gouvernement Chrétien ne se fait sans doute pas d'illusions à ce sujet. Ses préoccupations sont largement politiciennes et visent à montrer qu'il a vu à respecter ses engagements référendaires. Que ceux-ci ne rencontrent pas les préoccupations de ses propres alliés semble peu le toucher. Connaissant d'ailleurs les limites de l'opération, il double sa démarche de la revendication d'une autorité institutionnelle en mesure de mater les récalcitrants. L'évocation directe de l'usage du droit de désaveu et de l'interdiction d'un autre référendum qui ne lui conviendrait pas veut signifier qu'il ne saurait accepter un autre exercice référendaire. Le message peut être décodé de cette façon par les Québécois : faute de pouvoir répondre à vos exigences, je vous interdis de tenir un référendum que je perdrais.

Cette manœuvre est certainement délicate. Mis à part le fait que la participation du gouvernement fédéral aux référendums de 1980 et de 1995 a donné une légitimité politique à l'exercice et que ce dernier se tient selon des règles de très hauts standards démocratiques, il reste que ces prétentions nous mènent sur un terrain miné. L'argument juridico-institutionnel est une digression dans la mesure où ce qui est posé, c'est essentiellement un enjeu politique qui ne peut trouver une solution que sur le terrain politique. Les arguments d'autorité, de juridisme et de pouvoirs d'exception peuvent en effet créer l'illusion d'une force bien établie, mais aux assises extrêmement fragiles. Face au peuple québécois qui est respectueux des règles du jeu démocratique et face à la communauté internationale, je vois mal comment le gouvernement du Québec serait empêché de procéder.

Toute cette question frappe-t-elle l'imagination ? Pour le public québécois, ces rodomontades sont perçues davantage comme un écran tentant de dissimuler l'incapacité d'agir et semblent s'adresser surtout à une opinion au Canada hors-Québec qui veut être rassurée. Que le gouvernement Chrétien soit sérieux ou non dans sa volonté d'en découdre avec le gouvernement du Québec sur ce terrain, on peut se demander si la manœuvre est féconde. À ce jour, l'impact dans l'opinion publique québécoise et dans les débats publics apparaît marginal. Pour les observateurs, commentateurs et journalistes, on considère globalement que le gouvernement Chrétien se trompe de cible et que la réponse n'est pas adaptée à la question posée. La logique fédérale est finalement la suivante : qu'il y ait ou non réponse à ses revendications, on verra à bloquer la démarche du Québec vers la souveraineté par quelque moyen que ce soit. L'opinion publique semble à ce jour peu réagir à cette logique; elle y serait sensible, qu'il n'est pas assuré que ce soit dans le sens visé par le gouvernement Chrétien. En effet, si le « terrorisme économique » pratiqué durant la campagne référendaire a eu un impact limité, voire à un certain moment contre-productif, on peut croire qu'il pourrait en être de même pour la menace politique. Plus encore : la menace politique peut provoquer une réaction émotive contraire aux attentes, une réaction inspirée certes par la fierté nationale mais menant irrémédiablement vers un fort sentiment de rejet du Canada, alors qu'aujourd'hui le mouvement souverainiste s'appuie davantage sur une volonté d'affirmation politique que sur une animosité à l'égard du Canada hors-Québec.

Une invitation au radicalisme politique

L'attitude du gouvernement Chrétien est dangereuse, dans la mesure où elle a pour particularité d'alimenter, de relayer, de susciter le discours radical contre l'accession à la souveraineté du Québec. Ce discours fédéral constitue une invitation pour plusieurs groupes à occuper une plus grande place sur la scène publique et contribue à attiser un discours qui mise sur une déclaration d'illégalité du recours référendaire, sur la menace de partition territoriale, sur le refus du verdict référendaire et sur un esprit revanchard et de rétorsion. Cette attitude radicale (voire intolérante), supportée par certains groupes, relayée largement par la presse et les commentateurs surtout hors-Québec et qui reste nettement minoritaire au Québec chez les non-francophones (à ce qu'il semble), aiguise les antagonismes et suscite l'escalade. Il est étonnant que, parmi les acteurs politiques au Canada, l'on n'ait pas le réflexe de marginaliser et même d'isoler ces ténors. En tout état de cause, ce discours « ultra » fait dévier le débat et peut l'amener sur un terrain dangereux pour la poursuite du jeu démocratique.

En entretenant une complicité objective avec ce discours « ultra », le gouvernement fédéral joue avec une matière explosive qu'il n'est sans doute pas certain de contrôler. Il permet, l'exemple venant de haut, de faire monter les enchères avec un dilemme du genre : ou les gouvernements au Canada dans leur ensemble acquiescent à l'unanimité à votre indépendance, ou c'est la révolution. À ce jour, la confrontation n'a pas eu lieu, car ces éclats de voix ou ces excès ont été accueillis par une calme indifférence du côté francophone. Mais la situation n'est pas statique. Une dynamique tout autre, dominée par les passions et conduisant à une logique de coup de force et de violence, pourrait bien être impulsée malgré qu'elle ait été jusqu'à maintenant bannie par les principales organisations et les leaders majeurs du mouvement souverainiste.

Parmi la communauté anglophone du Québec, plusieurs perçoivent très bien le caractère périlleux de la manœuvre. Le journal *The Gazette* et plusieurs intellectuels ou représentants politiques fédéralistes se sont démarqués de cette approche, tantôt en émettant de sérieuses réserves sur la démarche, tantôt en critiquant nettement les principes qui la sous-tendent. Ils comprennent bien, comme citoyens du Québec, qu'une logique de combat décisif où toutes les actions sont permises, y compris la contestation de la légitimité démocratique, de la légalité du processus et de l'intégrité territoriale, et qui flirte avec les arguments politico-militaires, constitue une politique du pire et ne peut servir leurs intérêts.

La classe politique à Ottawa ainsi que les leaders d'opinion ont à définir les paramètres dans lesquels ils veulent livrer ce combat politique et le terrain privilégié, sachant qu'ils vont, en contrepartie, provoquer une dynamique et des actions similaires du côté de leurs adversaires. C'est en ce sens qu'il est hasardeux de provoquer une dynamique d'escalade qui quitte le terrain du débat politique policé, pour retenir les menaces de rétorsion ou l'usage de la force.

Donna Dasko

Environics Research
Toronto
Presenter

CARING AND SHARING VS. LEANER AND MEANER: EVOLVING CANADIAN VALUES

Thank you for the invitation to speak about the evolution of Canadian values.

Now, a discussion of Canadian social values could potentially address hundreds of topics, such as the extent to which Canadians value truth and justice, the extent to which they value art and music, the extent to which they value watching television, and so on.

In one of our annual surveys at Environics, we analyze the evolution of 75 social values, including concepts such as personal creativity, rejection of authority, and ecological awareness.

But the values that I want to talk about today revolve around what we might call the Canadian social contract, and the questions that are being asked by a great many people today about whether this social contract still exists. Have Canadians become leaner and meaner, as evidenced by the materialism and the individualism that seems to permeate our culture? Is the Canada that we used to have—the Canada with a commitment to social programs, to redressing regional inequalities, to strong east-west ties—still valued by its citizens? Do we continue to share these values? How strong are these values? And can these values hold the country together in the months and years ahead?

A quick perusal and recitation of poll data will give evidence that might seem contradictory. For example, majorities of Canadians, in our public opinion polls conducted in recent years, have expressed the view that governments should guarantee health care and retirement income, maintain current levels of social services, and try to close the income gap between the rich and the poor. But when you do a poll that shows that 68 percent of Ontarians support the Harris government's cutting welfare benefits by 20 percent, you begin to wonder what is really going on here. Rather than blame it on "the polls," or on the so-called "confusion" or "lack of understanding," on the part of average Canadians, I think we have to go beyond to try to understand the social and economic forces that are shaping societal values today.

In a 1994 paper written for the C.D. Howe Institute, Richard Simeon described the elements of the Canadian welfare state as it was created in the postwar period—it was a set of policies, a political accommodation, and an accommodation of values.

On the policy side, reliance on the state created a series of programs and structures that made this country, according to the United Nations, one of the best nations in the world.

These policies and programs, many put in place before the postwar period, include John A. Macdonald's national policy, the CPR, public power utilities, old age security, unemployment insurance, provincial equalization grants, national health insurance, the Canadian Broadcasting Corporation, the Canada Assistance Plan, crown corporations, bilingualism, regional economic development, and many, many others.

These structures and programs were created by a political accommodation between governments and producer groups, between federal and provincial governments, and characterized by centrist political parties; in effect, they were created by a set of elites. The resulting Keynesian state, with its assumptions of economic growth, social justice, and the efficacy of the state, enjoyed a wide consensus among Canadians.

The societal consensus around these values and structures actually began to erode over two decades ago, particularly in the area of decision-making and political participation. Higher levels of education, a multi-ethnic society, and the evolving egalitarian and non-hierarchical values of the baby boom generation challenged the old ways of decision-making. Notions of empowerment and inclusion on the part of previously silent and victimized groups eroded the legitimacy of traditional authority. The political process became more inclusive and more diverse.

But as political participation expanded, expectations remained high, throughout the 1970s and even through most of the 1980s, that the set of policies and programs created in previous decades could be maintained and even expanded.

But something happened at the onset of the 1990s. The value system supporting the welfare state came smack up against the deflated circumstances resulting from economic recession and economic restructuring, in combination with the fiscal constraints of governments.

What has happened to Canadian values as a result?

First, the recession, the economic dislocations, and restructuring of this decade, which still continues to this very moment in the view of the public (82 percent of Canadians in a January 1996 Environics poll think the Canadian economy is still in recession), have had a most emphatic effect on the personal values of Canadians. Outside Quebec we have seen a marked increase over the last five years in the social values we call risk aversion, hyper-rationality, utilitarian consumerism, and social Darwinism, along with a continuation in the trends toward rejection of authority.

In Quebec, economic insecurity has manifested itself in somewhat different ways, including a growing desire to connect emotionally with others—a desire for connectivity.

It is interesting that the federalist message in the Quebec referendum, with its themes of risk-aversion, would have had greater appeal to the rest of Canada than to Quebec.

The economic downturn, in conjunction with the fiscal constraints of this decade, has also led to an erosion in Canadian expectations and values about the role of the state. The values supporting the social contract and the welfare state have *not* disappeared, but their salience is weakened and confounded by the growing belief among Canadians that fiscal prudence on the part of governments should also be achieved.

Through a process that has taken about seven years, we have arrived at the point where most Canadians now believe that fiscal prudence is important—that governments should be reducing their deficits. Canadians have come to this view, I think, not with enthusiasm but with great reluctance and trepidation, and mainly because they have been told repeatedly and systematically that deficit reduction is important, they have come to accept that it must be true.

What Canadians do *not* agree on is how fiscal restraint and deficit reduction should be achieved, beyond the view that something called "government waste" should be eliminated. Some say we should increase taxes on the rich and maintain the safety net. Others say we should target social programs to the needy and let the so-called middle class fend for itself. Others want to cut social supports across the board. Still others want to cut someone else's entitlements, but keep their's intact. How about more defence cuts? And in Quebec, many are apparently saying we should abandon this sinking ship called Canada and create our own country. These represent the variety of responses to the problem from different societal segments—often sharply divided along class lines.

So this is where we stand today. The societal consensus about the Canadian social contract is weakened by conflicting priorities, and a fragmented value system and ideology is what remains. There is no clear alternative vision compelling enough to take its place.

Other visions of Canada exist. The idea of a more decentralized country with greater provincial and local control—the Reform Party vision—does have some appeal in the West and possibly in Quebec. So does the Chrétien view of Canada as a flexible adaptive world economic player and trader—especially to those in our society who are flexible and adaptable world traders. These visions, however worthy or even practical they may be, are not yet compelling enough to take the place in the Canadian value system of the caring and sharing society.

Charles Taylor
Department of Philosophy
McGill University
Presenter

SHARING IDENTITY SPACE

We all have the greatest difficulty in the modern world sharing what I want to call "identity space." By this I mean not just living alongside people who are different, sometimes very different. This is often hard enough, and though we may manage this, we find sharing identity space still too hard.

This harder task consists in allowing the different people we co-exist with to contribute to the definition of public identity. This latter term in turn requires explanation. In fact, we use "identity" in two related ways (at least) in modern discourse. We talk about the identities of individuals, the horizons of value out of which they know who they are and where they are going. These horizons are often shaped by several reference points: moral, religious, historical, tribal, political, linguistic. Some of these reference points are communities, among them the political community. I may define myself crucially, inter alia, as Canadian or Québécois (or, in a manner which is now under threat, as both).

But we also speak of these communities as having an identity. By this we mean something like: what its members generally understand to be the crucial shared basis of the association. Why is this association important to us? What makes it the association that we value and feel identified with? For today's political societies, the answer will often refer to some nation: we feel allegiance to this society, because it is the nation state of the Xes, and we are Xes. But it will typically also include some element of morality or political principle: this wouldn't be our state unless it were, for example, democratic, respected human rights (or, for certain Canadians, had some social-democratic traits).

We have to bear in mind that free, democratic societies have to have identities that are important in their members' lives, that is, are strong reference points for their citizens' identities, just because free societies require a high degree of motivation and cohesion, for a host of reasons that have been adequately rehearsed in the traditional literature.

Sharing identity space within a political community happens when the crucial definition of the community is different for different people; that is, when everybody doesn't share the same description. The standard Jacobin or American understanding of the modern state would have us believe that this kind of division is impossible; that the state is on the border of dissolution when it arises. But more and more, states run on this basis are being challenged. The Franco-American formula can only work if minorities which might cherish an alternative definition to the one canonical one, either accept to remain marginal, in no way insisting on having their favoured views reflected in the state, or can be assimilated, as all those peasants were who were dragooned into being Frenchmen under the Third Republic (Eugen Weber [1979].)

The problem today is that minorities don't easily accept either one of these fates. This obviously holds for long-resident minorities, Bretons, Corsicans. But surprisingly, even recent immigrant minorities don't accept this marginalization. France, which so successfully assimilated East Europeans, and even earlier waves of Maghrébins between the wars and after the Second World War, is now facing resistance from more recent immigrants from North Africa. Hispanics resist the American melting pot. The reasons for this go deep into the changes in perception of diversity, multiculturalism, and diaspora living, which are taking place on a world scale. They are fascinating and too far-reaching to go into here.

Canada was born queer, from the standpoint of the Franco-American model. We could never be the standard state with a single clear identity. For a long time, this was felt as a grievous drawback by many people, such as among the British majority in earlier decades. The proposal of a binational state, emanating from Henri Bourassa, for example, was just not acceptable. Recently, some Canadians have woken up to the fact that what made their country an odd one out in the nineteenth century aligns it better with the conditions that every one is struggling with at this turn of the millennium. But the striking fact is that these seem to be a minority. In both parts of Canada, strong forces pull towards their own re-editing of the dying Franco-American model.

In the Quebec case, the attraction is to have the nation state, fully reflecting our nation, which we were cheated of through the nineteenth and early twentieth centuries by the refusal of binationalism. The almost invisible, semi-marginalized nation lived an experience from which many have emerged with an undeniable appetite to live, if only for a time, this "normal" Franco-American mode. This makes unconditional independentists.

On the other side, considerations of equality are used to define Canada as by its very essence unable to accommodate the Quebec nation. I mean the recent redefinition of citizen equality to entail "equality" between the provinces, and the corresponding stigmatization of any recognition of Quebec as a breach of this latter equality. There are many motives behind this, including a lot of highly understandable resentment at Quebec for grabbing the agenda, and getting a lot of plums in the federal system. But the refusal is justified in terms of these considerations of high principle.

In fact, this redefinition of equality generates a refusal on principle to share identity space with Québécois. But a comfortable sense of normality surrounds this relatively recent idea in many parts of ROC. Following the logic of the Franco-American conception, it seems that any concession on this point would involve compromising the unity of the country.

These two refusals to share space reinforce each other. The rejection of the distinct society gave a great boost to secession in Quebec. And the "ethnic" facet of independentism, so flagrantly displayed by our former premier on referendum night, reinforces the refusal of all recognition to the Quebec "people." And so on.

The classic refusal to share identity space very often takes the form of elaborate declarations welcoming difference and assuring the people thus marginalized that they are loved. But this is received by the people concerned as an insulting acceptance of them merely as folkloric enrichment of the larger society, while refusing to allow them a say in the definition of the common identity. We love you, but shut up, is the message received.

Québécois are well aware of, and have been historically angered by, this reaction emanating from ROC.[1] But it is astonishing testimony to the power of nationalism to numb the imagination that independentists cannot see that they are sending essentially the same message to minorities in Quebec. Contrary to angry reactions in the Toronto *Sun*, the Parizeau remark is not a sign of racism on his part, nor of absence of commitment to liberalism and universal human rights. But it does reflect a blind and almost obsessive commitment to the Jacobin model, according to which "ethnics" are considered Québécois to the extent that they vote for "our" national dream. Their only role in this dream is to sing along in the chorus with those whose ancestors have been tilling our soil for four hundred years—while adding a bit of folkloric spice to our culture.

Our problem is that both refusals to share identity space can't see themselves as such, but think of themselves as wonderfully generous and welcoming to diversity. I mean, on the level of the leadership. In our populations, there is obviously some considerable amount of xenophobia and even racism—no more, indeed, than in other comparable societies, but undeniably there. The high-level refusals can unwittingly encourage this, as Parizeau's remark undoubtedly did in Quebec. It is another of those astonishing numbing down effects of nationalism that he felt no need to apologize for a remark that no other head of government would have dared make in a North Atlantic society, a kind of remark which normally emanates from the racist fringes of politics—as the congratulatory comment by Le Pen illustrates.

This leads me to believe that the refusals to share space are based on an illusion, shared by both movements, for example, by Péquistes and Reformers. The attraction of the break is: "il faut en finir",—get it over with, end the argument, clearly define at last our national identity(ies), and get on with other things, the "real" problems. Manning promises us that wonderful condition, one way or another before 2000. But what if that whole idea of shelving the identity question were a dream of the past, when minorities just accepted the Franco-American formula as an unchallengeable given? What if these refusals just open the way to a series of other demands within the two or more smaller, narrower successor states that can't be silenced? Et si Manning et Parizeau se trompaient de siècle?

This is something worth thinking about before the rest of us are dragged into their smaller, narrower, even more conflictual worlds.

Notes

1. The reaction of many Québécois to the great demonstration of Friday, October 27, 1995, was the most recent example of this. Many Canadians came from all over the country to say: "we love you, stay." Strangely, lots of people in Quebec were angered by this, rather than touched. Sitting alongside what they felt was a refusal to recognize Quebec (e.g., the defeat of Meech), this expression of love was more insulting than heart-warming. A great deal of misunderstanding goes into making this reaction, as well as a germ of truth. This incident epitomizes the Canadian tragedy.

References

Weber, Eugen. 1979. *Peasants into Frenchmen: The Modernization of Rural France*. London: Chatto and Windus.

Louis Balthazar

Département de science politique
Université Laval
Commentateur

VALEURS CANADIENNES EN DÉPERDITION

Le Canada s'est toujours défini par rapport aux États-Unis. Rien de plus normal, puisque ce pays a été fondé en raison d'un refus de joindre la révolution américaine. Refus des Canadiens du Québec d'abord, qui ont décliné l'invitation de Benjamin Franklin en 1776, celui des Loyalistes ensuite, qui se sont réfugiés dans ce qui restait d'espace britannique en Amérique du Nord.

Les valeurs des Canadiens sont marquées par ces refus. Alors que les Américains se caractérisent par leur méfiance congénitale à l'endroit du politique et de l'administration publique, les Canadiens ont toujours plus volontiers accepté et promu la communauté politique comme un élément essentiel de leur identité. Parmi les Loyalistes américains se trouvait un grand nombre d'administrateurs et de fonctionnaires. Dans la grande tradition britannique, les Canadiens se sont donné une fonction publique de qualité, jouissant d'un grand prestige et, en général, des représentants politiques de talent.

Il est à craindre que cette tradition soit en train de s'éteindre. Les Canadiens font de moins en moins confiance aux politiciens. Ils sont nombreux à couvrir de mépris ceux et celles qu'ils ont pourtant choisis eux-mêmes en guise de représentants, ceux et celles qui s'emploient plus que jamais à leur plaire, sinon à répondre à leurs besoins.

On se scandalise facilement de ce que le revenu annuel de tel personnage politique s'élève à quelque cent mille dollars. Mais on ne s'émeut pas outre mesure de ce qu'un banquier reçoive deux millions par année. Je fais invariablement sourire mes étudiants quand je leur enseigne qu'Aristote plaçait la politique au sommet de la morale.

Un autre trait qui a longtemps signalé une différence entre le Canada et les États-Unis tient au fait que le Canada ne s'est pas d'abord (et pour longtemps) érigé en nation, tandis que nos voisins ont constitué, surtout depuis leur guerre civile, une véritable nation indivisible. Tous les jours, à l'école, les enfants américains doivent prêter le serment d'allégeance à la nation une et indivisible sous l'œil de Dieu. En revanche, l'identité canadienne s'est longtemps située dans le grand ensemble de l'Empire britannique ou du Commonwealth. Jamais on n'a exigé de nous, Canadiens, une allégeance nationale forte. Pas d'*Uncle Sam* au regard pressant qui nous convie à quelque mission. Pas de comité sur les activités *uncanadian*. Il y a plusieurs demeures dans la maison canadienne !

Les Québécois d'expression française s'en sont fort bien portés. Mais ils ont eu lieu de s'inquiéter récemment de tous ces nouveaux *Captain Canada* qui voudraient nous inclure (pour ne pas dire nous emprisonner) dans un Canada indivisible et sans couture. Le Canada était un pays où on n'avait pas à renoncer à ses allégeances particulières. On pouvait fort bien appartenir à la fois à l'ensemble canadien, à la nation canadienne-française où à la nation québécoise ou encore aux premières nations. Est-ce encore possible à l'ère des normes dites « nationales » émises par un gouvernement fédéral qui s'arroge volontiers le titre de « national », à l'ère des ministères des *ressources humaines et du patrimoine ?* Où donc est passé le principe de subsidiarité ? Est-ce encore possible avec une Constitution à l'américaine fondée sur la reconnaissance des droits individuels donnant lieu à des recours judiciaires à répétition jusqu'à la Cour suprême ? Avec ce gouvernement par les juges nommés par le gouvernement central, comment échapper à la standardisation « nationale » ? Il est bien vrai que notre Charte des droits et libertés se démarque toujours du *Bill of Rights* américain en ceci qu'elle laisse place à des droits collectifs. Mais cela n'arrange rien pour les Québécois qui ne sont pas reconnus comme une collectivité.

Un député du Manitoba s'indigne de ce qu'on utilise le qualificatif de québécois pour désigner des films produits au Québec. Il prend les États-Unis en exemple : on ne parle pas de cinéma californien, mais de cinéma américain. Pourquoi n'en serait-il pas ainsi au Canada ? Précisément, Monsieur Harvard, parce que le Canada est différent des États-Unis et devrait le demeurer. Il est bien malheureux qu'on n'apprécie pas davantage au Manitoba à quel point la spécificité québécoise et sa reconnaissance peuvent contribuer à la spécificité canadienne.

Le Canada, c'était encore le pays de l'évolution plutôt que de la révolution, le pays des lentes maturations, des étapismes. Un pays qui est devenu souverain sans qu'on s'en aperçoive ! À l'heure des « crois ou meurs » canadiens ou québécois, à l'heure où on n'a plus guère d'autre choix qu'entre un Canada mur à mur et une souveraineté québécoise toute nue, on peut regretter qu'on ne nous permette pas de concevoir une souveraineté partagée, mitigée ou une union canadienne décentralisée.

Enfin, les Canadiens se sont longtemps signalés par leur sens des procédures, des bonnes manières et du compromis. La présomption d'innocence et de bonne foi était une grande valeur canadienne. Où en sommes-nous quand un ancien premier ministre fait face aux pires accusations sur la base de rumeurs, de ragots et de suppositions ? Quand un premier ministre en fonction ne se sent pas contraint de s'excuser pour avoir lui-même brutalisé un manifestant ? J'entendais récemment un historien canadien faire grand état, devant un auditoire américain, de notre *gentility*. Mais, du même souffle, il accusait le gouvernement québécois de s'être prêté à une « fraude électorale gigantesque » dans le cadre du référendum sur la souveraineté-partenariat. La question référendaire, considérée comme acceptable par la très grande majorité des Québécois, il la déclarait tout à fait malhonnête et donnait nettement l'impression que les deux millions et demi de Québécois qui ont voté Oui étaient soit des naïfs ou des imbéciles, soit de fieffés réactionnaires. Et que dire de ceux qui voudraient « forcer les Québécois à être libres », bâtir une prison canadienne à l'abri de tous les référendums, de tous les projets de souveraineté ? Sommes-nous toujours au pays de la civilité ?

Vivement, que vienne un nouveau George Grant pour écrire un *Lament for a non-nation* !

Thomas Flanagan

Department of Political Science
University of Calgary
Commentator

SHOULD A SUPERMAJORITY BE REQUIRED IN A REFERENDUM ON SEPARATION?

Although there has been an explicit separatist threat from Quebec since the 1965 publication of Daniel Johnson's *Egalité ou Indépendance,* there was until 1995 a virtual taboo among Canada's political class on discussing the mechanics of separation. A few writers have dealt with the topic in recent years (see especially Young 1995 and the literature reviewed in Dion 1995), but politicians have avoided the subject religiously. Some dismissed separation as too unlikely to warrant discussion; others thought separation was possible but feared that discussing it openly would make it a more likely outcome.

All of that has now changed decisively. After the close vote in the 1995 referendum, it is obvious to everyone that a serious attempt to separate Quebec from Canada, though not an inevitability, is a very real possibility. Thus politicians and political commentators are now rushing to discuss what has become known after Gordon Gibson's book (1994) as "Plan B," including the substantive terms and conditions of separation as well as the process by which it might occur.

Because of limitations of space, I will deal only with the process of separation, particularly the issue of whether a supermajority should be required in any future referendum on sovereignty. Shortly after the 1995 referendum, the Prime Minister said that Canada would not be divided on the strength of one vote, which seemed to mean that a 50% + 1 majority would not be considered decisive. Then in January 1996, the newly appointed Minister of Intergovernmental Affairs, Stéphane Dion, made explicit statements about considering a supermajority, though he did not specify a decision rule to replace simple majority. Nothing has been decided, but the federal politicians have certainly staked out a position that will be difficult to abandon.

The argument for requiring a supermajority is straightforward. Dividing the country is a major step with profound implications for all Canadians, both inside and outside Quebec; and such a decision should not be taken lightly on the basis of a small and perhaps transitory majority. The argument is convincing at an abstract level, and if we were writing on a blank slate, I would be happy to constitutionalize a supermajority requirement for provincial referendums on separation. But Canadian history is not a *tabula rasa;* and the conditions in which we actually find ourselves make supermajority a pernicious idea, harmful as well as unnecessary.

First, it would break with historical precedent. There have been three national referendums in Canadian history (1898 on prohibition, 1942 on conscription, 1992 on the Charlottetown Accord); two Quebec referendums on separation (1980, 1995); and a two-stage Newfoundland referendum on union with Canada (1948). There have also been roughly another 40 provincial referendums plus thousands of local plebiscites on all sorts of issues (Boyer 1992, 259-260). In almost all of these votes, the decision rule has been simple majority (See Boyer 1992, 198, for an exception in the current Saskatchewan legislation). Moreover, the federal government participated in both Quebec sovereignty referendums on the understanding that 50% + 1 would be decisive. To announce unilaterally that the decision rule will be different in the future looks suspiciously like bad faith.

This is liable to be harmful in at least three ways. First, it will be trumpeted by the separatist forces as another humiliation. "Look," they will say, "Ottawa participated in the last referendum but never intended to honour the result. You can never trust the federalists."

Second, it draws further attention to the role played by Anglophone and allophone voters in Quebec, who are almost unanimously opposed to separation. Because of this solidly federalist ethnic bloc, the separatists must get about 60% of the French vote just to approach 50% + 1. Setting the decision threshold at 60% or higher, as has been suggested, would require getting 75% or even more of the French vote in order to achieve a Yes victory. Such a move would surely exacerbate the resentment against the ethnics that already exists.

Third, and most seriously, a supermajority rule might provoke a unilateral declaration of independence (UDI). To borrow a metaphor from the high jump, if we set the bar so high that it is impossible to jump over it, the separatists might try to run under it instead. Imagine a referendum in which the Yes side got 55% but Canada maintained that the decision rule was 60%. How strong would Canada's position look in the eyes of the other nations of the world, whose decision to grant or withhold recognition would ultimately determine the success of Quebec's UDI gambit? Or, claiming that Canada was not dealing in good faith, the separatists might dispense with a referendum altogether and go back to the pre-1976 Parti Québécois doctrine that a PQ victory in a provincial election would legitimate independence (Johnson 1994, 146). These are all unattractive scenarios. Canada might triumph in the end, but only at the cost of immense economic disruption and a legacy of bitterness in Quebec that would guarantee separatism an immortal lifespan.

If a supermajority is dangerous, it is also unnecessary, for it is simply not true that Canada could be divided on the basis of one vote in a provincial referendum. The separation of any province from Canada would require the passage of a constitutional amendment. To be sure, the constitution is silent about separation, but it is silent on all sorts of things about which amendments have been passed (e.g., unemployment insurance, old age pensions). The sovereign power of constitutional amendment extends to any subject whatsoever. A victory for the Yes side in a Quebec referendum could do no more than legitimate a request from the provincial government to begin negotiating the terms of separation.

One uncertainty is how an amendment for secession would be approved. According to Peter Hogg (1992, 5-32), approval would "probably" require the general procedure (the federal Parliament plus the legislatures of two-thirds of the provinces having 50% of the population of the provinces), but he adds in a footnote: "It is possible that the indirect impact of a secession on the matters enumerated in s. 41 [e.g., the Crown] makes the unanimity procedure applicable." The point is that the separation of Quebec would affect not only the Lieutenant Governor of Quebec but also the powers of the Governor General, and s. 41(a) of *The Constitution Act, 1982,* requires unanimous provincial consent for changes to the office of the Queen, Governor General, and Lieutenant Governor. For this reason, Patrick Monahan (1995, 7-9) argues strongly that the unanimity procedure (Parliament plus the legislatures of all provinces) would be required. A mere political scientist cannot arbitrate such a dispute between such legal luminaries, but it obviously needs to be sorted out. A reference to the Supreme Court of Canada may be required at some point.

Whatever the precise legalities may be, it is of transcendent importance that the federal government enforce the constitution. The requirement of obtaining the approval of Parliament and at least seven provincial legislatures is the best hope of protecting the interests of all of us, both inside and outside Quebec. Presumably, our elected politicians would withhold ratification until Quebec had agreed to reasonable terms on such matters as division and repayment of the national debt, citizenship, right of passage, trade, and all the other matters that need to be negotiated. Of course, Quebec has its own weapon in UDI, and this is no negligible threat, for it would do grave damage to the Canadian economy. However, it would cause even worse damage to the smaller and weaker Quebec economy, so that Quebec would probably not resort to it as long as there was a reasonable hope of achieving separation through constitutional amendment. This means that the federal government and the other provinces would have to negotiate in good faith or risk Quebec bringing down everyone's house of cards.

Unfortunately, it is very late in the day to start insisting on the rule of law. By far the gravest folly of Canada's political class in facing the separatist threat has been its failure to talk about the rule of law. For thirty years, Quebec separatists have been left uncontradicted while they made public claims to the right to issue UDI. Meanwhile, leading Canadians have repeatedly said that force would never be used to keep Quebec in Canada. This may be true, but it is only part of the truth. One must contemplate the use of force to ensure that the departure of Quebec takes place under the rule of law, just as one would enforce the constitution in other respects. It would have been much better to say this in 1966 than wait until 1996, but "better late than never" still applies.

Insistence on the rule of law also disposes of another red herring in the debate—the wording of the referendum question. If Canada were to be divided solely on the result of a provincial referendum, the wording of the question would be vital. But if the constitution is followed, separation cannot take place until the Quebec National Assembly approves a constitutional resolution embodying the negotiated terms of separation. This might or might not entail a second referendum in Quebec, but in any case it would mean that Quebeckers would know what they were getting into.

Federal policy, thus, should include the following elements:

(1)   The Prime Minister should announce his acceptance of simple majority as the decision rule in any future Quebec referendum on sovereignty. This acceptance must be categorical, without any escape clauses.

(2)   At the same time, the Prime Minister should make it crystal clear that a Yes vote in a referendum does not legitimate UDI. It is a request to begin negotiations, nothing more.

(3)   The Prime Minister should also declare that the federal government will negotiate in good faith if the Yes side triumphs, and will do its best to ensure that the provinces also negotiate in good faith. For Jean Chrétien, this amounts to promising his own resignation, because it is hardly acceptable for a prime minister from Quebec to lead negotiations on behalf of the rest of the country.

(4)   The Prime Minister should begin to emphasize the constitution and the rule of law in his public statements, specifically the need for separation to take place through a constitutional

amendment. This should not be done belligerently in public, but in private he should inform the premier of Quebec that Canada will use all means at its disposal, including the RCMP and the Canadian Forces, to ensure that the rule of law is followed. In short, UDI must be ruled out as an acceptable option for Quebec.

I believe that this policy would have three beneficial results:

(1)   It would lower the risks of UDI because separatists in Quebec would know that there was a legal way to attain their objectives.

(2)   It would reassure other Canadians that their interests would be considered because separation could not happen on Quebec's terms alone.

(3)   It *might* (and this is certainly speculative) make separation less likely by ensuring that the National Assembly of Quebec, and through it the people of Quebec, would be aware of all the conditions of separation and would have to agree to them. At that stage, voters who thought that separation was compatible with continuing Canadian citizenship would be disabused of their illusions. However, it is impossible to know how this would play out because it is conceivable that a groundswell of nationalist enthusiasm would override all practical considerations.

There are never any guarantees in politics. But given what has gone before, I think that renunciation of the demand for a supermajority and emphasis upon the constitution and the rule of law offer the best prospect for managing a national-unity crisis.

References

Boyer, Patrick. 1992. *Direct Democracy in Canada: The History and Future of Referendums.* Toronto: Dundurn.

Dion, Stéphane. 1995. "The Dynamics of Secession: Scenarios After a Pro-Separatist Vote in a Quebec Referendum." *Canadian Journal of Political Science*, 38, pp. 533-551.

Gibson, Gordon. 1994. *Plan B: The Future of the Rest of Canada.* Vancouver: The Fraser Institute.

Hogg, Peter W. 1992. *Constitutional Law of Canada*. Toronto: Carswell, 3rd edition.

Johnson, William. 1994. *A Canadian Myth: Quebec, Between Canada and the Illusion of Utopia*. Montreal and Toronto: Robert Davies.

Monahan, Patrick J. 1995. *Cooler Heads Shall Prevail: Assessing the Costs and Consequences of Quebec Separation*. Toronto: C.D. Howe Institute, Commentary No. 65.

Young, Robert A. 1995. *The Secession of Quebec and the Future of Canada*. Montreal and Kingston: McGill-Queen's University Press.

John E. Trent

Department of Political Science
University of Ottawa
Rapporteur

VALUES IN DISARRAY

Introduction

To the question "What values and principles are currently animating the Canadian public?," the panelists unanimously responded that "Canada is currently a country in value disarray" (in the words of Donna Dasko). However, the value disarray is by no means unidimensional. Our values experts find not only inter-ethnic attitudes in disorder, but also a certain disruption in our social, economic, and political value systems. Further, they offer different explanations for this state of affairs and also a diverse set of solutions. We will follow them in this trajectory. We will find, in addition, that our authors have selected cryptic expressions to symbolize the essence of their findings. These, too, merit a place in this summary report.

Current Value Systems

"Sharing and Caring vs. Leaner and Meaner." Donna Dasko describes attitudes toward the fleeting social contract. Essentially, support for a strong state and caring policies are no longer major motivating forces. While caring social values are still intact, it is also true that 68 percent of Ontarians supported Harris's intention of cutting social programs by 22 percent. The fact is, there is no agreement on how fiscal responsibility should be achieved. Several recessions and deflated economic circumstances have served to deflate expectations. Thus, there are conflicting priorities between the welfare net and affordability. No clear alternative vision exists.

Differences also exist about East-West ties, accommodating Quebec within Canada, and between Anglophone and Francophone value priorities. English-speaking Canadians are more consumed by risk aversion, utilitarian materialism, and hyper-rationalism, while Quebeckers are seeking more connectedness based on mutual recognition. Nor can we look to the elites to easily overcome these differences. Demands for empowerment and inclusion in the 1990s have eroded hierarchical practices and scope for elite accommodation. Canadian deference is a creature of the past.

"Strong-Arm Logic." Gérard Boismenu agrees we are in a period with few certainties. The durable social pact between two founding peoples was undone by the patriation of the constitution without Quebec's consent in 1982. Since then, competing nationalisms have produced intransigence and an accentuation of Quebec-Canada divergences. The worst is that there is not even consensus about how to mend the fences: by the use of authoritarian power and strong arm methods, or through representative democracy, public debate, and dialogue.

"Shut Up and Look Different." Charles Taylor believes liberal-democratic principles have not been sufficient to assure a tolerance for diversity in Canada. There has been a decline in our capacity to share "political identity space." Signs of this include the refusal to recognize Quebec's distinctiveness in the Meech Lake Accord, the failure to recognize the rights of native peoples in the Charlottetown Accord, and Parizeau's placing the blame for the loss of the 1995 Quebec Referendum on the backs of "ethnics and people with money." One has the impression minority groups are being told to "shut up and look different." You can live here but don't try to apply your rights. English and French have differing "stories" of what Canada is all about, of the meaning of the social contract, and of what makes life worthwhile.

English-speaking Canadians proclaim equal citizenship but their openness to diversity does not extend beyond the private, individual sphere. "Charter rigidity" has led to a decline in tolerance for the distinctiveness of Quebec. Socio-economic changes are forcing individuals to compromise but not the public. There seems to be a growing inability to share. On the other hand, Quebec and the native peoples are looking for not just individual but collective recognition. Since the 1960s the French minorities no longer accept Jacobin centralization of identity. These two divergent movements lead to mutually reinforcing intransigence.

Explaining the Value Disarray

"An American Canada Wall to Wall." We have already seen some of the explanations of the divergences, conflicting priorities, and uncompromising attitudes. They include: (a) the disconnection between values

in Quebec and the rest of Canada and the renaissance of the quarrel of two nationalisms within one country, (b) a rupture of the social contract between Quebec and its partners in Canada and, indeed, a basic disagreement over its meaning (socio-economic policy vs. two founding peoples), and (c) a growing, popular refusal of old-time centralized, "Jacobin" controls of policy and identity.

In addition, Louis Balthazar thinks the malaise is in part a result of the profound Americanization of Canadian values or, as he called it, "Capitaine Canada mur à mur à l'Américaine." It has always been true, Balthazar claims, that Canada has defined itself by comparison with the United States and Canadian values have been marked by a refusal of American norms. Recent years, however, have seen a growth in Americanization and a consequent decline in the capacity to bridge French-English differences. Among the changes:

- The traditional prestige of the public service is withering;

- Respect for competent politicians has turned into contempt;

- Refusal of the traditional trappings of homogeneous nationhood have been replaced by the "Captains" of a Canada indivisible;

- The concept of evolution is replaced by "once and for all";

- Process, compromise, kindness, and civility cede pride of place to litigiousness, intransigence, accusations, and insults.

In short, Balthazar believes that because of the recent adulation of American ways by parts of English-speaking Canada, the country's traditional flexibility and acceptance of pluralism have given away to pan-national norms, the exclusiveness of individual rights, and government by judges.

"Thirst for a Shootout at High Noon." From a different perspective, Donna Greshner arrives at similar conclusions on the legalization of politics in Canada[1]. She believes it is having a chilling effect on Canadian attitudes—like Winnipeg being frozen over. Charges of illegality, she says, are not a sufficient argument without a consideration of basic norms upon which they are founded. But it is the task of political leadership to decide on the norms of the legal system—to decide which forces for good or for evil will be liberated. Lawyers, however, require empathy and generosity of spirit to be good advocates in an era of negotiation and mediation when 80 percent of law cases may be decided outside the courtroom. In other words, the best aspiration of law should

be to keep social dialogue going and "not thirst after the shootout at high noon." Tom Flanagan is not so sure. A shootout may be inevitable. Given the great attraction of business and academic elites for global connections, the preservation of Canada may no longer be their highest value. In such a context the true role of intellectuals may be to prepare people by thinking the unthinkable. In particular, he believes the PM should announce his contained acceptance of simple majority as the decision rule in any future referendums on secession but stress that a Yes vote is only a request to begin negotiations with Ottawa and the provinces of which? representing 50 percent of the population must approve a constitutional amendment for legal separation.

What Values Will and Should Direct Canada's Future?

Looking at what they perceive to be the current situation for Canadian values, our authors were not very encouraging. In brief, they see our value system in disarray because of conflicting priorities, a lack of commonality, and an overemphasis on individually centred materialism. In addition, they see a tendency to the use of force poised against a disdain for the political class, all located in an icy-cold, inhospitable atmosphere liberally sprinkled with mutual accusations and intransigence.

Such a vision permits or even invites us to reflect on what Canadian values have been successful in the past and what public attitudes we will require in the future if we are to live side by side in peace and prosperity. Our authors each portrayed the present situation in juxtaposition to idealized Canadian values. These include social justice, caring social values, tolerance, and civility. There must also be a fundamental acceptance of difference and diversity via mutual accommodation and recognition, and an evolutionary search for reasonable reconciliation. And the people require a trusted political class that can merit respect.

Boismenu suggests that a dramatic gesture of accommodation to Quebec, to satisfy its desire for recognition as a distinct society, should include a pact between nations, a socio-economic union, a recognition of the Quebec people, federalism on a territorial base, and provincial preponderance in a larger number of concurrent jurisdictions. Flanagan, too, believes there must be another attempt at political conciliation with Quebec, but he is less sanguine about its success. Thus, he proposes there must also be a rational calculation of reasonable terms of separation. The taboo on discussion of this topic must be broken because unilateral separation would be ruinous for all concerned. To avoid such an eventuality, Greschner puts her faith in encouraging Canadians to place legitimacy over legality and mutuality over mean-spiritedness. Such attitudes must also come to prevail in Canada's political parties to surmount their tendency toward harsh rhetoric and polarization based on partisan calculations.

Notes

1. Donna Greshner, who participated in the Colloquium and made these important points, was constrained from submitting a final text by administrative emergencies.

John E. Trent

Département de science politique
Université d'Ottawa
Rapporteur

LE DÉSARROI DES VALEURS

Introduction

À la question « Quelles sont les valeurs et les principes qui inspirent le public canadien en ce moment? », les membres de la tribune ont unanimement répondu : « Le Canada est présentement un pays en proie au désarroi des valeurs », selon les mots de Donna Dasko. Ce désarroi, toutefois, n'est pas unidimensionnel. Nos experts sur les valeurs constatent non seulement une certaine confusion sur le plan des attitudes inter-ethniques, mais aussi une certaine perturbation de nos systèmes de valeurs sociales, économiques et politiques. En outre, ils expliquent l'état actuel des choses de différentes façons et proposent divers ensembles de solutions. Nous allons les suivre sur cette piste. Nous constaterons aussi que nos auteurs ont recours à ces expressions énigmatiques pour résumer la teneur essentielle de leurs conclusions. Ces expressions, elles aussi, ont leur place dans ce résumé.

Systèmes de valeurs actuelles

« *Le partage et l'allocentrisme vs le régime minceur* »—Donna Dasko décrit les attitudes relatives au contrat social éphémère. Essentiellement, l'appui en faveur d'un État fort et des politiques fondées sur le bien-être des autres ne sont plus des impératifs. Bien que les valeurs sociales humanitaires soient toujours intactes, force est de constater que 68 pour 100 des Ontariens ont appuyé l'intention du premier ministre Harris de réduire de 22 pour 100 les dépenses relatives aux programmes sociaux. Le fait est qu'il est impossible de s'entendre en ce qui a trait à l'exercice de la responsabilité financière. Par suite de plusieurs récessions et d'une conjoncture économique désinflationniste, les attentes ont été dégonflées. Ainsi, on assiste à un conflit de priorités opposant le filet d'aide sociale et la capacité de payer. Il n'existe aucune vision alternative évidente.

On constate aussi des différences concernant les liens Est-Ouest, la façon d'intégrer le Québec au sein du Canada et l'échelle de valeurs respectives des collectivités anglophone et francophone. Les Canadiens anglophones sont pris par l'aversion du risque, le matérialisme utilitaire et l'hyper-rationalisme, tandis que les Québécois optent pour des rapports axés sur la reconnaissance mutuelle. Nous ne pouvons pas, par ailleurs, compter sur nos élites pour neutraliser les effets de ces différences. L'insistance sur les nations du pouvoir au peuple et l'inclusion qui a prévalu durant les années 1990 ont miné les pratiques hiérarchisées et l'accommodation entre élites. La déférence des Canadiens, c'est du passé.

« *La logique du bras de fer* » — Selon Gérard Boismenu, nous vivons dans une période où les certitudes sont rares. La durabilité du pacte social entre les deux peuples fondateurs a été rompue par la reprise en main de la constitution, en 1982, sans le consentement du Québec. Depuis lors, l'affrontement des nationalismes a engendré l'intransigeance et l'accentuation des divergences Québec-Canada. Le pis, c'est qu'il n'existe même pas de consensus sur la façon de réconcilier les parties, soit par le recours au pouvoir autoritaire et la manière forte, soit par la démocratie représentative, le débat public et le dialogue.

« *Soyez différents mais fermez-la* » — Au Canada, selon Charles Taylor, les principes libéraux et démocratiques n'ont pas suffi pour assurer la tolérance de la diversité. On a assisté à une diminution de notre capacité collective de partager un « espace commun d'identité politique ». Pour illustrer ce phénomène, citons le refus de reconnaître la spécificité du Québec dans l'accord Meech, le défaut de reconnaître les droits des peuples autochtones dans l'Accord de Charlottetown et le rejet de la responsabilité de l'échec référendaire par M. Parizeau sur le dos des « groupes ethniques et l'argent ». On a nettement l'impression qu'on invite les groupes minoritaires à « soyez différents mais fermez-la ». Vous pouvez vivre ici, mais n'essayez pas de faire valoir vos droits. En plus les anglophones et les francophones ont chacun leurs « histoires » concernant la nature et le sens du Canada, la signification du contrat social, et ce qui donne un sens à la vie.

Les Canadiens anglophones proclament l'égalité sur le plan de la citoyenneté, mais leur tolérance vis-à-vis de la diversité ne s'étend pas plus loin que la sphère privée de l'individu. La « rigidité chartiste » a entraîné une diminution de la tolérance pour ce qui est de la spécificité du Québec. Les changements socio-économiques qui obligent les particuliers à faire des compromis n'influent pas sur la collectivité. Il semble que les gens sont de moins en moins enclins au partage. Par ailleurs, le Québec et les peuples autochtones aspirent à une reconnaissance non seulement sur le plan individuel, mais aussi sur le plan collectif. Depuis les années 1960, les minorités francophones ne souscrivent plus à la notion d'identité centralisatrice d'inspiration jacobine. Ces deux mouvements divergents mènent à une intransigeance qui s'entretient de part et d'autre.

Pour expliquer le désarroi des valeurs

« L'américanisation complète du Canada » — Nous avons déjà pris connaissance de certaines explications relatives aux divergences, aux conflits de priorités et aux attitudes intransigeantes mentionnées plus haut. Signalons, entre autres : (a) la non-concordance des valeurs prédominantes au Québec d'une part et dans le reste du Canada d'autre part, et la réapparition du conflit entre deux nationalismes au sein d'un seul pays; (b) la rupture du contrat social entre le Québec et ses partenaires du Canada, voire une différence d'opinion fondamentale concernant la signification de ce contrat (politique socio-économique *vs* deux peuples fondateurs); et (c) le refus croissant au sein de la population de l'ancienne emprise jacobine en matière de politique et d'identité nationale.

Par ailleurs, estime Louis Balthazar, le malaise est en partie le fruit de l'américanisation profonde des valeurs canadiennes ou, en ses propres mots, l'influence d'un « Capitaine Canada mur à mur à l'américaine ». Selon Balthazar, le Canada s'est toujours défini en comparaison des États-Unis et les valeurs canadiennes se sont démarquées des valeurs américaines par le refus de souscrire aux normes américaines. Au cours des dernières années, cependant, on a assisté au renforcement de l'américanisation et à l'incapacité, par conséquent, de réaliser un rapprochement des différences entre les francophones et les anglophones. Parmi les incidences de cette américanisation, citons, entre autres :

- L'affaiblissement du prestige traditionnel de la fonction publique;

- La transformation en mépris du respect jadis accordé aux politiciens compétents;

- Les signes extérieurs de la nationalité homogène ont été remplacés par les « Capitaines Canada-indivisible »;

- Le concept d'évolution a été remplacé par l'insistance sur le « une fois pour toutes »;

- La dynamique liée aux processus, le compromis, la bienveillance et la civilité ont cédé la place à l'esprit chicaneur, à l'intransigeance, aux accusations et aux injures.

Bref, Balthazar estime qu'en raison de l'admiration excessive portée aux coutumes américaines depuis quelque temps dans certaines parties du Canada anglais, la souplesse et l'acceptation du pluralisme traditionnelles du pays ont cédé la place à des normes pan-nationales, à l'exclusivité des droits individuels et au gouvernement par la magistrature.

« *La soif d'un règlement de compte en plein midi* » — Sous l'éclairage d'une perspective différente, Donna Greshner parvient à des conclusions semblables concernant le formalisme juridique au Canada[1]. À son avis, ce phénomène jette un froid sur les attitudes canadiennes — comme si Winnipeg était pris en glace. Les accusations d'illégalité, dit-elle, ne tiennent pas à moins de prendre en compte les critères de base sur lesquels elles reposent. Mais il incombe aux dirigeants politiques de déterminer les critères du système juridique, de décider quelles forces, pour le mieux ou pour le pire, seront libérées. Mais les avocats doivent manifester beaucoup d'empathie et de générosité d'esprit pour être de bons défenseurs, surtout à une époque de négociation et de médiation où 80 pour 100 des causes sont susceptibles d'être réglées à l'amiable. En d'autres mots, le système juridique devrait tenter avant tout d'entretenir le dialogue social plutôt que de rechercher des règlements de compte « en plein midi ».

Mais Tom Flanagan n'en est pas aussi certain, estimant qu'un règlement de compte est peut-être inévitable. En raison du vif intérêt des élites du monde des affaires et de l'élite universitaire pour le réseautage international, il pourrait bien s'avérer que la préservation du Canada ne soit plus leur valeur la plus chère. Dans une telle conjoncture, le rôle véritable des intellectuels pourrait bien être de préparer les gens par leurs réflexions sur l'impensable. Surtout, il croit que le Premier Ministre devrait annoncer qu'il accepte que la majorité simple soit la règle décisionnelle pour tout référendum sécessionniste futur, mais il devrait insister aussi qu'un vote Oui majoritaire n'équivaut qu'à une demande de négociation dont les résultats doivent être acceptés par au moins ? provinces représentant 50 pour 100 de la population canadienne.

Quelles valeurs influeront et devraient influer sur l'avenir du Canada ?

Pour ce qui est de la conjoncture actuelle relativement aux valeurs canadiennes, nos auteurs ne sont pas très encourageants. Bref, ils estiment que notre système de valeurs est en désarroi en raison de conflits de priorités, d'un manque de vision commune et de l'importance exagérée que l'on attache au matérialisme centré sur l'individu. En outre, ils constatent une tendance au recours à la manière forte dans un contexte où règne le mépris de la classe politique, et ce, dans une atmosphère glacée et inhospitalière où abondent de part et d'autre les accusations et l'intransigeance.

Une telle vision nous permet, voire nous incite, à réfléchir aux valeurs canadiennes qui ont réussi dans le passé et aux attitudes que la population devra adopter dans l'avenir si nous voulons vivre côte à côte dans la paix et la prospérité. Chacun de nos auteurs a décrit la situation actuelle en juxtaposant les valeurs canadiennes idéalisées, dont la justice sociale, les valeurs sociales axées sur le souci du bien-être des autres, la tolérance et la civilité. Ils ont insisté sur le besoin fondamental de l'acceptation des différences et de la diversité par la voie de l'accommodement et de la reconnaissance mutuels, de même que sur la nécessité d'une recherche constante et raisonnable en vue de la réconciliation. Ils ont aussi insisté sur l'importance d'une classe politique à laquelle la population peut se fier et qu'elle peut respecter.

Boismenu propose qu'un geste dramatique pour satisfaire les demandes du Québec et sa reconnaissance en tant que société distincte devrait comprendre les éléments suivants : un pacte entre nations, une union socio-économique, la reconnaissance du peuple québécois, la réorientation du fédéralisme sur une base territoriale et la prépondérance des provinces dans un nombre élargi de compétences communes. De même, Flanagan estime qu'il y a lieu de tenter une autre réconciliation avec le Québec sur le plan politique, mais il est quelque peu pessimiste concernant le succès d'une telle initiative. Il propose, en conséquence, que l'on doit faire un calcul rationnel des modalités raisonnables de la séparation. À son avis, il faut briser le tabou sur ce sujet, car la séparation unilatérale entraînerait des conséquences ruineuses pour toutes les parties intéressées. Pour échapper à une telle éventualité, Greschner estime qu'il y a lieu d'inciter les Canadiens à privilégier la légitimité plutôt que la légalité et la mutualité plutôt que la mesquinerie. Les partis politiques doivent aussi adopter les attitudes précitées afin de surmonter leur tendance à l'âpre rhétorique et à la polarisation fondées sur les calculs politiques.

Notes

1. Donna Greshner, qui a participé au Colloque en contribuant ces idées importantes, a été empêchée, par des exigences d'ordre administratif de soumettre un texte final.

POLITICAL ECONOMY: HOW IS THE ECONOMY
INFLUENCED? WHAT IS POSSIBLE OR DESIRABLE?
WHAT IS THE FUTURE OF THE ECONOMIC UNION?

L'ÉCONOMIE-POLITIQUE :
QUELLES FORCES INFLUENCENT L'ÉCONOMIE ?
QUELLES ACTIONS SONT POSSIBLES OU
DÉSIRABLES ? LES MARCHÉS ET L'UNION
ÉCONOMIQUE, QUELLE ÉVOLUTION PRÉCONISER ?

Thomas J. Courchene

Policy Studies
Queen's University
Presenter

REVITALIZING AND REBALANCING CANADIAN FEDERALISM: IN QUEST OF A NEW "NATIONAL POLICY"

Introduction

There is an eerie atmosphere in the wake of the Referendum storm. Setting aside the federal government's initiatives on distinct society and the veto, the mood of Canadians outside Quebec was, at least in the immediate post-Referendum period, essentially one of recognition that the Canada game may effectively be over. The result was a focus on what is now referred to as "track two," namely spelling out the conditions under which any post-secession negotiations would take place. To some extent, this approach was designed as a wake-up call to Quebeckers, effectively telling them that the Referendum rhetoric and particularly the focus on "partenariat" were way off base. However, it was also and perhaps primarily a venting of long-standing frustration and even anger over both the process and substance of the "neverendum."

More recently, the mood of Canadians has altered quite dramatically. With the appointment of Stéphane Dion and the voicing of the concept of "partition," some of the frustration in ROC has dampened. Moreover, Lucien Bouchard's decision to focus on Quebec's finances prior to the consideration of another referendum has provided some breathing space, which, in turn, has defused the separation issue in the polity, at least temporarily. Finally, but hardly exhaustively, the recent Throne Speech appears to have ushered in a new federal flexibility with respect to the *de facto* division of powers. While formal constitutional change is probably not possible, what is increasingly possible is a revitalization and reworking of the federal-provincial jurisdictional interface.

This new environment provides the context for the ensuing analysis. In the early sections, the focus is on the constellation of forces, largely exogenous, that are undermining the status quo on the federal-provincial front. These forces are clearly tilting the federation in a decentralist direction. In order to harness these several forces, the middle section of the paper introduces the principle of subsidiarity as an organizing framework for reworking federalism. However, even were Canadians to revitalize the operation of federalism, this may not sort out the unity issue. There is something much deeper that, arguably, is casting a spell across our land. Not to put too fine a point on it, we have no vision of who we are, east-west, and where we are headed. Thus, the final sections address the quest for a new "national policy" for the new millennium.

Variations on the Decentralization Theme

In a post-Referendum poll (November 16, 1995), the Gallup organization asked Quebeckers the following question:

It has been said that the recent referendum was about change within Canada and Quebec. What changes would make you content to remain in Canada?

Topping the list was "decentralization" (140 responses), followed closely by "create jobs/job security" (135) and "distinct society" (also 135). The next two cited changes, while well down in terms of responses, were particularly intriguing: "no changes will make me content" (89 responses) and "no changes necessary" (88). These polling data, and particularly the importance for Quebeckers of decentralization, provide an entrée to this section of the paper, namely the ongoing and future prospects for decentralization of the Canadian federation. Indeed, the Gallup Poll data are difficult to understand in light of the ensuing analysis. Specifically, one of the themes that follows is that Canada is already in the throes of its most thoroughgoing decentralization in the postwar period. Thus, the Canadian federation was in full decentralist evolution in the very time frame that the "Yes" side was proclaiming that Canada was incapable of change.

The purpose of this section is to elaborate on the forces that are leading to decentralization of the Canadian federation. Since much of the analysis is adopted from *Celebrating Flexibility* (1995a), only the salient features will be reproduced here.

Globalization and the Knowledge/Information Revolution

Much has been written on the implications for (economic) nation states of globalization and the knowledge/information revolution (Courchene [1995a], Ohmae [1990], and Horsman and Marshall [1994] among many others). One obvious theme is that the result of this new technoeconomic paradigm (TEP) is a transfer of power to markets that by their very nature are agents of decentralization. More relevant to the issue at hand is the

150

theme that the new TEP is transferring power and sovereignty both upwards and downwards from nation states. The former is fairly straightforward: global integration is, and will continue to be, accompanied by a series of supranational agreements and arrangements such as the FTA, NAFTA, Europe 1992, and soon, perhaps, the Maastricht single-currency arrangements.

The more intriguing aspect relates to the downward transfer of powers. Basically, the argument is straightforward, although the evidence is not conclusive. Essentially, the theme is that as aspects of sovereignty are being passed upwards and, therefore, beyond their direct control, citizens are focussing more and more on areas and issues where they can still exert some degree of control. As a result, there is a re-emergence of emphasis on the concept of community. One aspect of this is the resurgence of interest in what Canadians would refer to as "distinct societies." Given that international superstructures like NAFTA and the EU are replacing "national" superstructures, it is increasingly possible for "nations" like Scotland, Wales, Catalonia, and Quebec, among others, to contemplate latching on to this new superstructure and pursuing a more or fully autonomous future within this new macro environment. Presumably this is part of what Peter Drucker meant when he proclaimed that we are at the same time witnessing an integrating global economy and a splintering global polity.

In the Canadian context, this tends to focus attention on Quebec and its pursuit of independence from, and/or sovereignty association with, the rest of Canada. However, this masks the much more important implications for Canada's provinces and economic regions that arises in the wake of enhanced economic integration and the TEP. The way to broach this larger issue is to recognize that Canada's economic regions are not only quite distinct from each other, but are geographically separated from each other as well. What is surprising is the degree to which these provinces/regions are now becoming internationally, rather than internally, integrated. Table 1 illustrates this clearly. Focussing on exports (the first three columns of the table), in 1981 exports by all provinces to the rest of the world (ROW) were 87% of their exports to other provinces (ROC). Only four provinces (Newfoundland, New Brunswick, Saskatchewan, and British Columbia) recorded ROW exports in excess of ROC exports. By 1994, however, only Prince Edward Island exported more to ROC than to ROW. And at the aggregate level, exports to ROW are 168% of exports to the rest of Canada. Two provinces in 1994, Ontario and British Columbia export more than twice as much to ROW than to ROC.

On the import side, the aggregate data for 1981 and 1994 are similar to those for exports—in 1981 imports from ROW were 90% of imports from ROC, but by 1994 ROW imports were 171% of imports of ROC. This is driven by the Ontario data where imports from ROW for Ontario are 3.6 times imports from ROC. Quebec (1.71) and B.C. (1.20) are the

Table 1
Internal and International Trade
(Goods and Services, 1986$)

	EXPORTS			IMPORTS			TRADE BALANCE			E/GDP
	ROC	ROW	ROW/ROC	ROC	1986 prices	ROW/ROC	ROC	ROW	Total	(Col. 1 + Col. 2)/GDP
	(1)	(2)	(3)	(4)	(5)	(6)	(7)	(8)	(9)	(10)
CANADA 1981	116.58	101.85	0.87	116.58	105.3	0.90	0.0	3.45	3.45	0.49
1994	133.98	225.82	1.68	133.98	229.10	1.71	0.0	-3.28	-3.28	0.60
NFLD 1981	0.85	1.98	2.33	3.32	0.97	0.29	-2.47	1.01	-2.46	0.47
1994	1.13	2.01	1.78	3.55	1.92	0.54	-2.42	0.09	-2.33	0.43
P.E.I. 1981	0.50	0.19	0.38	0.87	0.15	0.17	-0.37	0.04	-0.33	0.56
1994	0.69	0.32	0.46	1.07	0.31	0.29	-0.38	0.01	-0.37	0.52
NOVA SCOTIA 1981	2.97	1.81	0.61	5.00	3.02	0.60	-2.03	-1.21	-3.24	0.44
1994	3.15	3.45	1.10	5.56	4.56	0.82	-2.41	-1.11	-3.52	0.44
NEW BRUNS-WICK 1981	2.31	2.47	1.07	4.05	2.48	0.61	-1.74	-0.01	-1.75	0.59
1994	3.70	3.73	1.01	5.02	4.06	0.81	-1.32	-0.33	-1.65	0.62

	EXPORTS			IMPORTS			TRADE BALANCE			E/GDP
	ROC	ROW	ROW/ROC	ROC	1986 prices	ROW/ROC	ROC	ROW	Total	(Col. 1 + Col. 2)/GDP
QUEBEC										
1981	27.60	21.94	0.79	24.13	23.51	0.97	3.47	-1.57	1.90	0.47
1994	29.49	41.62	1.41	28.13	47.93	1.71	1.36	-6.31	-4.95	0.53
ONTARIO										
1981	47.04	45.07	0.96	30.00	47.76	1.57	17.04	-2.69	14.35	0.54
1994	54.05	113.59	2.10	34.50	124.31	3.60	19.55	-10.72	8.83	0.70
MANITOBA										
1981	5.11	2.65	0.52	6.37	2.75	0.43	-1.26	-0.10	-1.36	0.49
1994	5.30	6.00	1.13	7.14	5.60	0.78	-1.84	0.40	-1.44	0.58
SASK										
1981	3.55	4.21	1.19	7.84	2.96	0.38	-4.29	1.25	-3.04	0.52
1994	5.53	7.00	1.27	8.58	3.61	0.42	-3.05	3.39	0.34	0.66
ALBERTA										
1981	18.20	9.01	0.50	19.31	11.28	0.58	-1.11	-2.27	-3.38	0.51
1994	19.54	25.42	1.30	20.75	14.65	0.71	-1.21	10.67	9.46	0.63
B.C.										
1981	8.21	12.51	1.52	13.45	9.27	0.74	-5.24	3.24	-2.00	0.38
1994	10.64	22.06	2.07	17.69	21.22	1.20	-7.05	0.84	-6.21	0.44

Source: *Provincial Economic Accounts, Annual Estimates: 1981-94*, Table 3.

only other provinces where the ratio of external imports to domestic imports is greater than unity.

The implications of these data, and particularly the trends in the data, are far reaching.[1] They confirm the growing importance of north-south (international) trade relative to east-west trade and, in the process, offer further evidence that Canada should not be viewed as a single, east-west economy (with implications relating to whether we remain an optimal currency area, although I shall not pursue this further in this paper). Moreover, since goods and services are mobile across international borders, whereas labour typically is not, it is increasingly appropriate to view Canada as a social policy railway rather than an economic policy railway. Relatedly, while selling the advantages of an internal common market to Quebeckers in the 1980 Referendum may have made eminent sense, this line of argument carries less weight in 1995 and beyond.

In terms of the present paper, the key message is that further decentralization is probably inevitable. Given that the provinces are becoming integrated more internationally than domestically (in terms of exports), it will almost surely follow that they will want to design their social and economic policies in accordance with their new economic realities and prospects. And what might be appropriate for B.C. as a Pacific Rim region may not work for Ontario as a Great Lakes economy. Drawing from the European regional science literature, we are probably witnessing the development of a regional-international interface in place of the former conception of a national-national interface. This is inherently decentralizing.

Fiscal-induced Decentralization

Much more familiar to Canadians is the decentralization triggered by the federal debt/deficit overhang. While other countries (Italy, Belgium) have higher debt/GDP ratios than Canada, we are unique in that we also have very high international indebtedness (unlike Italy and Belgium) and are also running a large current account deficit (again unlike Italy and Belgium). The result is that we have effectively transferred aspects of sovereignty to the "kids in red suspenders" (the international capital markets). The results were clear in the 1995 federal budget—a devolution of power to markets (privatization, deregulation, contracting out, etc.) and a decentralization to lower levels of government (a reduction of 45,000 people in the federal civil service, which speaks in part at least to the disentanglement and elimination-of-duplication arguments, and a decentralization in terms of powers relating to the social envelope, i.e., the shift to the CHST block fund). To be sure, over the near term, this shift of powers associated with the CHST does not play well in Quebec or in any other province since it co-exists with a dramatic reduction in federal cash transfers. Moreover, we are far from out of the woods here since the real rate of interest exceeds the real GDP growth rate, which implies that, left to itself, the debt/GDP ratio will spiral off explosively.

The Provinces as "Economic Nations"

Traditionally, provincial governments have been passive players in the economic policy game. Ottawa set most of the important parameters and the provinces acted largely as managers, not innovators or strategic players. Bay Street curried favour in the corridors of Ottawa, not Queen's Park. Quebec was the first to break out of the mold with its "market nationalism" of the 1980s, although one can probably trace this back to the Quiet Revolution. During the energy boom, Alberta broke away from the corporate income tax agreements and mounted its own corporate tax system, arguably as an industrial development tool.

This is now changing dramatically across the board, in part as a result of the rapidly emerging regional-international interface flowing from the Table 1 data. This is not particularly a Canadian phenomenon. Michael Storper (1994, 22) has noted that the principal dilemma for contemporary economic geography is the ongoing "resurgence of regional economies and territorial specialization in the age of increasing ease in transportation and communication of inputs and outputs and of increasingly scientific organizational rationalities of managing complex systems of inputs and outputs." Storper proposes that the success of Silicon Valley, Route 128, and other "hot spots" resides in the concept of "untraded interdependencies" or what economists might call "locational positive externalities." Arguably, this is, at an analytical level, what the provinces are increasingly about—positioning themselves across a broad range of fronts to become competitive within their new economic (cross-border/international) environments. To do this, the provinces require greater operational and policy flexibility. Intriguingly, this desire for greater flexibility is not about beggar-thy-neighbour federalism, nor is it about decentralization for its own sake. Rather, it is about positioning the provinces and their citizens more effectively vis-à-vis their competitors (which are less and less their sister provinces). In this sense, what Ontario is all about is not all that different than what Italy with the EU framework is all about. Moreover, this is not confined to the "have" provinces: New Brunswick is fully committed to creating its unique set of untraded interdependencies in the context of North America (Courchene, 1995b).

If the fiscal overhang means that the "centre cannot hold," then this conception of the provinces providing untraded interdependencies in the context of a regional-international economic interface means that the "centre should not hold." To the extent that this conception is correct, it promises not only greater decentralization but greater asymmetry as well. This should be music to Quebeckers' ears (and hearts!).

Other Decentralist Tendencies

There are at least two other ways in which the federation appears to be decentralizing. The first is straightforward and largely a product of the information revolution: provinces are decentralizing some of their activities to the local level. Health care is an obvious example, as reflected in the recent initiatives in Saskatchewan and Alberta, for example. It may well be that this is more of an "administrative" than "legislative" decentralization, but it does carry some significant implications. For example, we are about to see a replay at the provincial-local level of the federal-provincial debates and interactions relating to the principles of the Canada Health Act. In effect, this means that Alberta, for example, will have to enforce the CHA principles on its local authorities.

The second is related, although much more speculative, namely that citizens are being forced to shift key aspects of their identity and their loyalty from Ottawa to the provinces, since Ottawa is backing out of areas such as health and welfare that have traditionally served to define who we are as a nation. Moreover, some of the long-standing region-centre links (such as the Crow Rate and specific regional development policies) are now being eroded, partly as a consequence (for the Crow Rate in any event) of the new trade arrangements (e.g., the WTO). Quebeckers have long viewed Quebec as their nation and Canada as their country. What is now occurring is that the tradition in ROC of viewing Ottawa as the embodiment of both nation and state may be undergoing subtle but dramatic change. I may have gone too far in *Celebrating Flexibility* (1995a) by proclaiming that we are all Quebeckers now, but the directional sense is surely correct.

As noted in the introduction to this section, these decentralist forces are not well suited to play the role of a new organizing principle for our federation, in part because they tend to be inherently arbitrary. But it would not be difficult to transform them so that they could become something akin to an organizing/operational principle. This is in line with frequent concerns expressed in the post-Referendum conferences to the effect that the federal-provincial economic and jurisdictional interface is progressively dysfunctional and is in dire need of reworking and revitalization.

Toward this end, two new initiatives/processes merit attention. The first would be a reconstitution of, or a recommitment to, the internal socio-economic union. The second would involve the incorporation of the principle of subsidiarity as a key operational principle in a renewed federal-provincial accord on the fiscal/economic/jurisdictional arrangements.

Guaranteeing the Socio-Economic Union

For too long now the provinces have had a "free ride" in the federation. Over time, their powers and roles have increased, but they have devoted little interest and less effort to the "national" implications of their policies and programs. There are at least two reasons why they need to move in this direction. The first is that the above trends toward decentralization will not be sustainable if the result is a fragmentation of the socio-economic union. Citizens would not tolerate this. Note that this is not meant to constrain provincial powers to devise policies in their own likeness and image. Rather, it is to suggest that the degree of policy interdependency both between government levels and across provinces has reached a state where some coordination or harmonization (depending on the policy area) is warranted. The *Agreement on Internal Trade* is an important initiative in this regard, as is the recent *Report to Premiers* by the provinces' Ministerial Council on Social Policy Reform and Renewal.

The second is that Canada has been approaching the social union the wrong way, as it were. We have left all the responsibility to Ottawa via the exercise of the federal spending power and the related regulatory oversight of a set of principles (e.g., the CHA principles). In the language of the Charlottetown Accord, this is "negative integration"—a series of "thou shalt nots" overseen by Ottawa. We also need "positive integration," namely a pro-active meshing of provincial policies, which, not surprisingly, only the provinces can deliver. Enhanced "mutual recognition" of provincial occupational certification would be a case in point. At the more general level, Dick Zuker's proposal (1995) for "reciprocal federalism" warrants serious attention.

The need for these sorts of initiatives is especially pressing in the current environment, where there is concern that Ottawa is no longer able to enforce the social union. The call (in the 1995 budget) for "mutual consent" principles (i.e., *pan-Canadian* rather than Ottawa-determined) remains compelling, but there has been little or no progress on this front as yet.

Subsidiarity as a Cornerstone to a New Federal-Provincial Pact

Assuming that there is some guarantee of a socio-economic union in place (whether interprovincial or federal-provincial) one can then contemplate a new federal-provincial accord on the economic/jurisdictional interface,

157

the cornerstone of which would be "subsidiarity." At first blush, subsidiarity implies that responsibilities and programs would be devolved to the lowest government level consistent with effectively delivering these programs or responsibilities. However, as Table 2 (which reproduces the principle of subsidiarity as it applies in the EU) makes clear, subsidiarity can also lead to passing powers upward, where externalities dictate. In terms of areas that ought to be subject to subsidiarity, almost everyone's list would include training as well as the "six sisters" of the Charlottetown Accord—tourism, forestry, mining, recreation, housing, and municipal/urban affairs. But subsidiarity is not about a "formal" listing of potential candidates: it is first and foremost a philosophy of government with the burden of proof resting with Ottawa as to whether spillovers or externalities or national considerations merit transferring competences upwards.

In recent conferences, Gilles Paquet has been the most ardent expositor of subsidiarity. However, it is also central to Gordon Gibson's proposals (1995). In both of these conceptions, there would be no reason, initially at least, to proceed via the constitutional amendment route. My recommendation for generalized "concurrency with provincial paramountcy" in *The Community of the Canadas* (1991) is a constitutional approach to this same general concept.

As noted in the introduction, this "Swissification" of the Canadian federation (to use Paquet's term) seems to appeal to the majority of the participants in recent national unity conferences (although not necessarily to Canadians in general) and would certainly appeal to most of the provinces. Indeed, Frank McKenna (in a paper co-authored with Donald Savoie [1995]) has made a strong case for increased devolution. Finally, the recent federal-provincial accord on the environment appears to be underpinned by subsidiarity.

Implications

Were this new approach to the federal-provincial interface to come to fruition, Canadian federalism would not only be able to embrace its regional/international economic future but would make giant strides in accommodating Quebec in anticipation of a future referendum. The advantage for ROC of these proposals is that they are symmetric (i.e., no special treatment for Quebec, although Quebec may well take more advantage of subsidiarity than some other provinces) and they do not require constitutional change. Moreover, as already noted in the half-dozen or so post-Referendum conferences I have attended, there is a broad consensus that this approach would find favour with the provinces and would represent a creative and innovative approach to Canada's

Table 2

The Principle of Subsidiarity

The economic meaning of the principle of *subsidiarity:* assigning tasks to the [European] Community on efficiency grounds.

Two economic criteria can be used as necessary conditions for assigning on efficiency grounds a particular policy function to the Community:

(1) assignment of a policy function at the national level is inefficient because of the existence of cross-country spill-overs giving rise to externalities; since national governments do not take fully into account the consequences of their actions on the rest of the Community, they are bound to take suboptimal decisions;

(2) the management of a policy function involves indivisibilities and/or economies of scale, which imply that productivity and effectiveness are improved when it is performed at a higher level.

For both criteria it is essential that externalities or economies of scale are significant at the Community level. Environmental effects (e.g., acid rain) provide classic cases of externalities; other examples can also be found in macroeconomic policy. Community-wide economies of scale are apparent in certain R&D investments (e.g., space programmes).

For the assignment to the Community level to be an adequate response, it is however necessary that two additional conditions are met:

(1) the assignment is demonstrated to yield net benefits after administrative costs and the balance of government versus market failures are taken into account, and

(2) *ad hoc* coordination among national governments is not sufficient to correct for inefficiencies.

Other motives of assignment of tasks to the Community level can stem from distributional or citizenship considerations.

Source: Quoted verbatim from Commission of the European Communities, Directorate General for Economic and Financial Affairs, "One Market, One Money," *European Economy* 44 (October 1990): 33.

economic-cum-political challenges. It also addresses head-on the number-one response of the earlier-noted Gallup poll in terms of changes necessary to ensure a united country.

While subsidiarity may have much to offer in the context of rebalancing the federation, it is important that it not strait-jacket either level of government. I have already argued that "competitive federalism"—namely the ability to experiment across a broad range of fronts (within the parameters set by the pan-Canadian social union) is integral to the evolution of the system. However, Ottawa needs flexibility, too. Hence, some version of the Meech Lake spending power provision must inform the operations of subsidiarity. Specifically, Ottawa should be able to mount new shared-cost programs (or new programs generally) in areas of exclusive provincial jurisdiction, but the provinces should be able to access these funds if they offer programs with similar objectives.

However, even if the recommendations enumerated above were to see the light of legislative day, they would probably fall short of providing the needed national-unity glue. Our problems run much deeper. To this I now turn.

Wanted: A "National Policy" for the 21st Century

Is There a Quebec Problem?

To introduce the final substantive issue in these musings, I pose an admittedly controversial question: Is there really a Quebec problem? On the surface the answer is surely "yes." After years and years of having the Quebec issue uppermost on the Canadian agenda, we have delivered little, perhaps nothing, to Quebeckers. In this sense, ROC has guaranteed that the Quebec issue is still with us. However, at a more fundamental level, the answer is not so clear. I recall (but cannot reference) Paul Martin's statement, before the Liberals came to power, that Quebeckers want to be associated with a "winner." Canada these days is anything but a winner. The implication, which I adhere to, is that if Canada could develop an exciting "vision" of who we are and want to be, then Quebec would be more than willing to remain an integral part. But there is a general malaise that besets the country. Offering a few more "chips" to Quebec in this dispirited socio-economic environment is not likely to fly in terms of ROC, nor is it likely to do much for Quebec's aspirations. To an important degree, it is this realization that has led to the rather pessimistic tone of the post-Referendum conferences.

In a recent conference, Claude Ryan made the point that during the Meech period (1987-1990), the separatists in Quebec were on the run. This is true, but there were other characteristics of this period that were also important. This was the very time frame when Quebec's entrepreneurial spirit was flourishing. Relatedly, 1987-1990 was also part of the longest postwar boom in Canada. (That the 1990s would usher in a severe recession was not as yet evident.) Moreover, this was the era of free trade, which played particularly well in Quebec. Phrased differently, there was a positive and, to some, an even exhilarating vision of who we were as a nation.

A New National Policy

All of this has now dissipated. At the federal level we do have a deficit reduction strategy in place, but not much else. Citizens view their social programs to be under attack and there is anything but a sense of security in terms of future jobs and income. In historical perspective, one way to view this is that globalization has finally put paid to Canada's National Policy, although it was effectively dead much earlier. Likewise, the ongoing social policy crisis is unwinding Canada's second national policy (interregional equity and the development of the Canadian welfare state). Compounding this latter concern is that globalization is eroding the middle class. This transcends Canada, but it plays particularly poorly in the context of the ongoing national unity challenge.

As John McDougall and I reflected in a Charlottetown Round article (1991), a key part of our national malaise is that Canada is no longer anyone's "economic project." In other words, we are in search of a new National Policy. Given the ominous nature of the trends in the Table 1 data, unless and until we latch onto some encompassing east-west vision, even the enshrining of a Meech-plus set of proposals may do little to cement the Canadian polity.

Are there any viable prospects on the horizon? "Jobs, jobs, jobs" will not do the trick, because jobs would be the goal of *any* national policy. Something much more fundamental is needed and something more consistent with the emerging global trends in the millennium. My view is that MIT's Lester Thurow (1993) is on the right track:

> If capital is borrowable, raw materials are buyable and technology is copyable, what are you left with if you want to run a high wage economy? Only skills, there isn't anything else.

Thus, something like "skills, skills, skills,"[2] filtered through the reality of globalization and the knowledge/information revolution, merits serious contention for Canada's twenty-first century "national policy." Such a conception would speak to the two key features of the emerging global order as it relates to Canada. First, it resonates well with the notion, consistent with the Table 1 data, that Canada is more and more a social union than an economic union, i.e., our future is about *people* rather than goods and services. Second, it is nonetheless inherently an *economic* strategy since knowledge and skills are the new cutting edge in terms of competitiveness. Moreover, no single province (whether B.C. or Quebec) is sufficiently diversified that it could provide the range of opportunities needed to prepare Canadians for the new global order. In *Social Canada in the Millennium* (1994, p. 339), I offered a "mission statement" for the millennium: "To be a Canadian in the next century must ... mean that all citizens have access to a social infrastructure that allows them full opportunity to develop and enhance their skills and human capital in order that they be full participants in the Canadian and global societies." In a sense, therefore, this would be an integration of the two former national policies in a manner that speaks to the east-west aspect of our polity.

Before assessing the potential for a new vision for the country, it is important to focus on ways in which Ottawa can identify with and play a lead role in the process. Enter Team Canada.

A "Domestic" Team Canada

The received wisdom relating to the impact of globalization on the economic front is that powers are being passed upwards and downwards from federal governments of nation states. Chrétien's response to this potential unwinding of the international economic role of the Canadian nation state has been nothing short of brilliant—Team Canada. Indirectly, this provides confirmation that something like a skills or human capital strategy is surely a winner because the global market is potentially infinite. And in the process, Chrétien's generosity in terms of including the provinces as an integral part of Team Canada represents an essential component in developing a new vision for Canada and Canadians.

What now needs to be addressed is the "passing powers downwards" challenge posed by the new global order. Why not a *domestic* Team Canada as the final component of this new national policy?

Hence, the proposal would be as follows—a new federal-provincial arrangement on the economic/jurisdictional interface that would embody both an enhanced guarantee of the socio-economic union and, on the operational side, the principle of subsidiarity. Overarching, would be a national (Team Canada) commitment to skills and human capital formation (or some reasonable facsimile). Consistent with subsidiarity, much of the design and implementation would probably rest with the provinces. But Ottawa will quickly find that there are enormous opportunities for creative leadership and coordination and probably creative legislation as well in light of the many spillovers and externalities that are bound to be inherent in such a strategy.

While the skills or human capital component is a long-term strategy and, as a result, will not bear fruit in the likely time frame of a future referendum, the rest can be put in place almost immediately. A series of agreements modelled on the recent environment accord could be put in place within months. The result would be a rejuvenated federal-provincial interface, one that will appeal to all parts of Canada.

Others may prefer an alternative vision of a mission statement for Canadians for the millennium. This is not the key point. The key point is that we need an integrating vision that can be unifying east-west. Unless we have some reason to view ourselves as "winners," a few enshrined constitutional principles will not be enough to keep Quebeckers in the Canadian family. However, I am also sympathetic to the view that, at some point, formal constitutional recognition of Quebec's specificity may be necessary. I would hazard a guess that this will be much easier to deliver in the context of a dynamic shared vision for the millennium, particularly one that is driven by subsidiarity, than it will in the current environment.

Notes

1. This is not inconsistent with the analysis presented in the companion paper by John Helliwell. What Helliwell's (and John McCallum's) research indicates is that the *intensity* of the internal economic union and, hence, internal trade, is far higher than its cross-border counterpart. But in terms of sheer volume of trade and economic penetration, Table 1 reveals that international integration is where the action now is and where it will remain.

2. "Skills, skills, skills" is not a synonym for training or retraining. Rather it is meant to embody a societal commitment to enhance the human capital of all Canadians, i.e., it incorporates primary, secondary, and post-secondary education and it would also involve business, government, and labour as cooperative and active partners. Effectively, it is a call for the transformation of Canada from its resource-based mentality and society to a human-capital based mentality and society.

References

Courchene, Thomas J. 1991. "The Community of the Canadas." *Reflections/Reflexions*, no. 8. Queen's University: Institute of Intergovernmental Relations.

———. 1994. *Social Canada in the Millennium: Reform Imperatives and Restructuring Principles*. Toronto: C.D. Howe Institute.

———. 1995a. *Celebrating Flexibility: An Interpretive Essay on the Evolution of Canadian Federalism.* Toronto: C.D. Howe Institute.

———. 1995b. "Glocalization: The Regional/International Interface." *Canadian Journal of Regional Science*, vol. XVII, no. 1 (Spring), pp. 1-20.

Courchene, Thomas J., and John N. McDougall. 1991. "The Context for Future Constitutional Options." In Ronald L. Watts and Douglas M. Brown (Eds.), *Options for a New Canada.* Toronto: University of Toronto Press, pp. 33-52.

Gibson, Gordon. 1995. *Thirty Million Musketeers: One Canada, For All Canadians.* Toronto: Key Porter Books.

Horsman, Mathew, and Andrew Marshall. 1994. *After the Nation State: Citizens, Tribalism and the New World Disorder.* London: Harper Collins.

McKenna, Premier Frank, and Donald J. Savoie. 1995. "Challenging the Status Quo in Canadian Federalism" (mimeo).

Ohmae, Kenichi. 1990. *The Borderless Economy: Power and Strategy in the Interlinked Economy.* New York: Harper Business.

Storper, Michael. 1994. "The Resurgence of Regional Economies Ten Years Later: The Region as a Nexus of Untraded Interdependencies." Paper presented at the Conference "Cities, Enterprises and Societies at the Eve of the XXIst Century," Lille, France, March 16-18.

Thurow, Lester. 1993. "Six Revolutions: Six Economic Challenges." *Toronto Star*, January 28, p. A21.

Zuker, Richard. 1995. "Reciprocal Federalism: Beyond the Spending Power" (mimeo, available from the School of Policy Studies, Queen's University).

Peter M. Leslie

Department of Political Studies
Queen's University
Presenter

THE FUTURE OF THE ECONOMIC UNION

In this paper I ask:

- What are the essential features of the economic union that Canadians, including Quebeckers, generally want to preserve and perhaps strengthen, and what reasons are there for doing so?

- If Quebec secedes, will it be possible to preserve or to rebuild some form of economic union on the basis of an agreement between Quebec and a Canada-minus-Quebec (CMQ) federation?

These questions are difficult to answer, in part because Canada's place in the North American and global economies is changing rapidly. As Tom Courchene observes elsewhere in this volume, trade patterns have shifted decisively in recent years. The data are conclusive: for every province except Prince Edward Island, foreign markets are more important than interprovincial markets. What's more, North American trade takes place within a framework established by the North American Free Trade Agreement (NAFTA), and as companies learn to compete in a continental market, they equip themselves to branch out into global markets as well. The export sector is currently the only strong part of the Canadian economy, and there has recently been a sharp upswing in sales outside the U.S.A., suggesting that the NAFTA may have become our springboard to Europe and Asia. These trends force one to ask whether it's the Canadian economic union or the NAFTA that is really vital for most industries that sell outside quite local (intraprovincial) markets. If Quebec secedes, would the NAFTA—assuming Quebec is a member—give it the market access it needs, east-west as well as north-south?

The NAFTA, too, is a form of economic union. It's clear, then, that to have a useful discussion of the future of Canada as an economic entity, we will have to distinguish among various *forms of economic union.* Minimally, we must be clear in our own minds how the Canadian economic union differs from the NAFTA. In what ways does the Canadian economic union—created by federalism—go beyond the rather limited form of free trade area that the NAFTA has put in place?

Which Economic Union?

Most of this paper is about various forms of economic union, but before launching into that discussion it is necessary to note that *the boundaries and the membership of the economic union* cannot be taken for granted. Scenarios and arguments about the future of the economic union differ, according to whether Quebec is presumed to be in or out. Obviously, if Quebec is a province of Canada, it will be in. But if Quebec is an independent state, could it be part of a reconstructed economic union? Also, if Quebec secedes, are we to assume that the other nine provinces and the territories will form one economic unit, bound together within a CMQ federation?

The form of economic union that may be preserved, consolidated, or created will surely depend on its membership. Specifically, imagined economic unions include ones based upon, or comprising:

- the existing Canadian federation, possibly restructured in some fundamental way, but including Quebec as a full participant

- a CMQ federation that forms the core of the new economic union, but with an independent Quebec belonging to the economic union as an associate member, creating a single unit within the NAFTA

- a CMQ federation with no special ties to Quebec, other than those reflecting the fact that both entities may belong to a renegotiated NAFTA

- an economic union, or economic association, among multiple successor-states of Canada, each of which belongs to a renegotiated NAFTA

Towards the end of this paper I shall argue that it would be easier to preserve or to build a strong economic union with the full participation of Quebec, than without it. If Quebec were not a participant, or wanted half-in-half-out status, the existing fabric would have to be completely rewoven. This would necessitate reaching a whole new set of political compromises among the participating states, each of which would be likely to give priority to assuring its links with the United States, than with each other. Which brings us to the main question: among forms of economic union, what do we have now, and what options are acceptable for the future, with or without Quebec?

What Form of Economic Union?

Federalism in Canada has been the vehicle for a comprehensive economic union comprising several elements. This fact has been widely recognized in constitutional discussion, especially between 1978 and 1992. However, I believe that most of the discussion has been deficient or shallow because it has been based on an outmoded set of categories or concepts.

The standard list of forms of economic association or economic union comprises:

- *a free trade area*, within which the member states remove tariffs and quantitative restrictions on trade in goods among themselves

- *a customs union*, comprising a free trade area within which, in addition to removing barriers among themselves, the member states establish a common tariff vis-à-vis non-members

- *a common market*, comprising a customs union, plus removal of internal barriers to the movement of services, capital, and labour

- *a monetary union*, comprising a common market whose member states have also adopted a common currency or (at a minimum) have committed themselves to a regime of fixed and irrevocable exchange rates

- *a full or general economic union*, built on a monetary union, but characterized also by centralized decision making for a wide range of economic matters.

As the characterization of these forms of economic association or economic union suggests, the listing is sequential and cumulative. There is a definite ladder, and the process of economic integration consists in climbing the ladder to a certain height. Some theorists have argued that there exists a "logic of integration" that impels the participating states, at each level, to take a new step upwards. The full benefits of a free trade area cannot be achieved without moving on to a customs union, the full benefits of a customs union are denied unless a common market is created, and so forth. Economic models show that each new step towards full economic integration permits greater economies of scale within the private sector, and increases the efficiency of markets. Thus the process of integration yields steady increases in overall well-being. Once launched, the integration process seemingly has a built-in impulsion to keep going forward, or so the theory suggests.

Unfortunately, the history of postwar Europe has shown this conception of the integration process to be simplistic. The integration process has had periods of momentum and periods of stagnation or backsliding. Moreover, the phases that the theory portrays as sequential actually overlap considerably. Nonetheless, the set of categories developed during the 1950s to construct a theory of economic integration continues to shape our thinking.

I call this set of categories "the standard list." In Canadian discussion, the standard list has provided a ready-made framework for identifying the elements of the economic union that was created by Confederation and was subsequently developed through a set of nation-building policies. During the period 1976-1980, the concepts that make up the list were invoked in the debate over the PQ's project for "sovereignty association." Today, similar issues are on the table again, but the concepts have become less useful because the international context—with the negotiation of the NAFTA and of the Uruguay GATT—has changed. And so, of course, has the domestic political situation.

The Canada of the late 1990s faces reconstruction or dismantling not only because of Quebec secessionism, but for several other reasons as well. Every reader will be aware of the severe fiscal pressure that bears upon all governments in Canada, of the discontents of the economically marginal or insecure, and of the exasperation of the well-to-do (the "have" provinces and the comfortable classes) as their wealth drains away. All these factors have created demands for restructuring political arrangements in Canada, in order to reshape the role of government in the economy and in social affairs. These factors interact with Quebec secessionism, and with changes in the international trading order, to produce insistent demands for change.

Under the multiple pressures I have alluded to, the redesign and in some respects the strengthening of the economic union is a task that cannot be left to languish. Unfortunately, though, the tools at our disposal for identifying and addressing the issues pertaining to the economic union are inadequate. Existing conceptions of the forms of economic association or economic union need reworking; the old categories are outdated and unhelpful. Their inappropriateness is evident as soon as one looks at the substance of the FTA/NAFTA, or indeed at the GATT/WTO (the World Trade Organization, 1994), or as soon as one considers the history of economic and political integration in Europe over the past decade.

An updated listing of forms of economic union will facilitate discussion of what needs to be done now to restructure or adapt the existing federal system, or, if Quebec secedes, to create a new structure among Canada's successor-states. Debate must now be conducted within a new set of categories, adapted from and replacing "the standard list." The revised set of categories that I propose is set out in Figure 1.

- A **Free Trade Area** must now be understood to involve the partial or the comprehensive dismantling of barriers to the movement of goods, services, and capital, *but not of labour*. The earlier, narrower definition denoted a region or area within which tariffs were removed among the participating states, but a wide range of non-tariff barriers (NTBs) remained in place. Usually only goods, in fact only industrial goods, were covered; a treaty establishing a free trade area might also cover trade in natural resources, but agricultural products were generally excluded. By contrast, a modern free trade agreement on the FTA/NAFTA model is of much broader coverage; in fact, since the completion of the Uruguay Round of the GATT in December 1993, "free trade" must be understood to have a much broader definition than in the past. Today, the focus is on non-tariff barriers; trade can be considered to be "free" only on the basis of common understandings on what trade practices are "fair." It is not necessary that absolutely identical rules be put into place throughout the free trade area, but effective mechanisms for settling disputes among member states are becoming essential. Such disputes are arising with increasing frequency, as a result of the application of national trade remedy laws (countervail, antidumping, safeguards).

Although border controls remain in place in a free trade area, legislation and administrative practices are increasingly harmonized. The pressure for harmonization derives from the fact that many forms of regulation affect trade in services and the mobility of capital, including the protection of investor rights. Thus, in these areas, national sovereignty is becoming increasingly narrowed or constrained by treaty provisions that ensure non-discrimination vis-à-vis other member states. Prohibitions against discrimination, it should be noted, are key features of the NAFTA, and to some extent of the global trading regime under the new WTO. Within Canada, similar rules apply to economic relations among the provinces, under the terms of the Agreement on Internal Trade (1994), which is clearly a domestic application of the NAFTA model.

The defining characteristic of a **Labour Market Union** is that it guarantees the free movement of workers and their families, and potentially of persons even for purposes not related to labour market activities. A labour market union may involve legal protection of mobility rights, whether through constitutional provision (as under the Canadian Charter of Rights and Freedoms) or by treaty; there may also be provision for portability of social benefits (as federal legislation and provincial

Figure 1

Forms of Economic Union

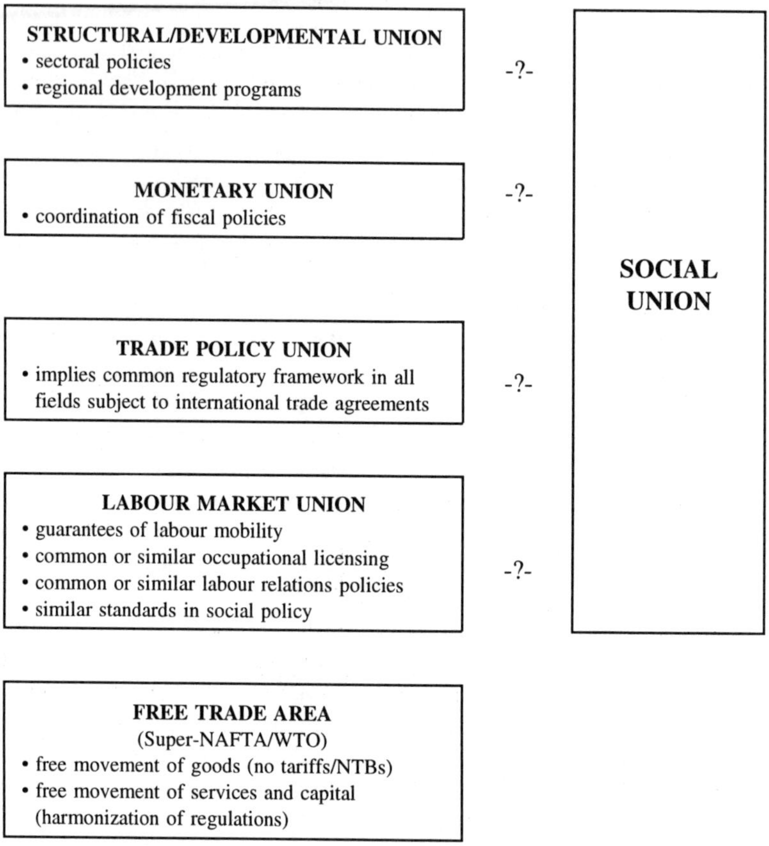

STRUCTURAL/DEVELOPMENTAL UNION
• sectoral policies
• regional development programs

-?-

MONETARY UNION
• coordination of fiscal policies

-?-

TRADE POLICY UNION
• implies common regulatory framework in all
fields subject to international trade agreements

-?-

LABOUR MARKET UNION
• guarantees of labour mobility
• common or similar occupational licensing
• common or similar labour relations policies
• similar standards in social policy

-?-

FREE TRADE AREA
(Super-NAFTA/WTO)
• free movement of goods (no tariffs/NTBs)
• free movement of services and capital
(harmonization of regulations)

**SOCIAL
UNION**

170

practice have broadly achieved in Canada). In addition, some harmonization of laws and regulations regarding occupational qualifications and professional diplomas is required, if labour mobility is to be assured. The free movement of persons requires common policies or at least consistent policies regarding immigration and refugees. It should be noted that within the European Union the removal of controls on the movement of persons across national borders has not been fully achieved. In North America, the NAFTA draws the line effectively between a modern-style free trade area and a labour market union—partly because one of the main objectives of the United States in negotiating the NAFTA was to stem the flow of illegal immigrants from Mexico.

Within a **Trade Policy Union**, the participating states, whether joined together under a federal constitution or more loosely linked by international treaty, act as a single entity in international trade negotiations. The range of matters coming within the ambit of the trade policy union necessarily reflects the scope of the agreements, bilateral or multilateral, that are entered into: clearly much more is involved, nowadays, than tariffs alone. This fact renders the traditional concept of a customs union obsolete: there is no longer any rationale for erecting a common tariff wall while leaving each of the participating states in control of other aspects of trade policy.

The concept of a customs union made sense in an era when tariffs were the main barrier to international trade, when the distinction between "goods" and "services" was relatively clear, and when trade and foreign investment were seen more as alternatives than as complements. But in all these respects, the world has moved on, as the broadened scope of international trade negotiations demonstrates. In consequence, a group of states that have formed a trade policy union must commit themselves to adopting more than a common tariff toward third parties. Common policies—or, at a minimum, highly similar ones—in areas potentially giving rise to NTBs, or affecting the movement of services and capital, are required.

Under a trade policy union the distinction between "trade" matters and domestic economic policy (market regulation and competition laws, all forms of subsidy, intellectual property, product standards, sanitary and phytosanitary measures, worker safety, environmental standards, etc.) is increasingly difficult to draw. Almost any aspect of economic policy can be declared to be "trade related," as was evident both in the FTA/NAFTA negotiations and the Uruguay GATT negotiations. On these occasions, Canada was able to negotiate effectively only by virtue of its possessing extensive economic powers and by promising (in the case of the FTA/NAFTA) to take "all necessary measures" to ensure compliance with the agreements by provincial governments. A number of commentators and some provincial politicians have remarked on the potentially vast implications that these agreements may have on Canadian federalism, essentially augmenting federal power and policy control relative to the provinces. But it is also possible that Canada has entered into international obligations on which it cannot fully deliver, in which case the federal government will be subject to fines for provincial violations of the NAFTA, although it is powerless to stop them. If this should turn out to be the case, it is clearly an unstable situation, requiring one of three things: (a) an extension of federal power, (b) effective "national" decision making, whether on a joint federal-provincial basis, or interprovincially, or (c) abandonment of the notion that Canada is or should be a trade policy union.

A **Monetary Union** denotes the creation of a common currency; it is defined in the same way as in the "standard list." The questions significantly arising with regard to creating or preserving a monetary union relate to (a) the coordination or central direction of fiscal policy and (b) the linkages between the central bank (as manager of the currency) and major financial institutions operating either across the union as a whole, or centred within individual member states. The economic powers of the member states are necessarily limited, *de facto* if not *de jure*. Or let us put the matter this way: it is clear that a state that does not issue and effectively control its own currency has limited potential for managing the domestic economy, especially as regards matters of inflation and unemployment. In consequence, the central institutions of an economic union that includes a monetary union must bear primary responsibility for overall economic management, and must have the powers to do so effectively. These are the real stakes that will arise if Quebec seeks independence, but wants to retain the Canadian dollar as the currency of Quebec.

A **Structural and Developmental Union** is one in which central institutions have the powers and effective policy capacity to engage in sectoral policies and policies affecting the location of industry (and, therefore, of population, too). This implies a policy role that fundamentally affects the distribution and redistribution of resources and wealth across the territory, as well as international trading patterns ("created comparative advantage") and international economic performance (competitiveness).

This new listing of aspects of an economic union facilitates, I believe, the task of exploring possible and perhaps desirable changes in the structure and operation of the Canadian federal system. It also highlights some issues that will have to be resolved in the case of Quebec's secession (or general break-up, resulting in a multiplicity of successor-states).

The new listing is only partly sequential; logic alone does not reveal to what extent each aspect of the economic union relies upon other aspects, or whether one aspect must be more or less fully developed if another aspect is to be built up or preserved. In Figure 1, we should note that links may run directly from a free trade area to a trade policy union, or from a trade policy union to a structural/developmental union.

While it seems difficult to imagine how a trade policy union could exist without a well entrenched free trade area, it is not certain that a labour market union need be fully developed, as a precondition of a trade policy union. This is significant in the Canadian context, because some features of Quebec laws (whether Quebec is in the federation or is politically independent) might impede in some respects the free movement of labour into the province.

A monetary union is evidently not necessary in order to create or sustain a structural/developmental union. Experience in the European Union has shown this. In Canada, it is conceivable—especially in the case of Quebec's secession—that the monetary union could become essentially inoperative, while there remained some capacity in a central political authority to engage in sectoral or locational policies, including policies for regional development. Why or how would the monetary union become "essentially inoperative"? Simply by pegging the Canadian dollar to the U.S. dollar, as some economists (Courchene, Harris)[1] have proposed—if, in fact, it can be done. The reason for raising the question about pegging the dollar is that, as Courchene has argued, an independent Quebec might choose to adopt its own currency and link it to the U.S. dollar, in which case Canada (or a CMQ federation) would quite probably have to do the same. If this happened, would that rule out the retention of any form of structural/developmental union?

The commitment to preserving the economic union in the event of Quebec's secession has scarcely passed the level of sloganeering. Those who have talked about it have often been very selective about what they mean by "economic union." In Quebec, the two features that have been referred to are the free trade area and the monetary union. Outside Quebec, there has also been a lot of emphasis placed on the labour market union (mobility rights and social measures that may facilitate interprovincial movement of labour). But there has been convenient inattention to the trade policy union, and to the idea of a structural/developmental union. These, however, are the two critically important features of the Canadian economic union, when one considers its potential redesign.

It seems clear that in the case of Quebec's secession, there could not be a Canadian or CMQ economic union unless it went a long way beyond the NAFTA; if it did not, then the NAFTA would itself become the vehicle for free trade among the successor-states (two or several). The United States would be the agent of preserving free trade within the present territory of Canada, as each of the successor-states adapted its policies to the American model in order to preserve their access to the U.S.A. market and (only incidentally?) to each other. I do not believe this scenario to be entirely fanciful, because under the federal system the main instrument of internal free trade has been the division of powers. If the federal system were disbanded, or if it no longer covered the whole territory, a new instrument for preserving internal free trade would have to be created. It might be a tightened-up Agreement on Internal Trade (1994), which, tellingly, is itself essentially modelled on or adapted from the NAFTA. If this were indeed the instrument, it would have to be considerably strengthened, and enforcement mechanisms would have to be created.

The commitment to a structural/developmental union, an essential feature of Canada from 1867 onwards, has faded considerably since the early 1980s. The negotiation of the NAFTA was both a sign of this and also an instrument for a form of continental economic integration that considerably narrowed the role of the federal government in economic development, presumably permanently. The NAFTA, of course, confirmed and extended the trend, the origins of which somewhat predated the adoption of free trade as the centrepiece of the Mulroney government's economic policy.

The economic nationalism of the 1970s, with its ill-formed, weakly implemented industrial strategy, and an irresolute Third Option in trade policy (trade diversification, with lessened reliance on the U.S.A. market), constituted an abortive attempt to form a new National Policy. This activist policy thrust had, however, been virtually abandoned by the end of the 1970s, when it was spectacularly revived by the National Energy Program (NEP) of 1980. The disastrous consequences of the NEP—given the drop in world oil prices—did much to discredit the idea that government (at least in Canada) has a significant role to play in economic development, other than through a set of policies to facilitate and enhance the working of the market. With the negotiation of the FTA/NAFTA, the trend towards liberalization, which in Canada inevitably means continentalization within an economic structure controlled by or in the United States, became virtually irreversible. Continuing fiscal pressure does much to abolish any remnants of an economic development strategy. Correspondingly, it is essential to consider whether or not the concept of a structural/developmental union has any significant application in Canada, no matter what the future political arrangements may be.

Virtually by process of elimination, the trade policy union has become the key remaining element in the Canadian economic union. Unfortunately, this subject has been virtually ignored in discussions of the future of the Canadian economic union. However, it is clear that without a well-entrenched, *controlling* federal role in implementing trade policy, Canada cannot be a significant player in the world economy, and nor indeed can it exercise even its present degree of bargaining power vis-à-vis the United States. In this context, it is extremely worrisome that in the latest round of the continuing dispute over softwood lumber exports, the provinces each negotiated separately with Washington over techniques for implementing voluntary export restraints (VERs) in this vital industry; Canada's bargaining clout was diminished by its being cut up into ten pieces.

One reason for regarding the trade policy union as the key element in the Canadian economic union is that without common trade policies, it is impossible to avoid the erection of physical controls at interprovincial boundaries. These are necessary to implement rules of origin, which in turn are needed if, within a free trade area, some of the participants are more import-restrictive (vis-à-vis third parties) than others. Nor is restrictiveness, any more, just a matter of tariffs: given the scope of international trade agreements, a trade policy union implies or requires common policies across a broad spectrum, probably at least as great as existing federal powers over the economy. The distinction between trade policy and regulation of the domestic economy is increasingly difficult to draw, at least in practice.

Governance of the Economic Union

Where common decisions are required to sustain an economic union, or to make it workable, the question of political machinery becomes an important one. In the Canadian case, it may not *in all cases* be necessary to ensure that the federal government has full constitutional power to make and to implement policy. An alternative approach is to establish mechanisms for extensive interprovincial coordination, or for joint federal-provincial policy making. In some cases, a degree of policy harmonization or merely policy compatibility, may be all that is required. (This is the "mutual recognition of regulations" approach that has become an important feature of the European Community.)

Important as this subject is, it is one that I intend to leave undeveloped here. I merely flag it for attention, as it is the subject of other papers in this volume.

The Economic Union and the Social Union

Another massive subject that cannot receive its due here is the relationship between various forms of economic union and the existence of a social union, or a welfare state coterminous with the economic union. This is the issue represented by the presence of a box on the "Social Union" in Figure 1, with its question marks on the bridges that join this box to the various boxes representing aspects of an economic union. The basic question is whether some form of social union, which is inherently redistributive, is needed to achieve or to preserve an economic union.

There are reasons for suspecting the answer is yes. Labour mobility is enhanced by similarity of entitlements to income security and public services such as health care, and certainly by guarantees of portability of benefits. Within a trade policy union, and even within a free trade area, it is likely that pressures will arise to ensure that the participating states do not underbid each other on issues of social protection, especially labour standards—health and safety, hours of work, employers' obligations towards workers in the event of redundancies, and so forth. One sees this in the two side-deals in the NAFTA, on labour standards and on environmental protection, negotiated when President Clinton came into office. Also, the added degree of market liberalization that monetary union brings with it may create demands for similarity of social entitlements, and the interregional redistribution that these imply. This is particularly so when the implementation of a single monetary policy is thought to require harmonization of fiscal policies. Also, one sees how the federal government's commitment to "a high and stable level of employment" in 1945, implemented through a Keynesian fiscal policy, was supported by a decision to lay the foundations of a Canadian welfare state. And finally, the idea of a structural and developmental union, with its significant distributional consequences, is in some respects difficult to distinguish from the idea of a social union; the linkages among employment policies, unemployment insurance, and training programs illustrate this.

Are such linkages between aspects of the economic union, and features of a social union, inescapable? Probably not: political, economic, and social arrangements everywhere exist with multiple inconsistencies and illogicalities. However, the linkages that have arisen or are debated, both in the Canadian case and elsewhere (as in the European Community) are often political ones. The freeing-up of markets, and the economic adjustments that are imposed by this process, observably create demands for political action to counterbalance their negative effects. Policies may be needed both to facilitate the adjustment process and to cushion its impact on those whose livelihoods are destroyed, or who suffer serious dislocation. Thus the linkages that arise may result from political bargaining, that is, from the negotiation of package deals— something that has been especially transparent within the European Community, where major decisions are made by joint decision of the member states.

Notwithstanding the bargaining that may link a social union to an economic union, in Canada it is clear that Quebec has special sensitivities on the matter of social policy. Is it possible that, by its own choice, Quebec could be part of a re-created economic union, but not of a Canadian social union? Evidently, special fiscal arrangements would be required to bring this about, and political arrangements would have to be adapted or redesigned in some fundamental way. The difficulties are immense, but the idea probably should not be dismissed out of hand.

Conclusion

The future-of-Canada debate is an inescapable one for a variety of reasons, Quebec secessionism being the most obvious, but certainly not the only one. The membership of the economic union, various elements in an economic union, the machinery for its governance, and its linkages to a social union are four major areas for discussion.

Although I have raised the question whether Quebec might be part of a reconstructed economic union but stand aside from a redesigned social union (with the redistribution that it implies), it is clear that all major decisions—including this one—will be linked together through a process of political bargaining. I have only this to add: *Quebec must be part of this bargaining process.* Canadians outside Quebec are now starting to turn their attention to defining their collective interests, to be put forward in negotiations following a "yes" vote in a new referendum. However, if the outcome of those negotiations is truly the secession of Quebec, the political shape of the rest of Canada—whether, for example, there is a single CMQ federation—will be a subject of very serious contention. In my opinion, it would be unwise to disregard the possibility of failure in any effort to create a CMQ federation. I would go further: though the prospect for a successful reformulation of the Canadian *projet de société* (economic, social, and political) may not be all that great, the prospect for a re-launch is probably no better if it is attempted without Quebec. Quebeckers have been involved in and have had significant impact upon all major Canadian decisions throughout our history, with the exception of conscription in 1917 and possibly in 1942-1944. Canada as we know it today has been shaped in part by a political process in which Quebeckers have participated. A re-make of Canada along new lines would probably involve more disruption if Quebec were standing on the sidelines, than if Qubeckers were, alongside other Canadians, full-status players in the shaping of the new order.

Notes

1. Thomas J. Courchene, "Zero Means Almost Nothing: Towards a Preferable Inflation and Macroeconomic Policy," *Queen's Quarterly* 97 (Winter 1990): 543-561. Richard G. Harris, *Trade, Money, and Wealth in the Canadian Economy* (Toronto: C.D. Howe Institute, 1993).

Pierre-Paul Proulx

Département de science économique
Université de Montréal
Presenter

ECONOMIC INTEGRATION, ITS EFFECTS ON THE ALLOCATION OF POWERS, AND ECONOMIC POLICY CHALLENGES FOR QUEBEC AND THE REST OF CANADA

Introduction

I am here today because I believe we have common challenges to cope with, and because I am convinced we can benefit from sharing, discussing, and responding in a concerted way to a number of such problems.

I shall briefly discuss the principal consequences of economic integration, bring out the differences in conclusions concerning the mix of centralizing and decentralizing effects for government policy, and emphasize the decentralizing effects of this fundamental force which we can better comprehend from a global and continental focus.

A Brief Examination of Economic Integration

We are buried under books and articles on economic integration referred to as internationalization, globalization, glocalization (a term coined by Japanese colleagues).

I find the recent Group de Lisbonne book on *Les limites de la concurrence*[1] one of the most useful recent discussions of the question. This is not to say, however, that Tom Courchene's recent article on "Glocalization: The Regional/International Interface,"[2] and my "Intégration économique et modèles d'associations économiques Québec-Canada,"[3] and recent articles by Paul Krugman[4] and R. Harris[5] do not contribute to a better understanding of the concept and its consequences.

The Group de Lisbonne distinguishes between (a) initial growing *internationalization* (growing exports and imports with governments very much involved in the process); (b) *subsequent multinationalization* (with foreign direct investment and relocation of production becoming more and more important to growing exports and imports with a consequent diminution in the powers of national governments); and (c) current and ongoing *globalization*. The latter more recent phenomenon is different from the previous because of its multiple manifestations and consequences in a growing number of activities. They discuss its manifestation in the financial sector, global firm markets and strategies, technology and research and development, cultural activities, harmonization, and establishment of supranational norms and policies. They emphasize, rightly so in my view, the growing constraints on national governments in such a context, the increasing role of global firms, and growing income disparities.

Krugman chooses 1869 as a date for the beginning of a truly global economy in the internationalization sense, although elements of multinationalization were also present in the second half of the nineteenth century.

Harris's discussion of the causes of globalization points, among other factors, to the reduction in trade and investment barriers. He quotes World Bank data, pointing to the decline in average tariffs on the manufactures of industrial countries from 1820 to 1987 to illustrate the effects of tariffs. He also discusses non-tariff barriers, the industrialization of LDCs, and technological change and its impacts in reducing transport, and communications costs.

My own attempt to understand the process of integration *distinguishes the formal from the informal determinants* of the process of integration, which leads to an increasing international and interregional-international flow of goods, services, capital, and information.

Formal integration is that which involves intergovernmental bilateral, plurilateral, and multilateral agreements on trade, investment, and standards. *Informal integration* refers to what many scholars (e.g., L. Eded) call "silent" integration, a process driven by firms and involving foreign direct investment, intrafirm and intraindustry trade, alliances and "virtual" corporations for precompetitive research and development. I have emphasized the fact that informal integration often "drives," precedes, and determines the nature and viability of formal intergovernmental agreements. That formal agreements make for a deepening of informal linkages is also recognized.

These processes are making for a *recomposition of the industrial and territorial landscape of North America, a factor of fundamental importance in recasting the role, powers, and policies of different levels of government in Quebec and the rest of Canada.*

Economic integration, both formal and informal, is having significant impacts on trade, investment, jobs, government powers, and income disparities, since the economic space relevant for firms and governments does not coincide with their political national space.

Interdependence, transnational spillovers, and new determinants of competitiveness are consequences of integration we must attempt to comprehend in order to enhance the role of governments in the pursuit of collective objectives that markets will not allow us to attain.

Some Consequences of Integration

Centralization

Peter Leslie in his discussion of "Asymmetry: Rejected, Conceded, and Imposed"[6] clearly identifies one of the consequences of integration when he writes: "the continuing advance of continental economic integration, of which NAFTA is a symbol ... will almost certainly *lead the federal government to try to extend its activity, tightening* its control over the instruments of economic policy."

I have no hesitation in acknowledging this effect, but add that the *centralizing effects of integration do not respect national borders* and that a proper pursuit of certain economic and social objectives involves efforts at the supranational level—the North American, and in some instances Western hemispheric and world levels. Leslie also recognizes this.

Economic integration also blurs the distinction between national and international policies and between economic and social policies. It also makes for cross-border spillovers of various policies. These effects have significant implications for the redistribution of powers between different world, continental, national, and subnational governments. That the pooling of powers and centralization are part of the answer to the effects of integration is clear.

Decentralization

Leslie may have addressed some of the other effects of integration in his writings, but I shall quote summarily from Tom Courchene to identify another set of effects that accompanies integration, namely pressures for decentralization.

According to Courchene, 'globalization' is transforming the nation state... However one chooses to express this, the point is that *economic power is being transferred upward, downward and outward from nation states*. This tendency for economic power to shift to both the global and local levels is captured by the term 'glocalization' ... In political terms what is occurring is a process of 'jurisdictional re-alignment'... economic power is also being transferred downward from nation states ... hence empowering citizens... To the extent that institutions are globalizing, this is taking place via the network of international cities ... examples of an emerging regional/international interface."[7]

As my writings make clear since the mid 1980s, I share fully the observations put forth by Courchene.[8] I differ in the mix of policies seen at different levels of government but agree with the globalization *and* localization consequences of integration he identifies.

Major Aspects of Integration and their Effects

I shall briefly address some of the major aspects of integration and allude to their effects on the desirability and efficiency of harmonizing and differentiating policies for Quebec and the rest of Canada.

Integration of Financial Markets

Debate continues concerning the impact of the integration of financial markets on the scope for and nature of domestic monetary and fiscal policies. As the debate has been well reviewed and summarized by J.M. Cormack,[9] I pass directly to indicate that my understanding of the question, enlightened among other considerations by the theory of optimal currency areas, leads me to conclude that *monetary and fiscal policies are among the policies where Canada is losing "margin for maneuver,"* hence the need for economists to reflect on alternative policies becoming more relevant to growth, job and income creation, competitiveness, and equity.

That trade policy is already "made" to a significant extent in the WTO, in Brussels and in Washington with NAFTA, and that standards are also being harmonized internationally are indications of the harmonizing impacts that accompany integration.

Though not the subject of this paper, these considerations should help to understand the Quebec choice of a monetary union, and eventual acceptance of North American if not Western hemispheric mechanisms to reduce the variability of exchange rate differentials.

Current public sector indebtedness (a question not addressed in this paper), our proximity to the U.S.A., and the effects of capital flows and capital market adjustments lead to a conclusion that *fiscal policy is also being constrained as a usable national policy* available in the pursuit of our growth, employment, and social objectives.

Formal Integration and New "Rules of the Game"

With formal integration agreements come rules of the game for public policy making that devolve from the extension of "national treatment" and "most favoured nation treatment" that is, rules which *constrain governments in the use of a whole set of selective policies such as subsidies and various tax expenditures.*

That both formal and informal North American integration should also lead to strong pressures for the harmonization of different policies in transportation, agriculture, forestry, and infrastructures, and lead to attempts to harmonize competition policies to limit the use of countervail and antidumping policies illustrates the effects of integration upon *governments. These governments must increasingly turn to more horizontal non-discriminatory policies, many of which are more efficient when applied by urban, regional, and provincial governments.*

Agglomeration Effects and Disparities

The increasing international flow of goods, services, capital, and information is also giving rise to *spatial agglomeration effects*, externalities in geographic space. This has resulted in concern for spatial economies of scale, more interest in endogenous growth models, and attempts to develop a *new economics of proximity and conventions,*[10] *and a growing realization that integration will make for winners and losers and the potential for growing disparities between different economic regions.*

According to new analyses of the effects of proximity and agglomeration effects, the nature of *different regions and their development is greatly influenced by market and non-market interdependencies that are much affected by institutional actors.* Specific resources can be produced and created in sub-national regions that are a historical construct of past decisions of different actors.

This kind of analysis underlies the importance given to cities, regions, and sub-national governments as nodes of comparative advantage, gateways to other continents. They point to the importance of local-regional networking for the development and introduction of technological and complementary assets.

Untraded interdependencies emphasized by Michael Storper are seen as the intangible aspect of a territorial or regional economy that underlies innovative flexible agglomerations of both the high and low tech variety. These are seen as the basis for the resurgence of regional economies.

Towards a Renewed Approach to Economic Policies

As a consequence, policies to deal with interregional inequality and to promote employment and job creation must be re-examined. Governments' attempt to provide an adequate supply of general-purpose public goods (our Red Book infrastructure projects)—goods that are generic and likely not to be supplied in sufficient quantity by the market (the market failure argument)—although still of some importance, *must be accompanied by policies to produce public goods that are specific to technological economic spaces.*

According to scholars of the GREMI network and to Storper, and as developed in my writing since the mid-1980s, it is the developmental

183

properties of these spaces (evolution through learning, spillovers, and complementarities) that ultimately generalize their benefits. Such specific public goods include labour skills and training, technologies, industry or region-specific assistance to firms, multimodal infrastructures, and *concern for the establishment and nurturing of conventions that make possible certain capacities for collective action and coordination.*

I tend to emphasize that innovation is the most important factor, a difference with Courchene who places the essential skills question at the top of his list. These interrelated factors are increasingly recognized as important determinants of growth, employment, and income creation, and policies and programs to promote them are more appropriate the closer governments are to the "signals" emanating from firms and individuals involved.

This analysis suggests that decentralization cannot be left to one minister or department in either Ottawa or Quebec City, but must be a general, widely shared orientation pursued in the design and implementation of policies, be they in the areas of innovation, human resources, infrastructure, industry, or commerce.

Integration and Growing Interregional Disparities

Another consequence of integration of a higher-tech, services- and knowledge-oriented world is the possibility *of growing interregional disparities.*

In essence, my thesis is that formal and informal integration are giving rise to a southward-oriented (for Quebec and ROC) and north-ward-oriented (for many Latin American countries) integration process centred on the U.S.A. I hypothesize that local-regional agglomeration effects, some of them positive overall, some of them negative, will make for growing interregional disparities within Canada, within the U.S.A. and between some of their regions.

Conventional economic theory holds that labour and capital respond to market forces, moving to the locations and occupations in which they have the highest value, thus generating wealth and reducing disparities. If one introduces positive feedback elements into the analysis, it is not necessarily true that labour migrates in one direction and capital in the other, as conventional theory holds. They may end up moving in the same direction. Migrants moving from A to B may stimulate demand for public infrastructure, import their savings and physical capital, and hence increase demand in B and stimulate further migration.

As a consequence, it is possible that agglomeration effects will outweigh the convergence effects postulated by conventional theory, and give rise to growing interregional disparities as the integration process proceeds. To date, studies pointing to convergence are the norm. They are necessarily based on historical data. Some more recent studies point to divergence, and debate about the proper level of disaggregation is continuing.

As goods and capital markets are becoming more integrated, international economic issues are becoming a little more like regional issues, hence the growing importance of absolute rather that comparative advantage in reading patterns of spatial development in North America. In such a context, mobility can have significant depopulation and regional impacts, adding to disparities.

This discussion is relevant to the nature of economic policies appropriate to Quebec and the ROC, because Quebeckers are much less mobile geographically than are citizens of ROC. *Hence, a bottom up, place-oriented agglomeration model is more relevant for Quebec than for ROC.*

Integration and the Growing North-South Orientation of Our Trade Relations

Accompanying economic integration is a strengthening of the North-South orientation of trade flows for all provinces of Canada. McCallum and Helliwell have made much of the effects of the Canada-U.S.A. border in explaining the significant and powerful East-West orientation of provincial trade.[11] In a May 1995 version of these articles, however, McCallum and Helliwell write: "it is possible that our conclusion will have to be modified in light of more recent data" (my translation). Since I have long argued (see my study for the Bélanger-Campeau Commission) that a growing North-South orientation is inevitable given informal and formal integration pressures, in preparing this paper I devoted a few minutes to examining in a direct and crude way what McCallum and Helliwell estimated with a sophisticated gravity model. *The most recently available and revised data published by Statistics Canada's Input-Output Division on provincial, interprovincial, and international trade flows (although they still underestimate Quebec's exports to the U.S.A. that transit via Ontario) indicates that the ratio of interprovincial to international exports of goods and services exports fell from 116% in 1981 to 72% in 1994 in Quebec, and from 95% to 51% in Ontario over the same time period. Concerning imports, the ratio of interprovincial to international imports fell from 93% in 1981 to 64% in 1994 for Quebec and from 95% to 31% for Ontario.*

I conclude from this summary and crude observation that North-South integration is alive, and it is significant and important to consider if designing economic policies that would allow our firms to compete in their domestic markets, but more particularly in the significant U.S.A. market with firms located in Latin America. The higher-tech, higher value-added nature of goods and services, new technologies, foreign direct investment flows, and intrafirm and intraindustry trade suggest significant revisions in Quebec and Ottawa's economic policy package.

Decentralization—How?

The brief discussion presented above indicates that localization effects of integration are to be part and parcel of any attempt to adjust to economic integration.

Many other considerations explain the importance given to decentralization. I refer the reader to my most recent article on this question.[12] Among the causes for interest in decentralization (which is to be distinguished from deconcentration—a more administrative devolution not accompanied by resources), in addition to those developed above, one might mention: the decline in Keynesianism, new growth theories, the extent of overlapping between governments, the fiscal crisis, local development theories and movements, technological change, and the electronic highway.

Concerning certain characteristics of an effort to decentralize, I suggest attempts to take into consideration the following: efficiency, flexibility, quality, subsidiarity, scope over a number of fields to allow for trade-offs, transfers to deal with disparities, responsibility, modulated or adapted decentralization, a strong voice of regions in national policy making, and a unique local-regional multifunctional service.

My analysis leads me to emphasize *concentration on efforts to organize interregional cooperation*, hence a new urban-regional policy, the use of European-style directives that involve an obligation to achieve results and leave scope for innovation in the methods used to achieve results, and some coordination and control to avoid the breakup of the country into competing units.

The feasibility of achieving meaningful and efficient decentralization as one instrument in the pursuit of our economic, social, cultural, linguistic, and equity objectives involves making decentralization work by relying on commonly agreed objectives by the largest percentage possible of the populations of the regions involved. To the extent that trust and understanding are lacking, and that unilateral and legalistic "schemes" (to quote Claude Ryan) characterize the proposed solutions, we all suffer. That is our dilemma and challenge today.

Notes

1. Groupe de Lisbonne, *Les limites de la concurrence*, Fondation Gulbenkian-Lisbonne, 1994, Éditions Boréal, 1995.

2. *Canadian Journal of Regional Science*, vol. XVIII no. 1, Spring 1995, pp. 1-20.

3. Study no. 15, *L'Avenir dans un Québec Souverain*, Les Publications du Québec, 1995.

4. "Growing World Trade: Causes and Consequences," Brookings Pápers on Economic Activity, 1, 1995, pp. 327-377.

5. "Globalization, Trade and Income," *Canadian Journal of Economics*, vol. XXVI, no. 4, 1993, pp. 755-776.

6. In F. L. Seidle, *Seeking a New Canadian Partnership*, IRPP, 1994, pp. 37-69.

7. Courchene, *op.cit.*, pp. 3-6.

8. See particularly Proulx, P.-P., "Cadre conceptuel et éléments théoriques pour l'analyse de la localisation des activités économiques: le cas des villes internationales," *Canadian Journal of Regional Science*, 14(2), 1991, pp. 257-274, and "Determinants of the Growth and Decline of Cities in North America," chapter 8 in P. K. Kresl and G. Gappert, "North American Cities and the Global Economy," Sage, *Urban Affairs Annual Review*, 44, 1995, pp. 171-183.

9. Effets de l'intégration des marchés financiers sur le commerce et la politique commerciale, Ministère des Affaires étrangères et du Commerce international, Document no 94/01.

10. See *RERE, Revue d'Économie Régionale et Urbaine*, "Économie des Proximités," 1993, no. 3 and "Les économies d'agglomération, la genèse d'un concept," 1995, no. 4, for symposia on these fundamental and new questions.

11. See J. McCallum, "National Borders Matter," *American Economic Review*, vol. 85, June 1995, and J. Helliwell, "Do National Borders Matter for Quebec Trade?," Presentation to the Association canadienne d'économique, June 1-4, 1995.

12. Proulx, P.-P. "'La décentralisation': facteur de développement ou d'éclatement du Québec," Cahier du Département de sciences économiques, Université de Montréal, aussi publié dans: Cahiers de Recherche Sociologique, *Être ou ne pas être québécois*, no. 25, 1995, pp. 155-180.

John F. Helliwell

Department of Economics
University of British Columbia
Commentator

CANADA'S ECONOMIC AND SOCIAL UNION: PAST, PROSPECTS AND PROPOSALS

This session asks what forces influence the economy, and then asks what needs to be done to maintain and strengthen the economic and social union. The papers by Tom Courchene, Pierre-Paul Proulx, and Peter Leslie emphasize several features of the economic and social environment:

- the impact of globalization, especially North-South in North America;

- the divisive effects of slow growth, high unemployment, and increasing inequality of income distribution;

- the difficulties posed by efforts to balance federal and provincial budgets, and to reform and limit spending on the whole range of social programs, including health and education;

- the combination of localizing and globalizing forces that may permit and force reassignment of policies, some to a supranational level, some to the local level, and some to the waste basket;

- the growing evidence of the value of extended and repeated doses of education in giving individuals the chance to find fulfilling roles in an increasingly knowledge-based economy;

- the importance and difficulty of maintaining social trust in the face of the pressures caused by global and local economic change.

While all of these trends deserve the attention they received, they are in danger of leaving the impression that borders have little remaining relevance.

The Economic Impact of Borders

I have been struck, since first seeing the research of John McCallum (1995), by the extent to which national political boundaries appear to have very large effects on the patterns of economic activity. McCallum found that in 1988, the only year for which data were then available, Canadian provinces traded twenty times more with other provinces than with U.S. states of similar size and distance. Surveys have shown that this result comes as a complete surprise to experts and citizens alike.[1] This is probably because they are aware of the strong trading ties with the United States, and have heard much about the growth of trade and other international linkages, just as was found in the papers of Courchene and Proulx. What is needed is to put the levels and trends in context. It is also important to consider whether these same relations apply to Quebec. Subsequent research (Helliwell 1996) has shown that Quebec is, if anything, even more tied in to the economic fabric of Canada than are the Anglophone provinces. In 1988-1990, the most recent period for which the full data are available, interprovincial trade linkages for Quebec were more than twenty times tighter than those with U.S. states. There are no data available for post-1990 bilateral trade among provinces, but one can use approximations to guess the extent to which large post-1990 increases in Canada-U.S. trade have led to a reduction in the border effects. Such estimates suggest that the effect for Canada as a whole may have fallen from 20 to about 15 from 1990 to 1994, and similarly for Quebec. Thus the internal trade densities remain more than an order of magnitude tighter than those between Canadian provinces and U.S. states. The implications of this for the subject of this conference are profound.

First, the possible change of status of Quebec from province to separate country poses the risk of much bigger trade changes than most people previously thought. Both inside Quebec and elsewhere, there was a general view that trade densities were just as tight with U.S. states and with other provinces, raising the presumption that changing the nature of the Quebec boundaries from provincial to national need not lead to any change in trade patterns, assuming that trade treaties now in place with the United States could be replicated between Quebec and Canada. But if making a border national would reduce trade densities to international levels, then very big reductions in trade would follow. Of course, since there is not yet a clear understanding of exactly why the Canadian economic union is as tight as it is, it is also not clear how much of this trade would be lost if Quebec were to be a separate country. If it were to be lost, the repercussions would be felt both in Quebec and what remained of Canada, although the proportionate effects on income would be larger in Quebec than in the rest of Canada taken as a whole, simply because of the differences in economic size.

A second implication of the tightness of the economic union is that the ties that bind Canadians together are based on positive forces rather than the lack of available opportunities in other countries. Canadians trade more with each other in part because they share common tastes, interests, contacts, education, and institutions. Thus the trade data reveal in a very concrete form the effects of shared values and preferences. The positive forces that encourage Canadians to do more commercial trade with each other may be similar in form to those that provide the support for the social union and the redistribution that it implies.

It was emphasized throughout the conference that the economic and social union are inextricably intertwined, despite the fact that the session title related primarily to the economic aspects. The link between the economic and social aspect is a natural one, since if the economic union is not working, then governments and individuals will be less able to provide the wherewithal to maintain the social safety nets that comprise the social aspects of the Canadian union. In the reverse direction, if the social union is not to pose too great a burden on the economy's ability and the taxpayers' willingness to pay, it must operate so as to achieve its goals with a high degree of perceived equity and efficiency.

Proposals for the Future

The proposals for the future took two different forms, and ran in two tracks. Some proposals were essentially aimed at improving the efficiency and equity of the economic union, taking into account the new needs exposed by the changing economic and political environment, the financial resource constraints imposed by the attempts of all orders of government to reduce fiscal deficits in times of slow economic growth, and the possible social capital constraints evidenced by declining trust and increasing insecurity. These proposals were seen to be linked to the Quebec-Canada focus of the conference by the perceived need to make the Canadian federation demonstrably responsive to changing needs, and hence to provide a more attractive country within which Quebeckers could opt to remain.

Other proposals were more directly linked to the prospect of the next referendum in Quebec. Here there were two tracks: "Track one" dealing with what needed to be done to win the hearts and minds of Quebeckers, and "Track two" spelling out strategies and consequences in the event of a "yes" vote in the next referendum. Since my view is that "Track two" is likely to be the scene of a train wreck, I concentrate on "Track one" proposals and strategies. This emphasis is due partly to my suspicion that "Track two" discussions may render more likely the separation that most are hoping to avoid. It is mostly due to my firm view that all of the provinces of Canada are much likely to satisfy their citizens as one country than as two or more, even without taking account of the large transition costs that separation would entail. There are two supports to my conviction, one based on my reading of how well Quebec has done within the current federation, and the second based on my judgement that there is nothing important by way of new national powers that would enable the quality of life in Quebec to be increased faster than it has been.

Quebec-Canada Successes

How well has Quebec done over the past one-third century? A Martian who visited Quebec and Canada in 1960 and again thirty years later would have been astonished at the changes that had taken place, especially in comparison with the United States, then as now the home of the world's highest levels of real income and productivity. In 1961, Canadian real GDP per capita, the broadest measure of economic performance, was 70% of that in the United States, while by 1990 the gap had been almost entirely eliminated, with Canadian real per capita incomes at 95% of those in the United States. Against this backdrop of very substantial convergence of Canadian to U.S. income levels, the income gaps among Canadian provinces have also been substantially reduced, so that the aggregate growth has not been achieved by the rich provinces at the expense of the poorer. From 1960 through 1990, the dispersion of per capita incomes among Canadian provinces fell by half, and Quebec was right at the centre of this process. Average per capita GDP in Quebec rose from 85% of the national average at the beginning of the 1960s to 90% at the end of the 1980s.

Thus real per capita incomes in Quebec rose from 60% of those in the United States to 87% at the end of the 1980s. This convergence was not unique to either Quebec or Canada, of course, as it was general among the industrial countries. The most dramatic example was in Japan, where real per capita incomes rose from 30% of U.S. levels in 1961 to 80% in 1989. In France, the convergence was from 61% of the U.S. level in 1961 (about equal to the Quebec level) to 76% in 1989 (more than 10% lower than in Quebec). Income growth and convergence in Quebec was thus not unique, but was higher than in France (and much higher than in the United Kingdom) and in Canada as a whole, despite the fact that both Canada and France were converging rapidly towards U.S. levels of income and productivity.[2]

What is especially noteworthy about the Quebec and Canadian economic successes is that they took place in concert with, rather than at the expense of, the strengthening of Francophone culture in Quebec. It is not surprising that the economic growth of Quebec was supported by rapid increases in the skills and education levels of Quebeckers, since the importance of high education levels is now well documented. Quebec has gone from laggard to leader in the training and use of engineers, MBAs, and many other high-skill categories, all the while increasing the extent to which the French language is used in education and the workplace. In short, it has not been necessary for Quebec to choose between economic development and improvement of the role of the French language and culture, since both have happened at the same time, and in the context of the Canadian federal system.

Also noteworthy is the extent to which Canadian and Quebec economic growth has been faster than in the United States even though the social safety nets have been much broader and more inclusive than those in the United States. It has been estimated by Blank and Hanratty (1993, 210-217) that if the coverage and benefit rules of the main Canadian social transfer policies (excluding health care for the moment) were applied in the United States, the cost of these programs in the United States would increase more than twofold, and the proportion of the population falling below the poverty line would be cut in half. The higher cash cost of the social transfer policies is offset by the lower cost of health care in Canada, so that the combined cost of the health care and social safety net policies in the two countries is equal, despite the fact that coverage is much more complete in Canada. Thus the Canadian social union, as measured by the coverage and effectiveness of the social safety nets, is much stronger than in the United States.

A Critical Discussion

In discussion at the conference, Louis Balthazar qualified the rosy tone of this evidence, since it appeared to make it difficult to explain why, if the Canadian federation were working so well, so many Quebeckers were now voting for separation. He noted that most of the credit for the successes of Quebec is and should be credited to the Quiet Revolution and its Quebec leaders, and that the federal government, through its use of spending and regulatory powers, has often been seen by Quebeckers to be making life more difficult for Quebec. In addition, he noted that the recession of the early 1990s is still casting a long shadow in Quebec, leading many Quebeckers to think that things are so bad they could scarcely be worse in a separate country. I agree with him that the Quebec success has been almost entirely due to the efforts of Quebeckers, and that sometimes federal policies could have been seen to hinder those efforts. However, the key point is that these exceptional successes have been achieved within the context of the existing federal system. Certainly the operation of the system could have been improved, and could now be improved. Many of the proposals before the current conference are designed to disentangle federal and provincial powers more clearly, with the aim of increasing the transparency and effectiveness of policies of all levels of government.

The economic difficulties currently faced by many Quebeckers are shared by many other Canadians, and indeed by citizens of most industrial countries. Growth in the poorest three-quarters of the world is now faster than in the industrial countries, as it has long been hoped to be, and the opening of these new world markets has required changes and adjustments on all sides. While it is likely, as Louis Balthazar and others have argued, that the current economic strains may have increased the support for a separatist option, there has probably not been enough attention paid to exactly how things might be economically better in a separate Quebec. Putting aside the adjustment costs, which I am sure would be long-lived and large for all Canadians, what additional powers would be available to an independent Quebec? When I have asked Quebeckers what further powers would be needed to create a better economic and social climate, the list of specifics is usually rather short, reflecting the fact that the main economic and social policies are already in provincial hands. Manpower training is often mentioned, but it is already a provincial power, and ripe for fuller exercise of provincial initiative, and ready to be harmonized across the country by appropriate "coast-to-coast-to-coast" standards for portability and central features, set by agreements among the provinces rather than set from the top.

During the referendum campaign, and during the discussions at this conference, separation was often mentioned as a means whereby Quebeckers, taken to be more communitarian in their values, could escape from the "neo-liberal" values thought to be behind budget-balancing exercises in the rest of Canada, in the United States, and elsewhere in the industrial world. Some sovereigntists have argued that as other Canadian governments move further to the right there is more reason for Quebec to separate so as to be able to design a social-democratic agenda more aligned to the preferences of Quebeckers. This argument reflects in part the division that has arisen between business and labour groups within Quebec on the issue of sovereignty. In any event it deserves consideration with a longer-term focus. One vital question of fact is whether Quebeckers are in general more inclined to egalitarian approaches to economic and social policy, compared to other Canadians. The 1990 World Values Survey asked the following question, among many others, of large samples of residents of many countries:

> *Certainly both freedom and equality are important. But if I were to choose one or the other, I would consider equality more important, that is, that nobody is underprivileged and that social class differences are not so strong.*

There were some 400 Quebeckers in the sample of 1700 Canadians, and on average they were less rather than more inclined than other Canadians to prefer equality as defined above. Other Canadians were more likely than respondents in the United States to attach a high value to equality. Thus the alliance between social democrats and nationalists probably does not reflect a greater Quebec desire for equality. Separation might lessen the longer-term prospects for a "kinder and gentler" Quebec, as well as placing in even greater risk the same prospects for the remains of Canada on either side of Quebec.

Thus my view of the economic and social union is that it has worked very well for Canada and Quebeckers over the last third of the twentieth century, and that the current economic and social strains on all Canadians can be better dealt with together than by splitting apart. Canada is unique, as Charles Taylor reminded the conference, in being an advanced society, peopled mainly by immigrants, which has had two languages of convergence. It could never have happened without a federal system of government, just as Canada would not likely have become a country in the first place without a federal structure. It is also true that a federal structure provides a stronger and more legitimate base for disintegrative forces, and hence is more prone to recurring risks of fracture. There are many "if onlys" that might have stopped separation from becoming such a strong force in Quebec as it is now. But the situation is what it is, and must be dealt with as it is, both by Quebeckers and other Canadians.

If my positive view of the economic and social union is shared, or comes to be shared, by Quebeckers, then the Canadian political union may survive the current threats. But in any event it will have been too close a call, and have posed costs even in the absence of separation, as investors wait to see how the situation is settled, and develop opportunities elsewhere while they are waiting. It would be a cruel irony if the fabled modesty, or at least reticence, of Canadians should make them so unaware of what has been accomplished in Canada by Canadians that they let the country slip away for lack of timely care. They would eventually come to realize what they had lost. Regret for Canada would likely be general in Quebec and in the world as a whole looking for good examples of caring, diverse, stable, and civilized democracies that work. If Canada is to continue its successful journey on "Track one," and avoid the wreckage of "Track two," it should celebrate what Quebec and all other provinces have been able to accomplish, for themselves and each other, within Canada.

Notes

1. Survey results are compared with the estimated effects in Helliwell (1996).

2. These international comparisons of real per capita incomes make use of the latest version of the Summers and Heston (1991) World Table. These data make use of purchasing power parities rather than market exchange rates to make international income comparisons. Thus it is possible to compare real income levels taking into proper account international differences in the cost of living.

References

Blank, R.M., and M.J. Hanratty. 1993. "Responding to Need: A Comparison of Social Safety Nets in Canada and the United States." In D. Card and R.B. Freeman (Eds.), *Small Differences That Matter: Labor Markets and Income Maintenance in Canada and the United States*. Chicago: University of Chicago Press, pp. 191-231.

Helliwell, John F. 1996. "How Do National Borders Matter for Quebec's Trade?" *Canadian Journal of Economics*, vol. 29, August.

McCallum, John. 1995. "National Borders Matter: Canada-U.S. Regional Trade Patterns." *American Economic Review*, vol. 85, June 1995, pp. 615-623.

Summers, R., and A. Heston. 1991. "The Penn World Table (Mark 5): An Expanded Set of International Comparisons, 1950-1988." *Quarterly Journal of Economics*, vol. 106, pp. 327-368.

François Rocher

Département de science politique
Université de Carleton
Commentateur

ÉCONOMIE DÉSAXÉE ET DÉRIVE AUTORITAIRE

Les intervenants de ce matin ont souligné les enjeux du processus d'intégration économique vu sous l'angle de la mondialisation. Il me semble toutefois que certaines dimensions de cette importante question n'ont pas été suffisamment relevées. D'abord, l'économie canadienne est présentée comme si elle était conditionnée par une logique univoque, celle de la mondialisation, ouvrant la voie à une croissance certaine. On semble avoir sous-estimé le fait que l'économie canadienne est entrée de plein pied dans une phase de transition, et que celle-ci ne peut s'accomplir qu'en remettant en question les anciens modes de régulation étatique et économique. Alors qu'il est tentant d'insister surtout sur les bénéfices à long terme d'un tel processus, il ne faut pas négliger pour autant que cette transition se traduit par l'émergence de nouveaux axes de conflits. Pendant ce temps, l'économie canadienne est déstabilisée, pour ne pas dire désaxée. Si l'économie canadienne me semble désaxée, il me semble que la démocratie canadienne quant à elle est déboussolée. Est-il nécessaire de rappeler que l'économie et le politique sont intimement liés, non seulement en ce qui a trait à l'élaboration de politiques économiques susceptibles de relancer la croissance, mais plus globalement en ce qui a trait à la perception et l'appréhension du politique dans la recherche de solutions étroitement économiques ? Cette juxtaposition de l'économique et du politique est problématique au Canada et constitue un élément non négligeable dans notre incapacité à trouver des solutions aux problèmes qui nous affectent.

Pourquoi faut-il qualifier l'économie canadienne de désaxée ? Les panelistes ont souligné un certain nombre de réalités nouvelles qui affectent le Canada. Ils nous rappellent que les clivages traditionnels pour comprendre l'économie canadienne, notamment les oppositions entre le centre et les périphéries, le capital et le travail, ne peuvent à eux seuls rendre compte de la complexité de la situation actuelle. Ce sont ajoutés de nouveaux clivages tout autant problématiques qui renvoient à la question des enjeux de la mondialisation pour les économies nationales, des problèmes et des occasions que ce processus engendre. Ce sont donc ajoutés de nouveaux clivages qui n'ont pas été soulignés ou qui l'ont été marginalement par les trois panelistes. Il existe d'abord un clivage générationnel entre ceux qui sont issus de la génération des « baby boomers », ceux qui ont réussi leur insertion dans le système économique dans le contexte de la croissance d'après-guerre, et ceux qui tentent maintenant d'intégrer le marché du travail. Ce problème est rendu beaucoup plus complexe à cause de la réalité de la mondialisation qui nécessite de mettre davantage l'accent sur les habilités et la formation de la main-d'œuvre. Dans la même veine, on constate un fossé qui va en s'élargissant entre les détenteurs du savoir et ceux qui sont perçus dans ce nouveau contexte comme étant incapables de s'intégrer sur le marché du travail faute d'afficher une formation adéquate ou faute d'avoir visé les bons créneaux dans leur stratégie individuelle de formation. Il faut aussi tenir compte de ceux qui ont été formés dans les anciens créneaux porteurs d'avenir et qui se voient exclus à cause des multiples contraintes découlant des nombreuses « restructurations » et « rationalisations » d'entreprises, une manière élégante de parler de mises à pied parfois massives.

Il y a donc un problème entre ceux qui savent, ceux qui peuvent et ceux qui sont exclus à cause de leur incapacité à intégrer le marché du travail ou à s'y maintenir. Il faut aussi souligner la transformation du clivage traditionnel entre les régions rurales et urbaines. Ce phénomène renvoie à une réalité, soulignée notamment par Pierre-Paul Proulx, qui est celle la croissance des cités-États ou des régions qui deviennent les pôles de croissance avec des logiques de développement, des besoins qui leur sont propres. Ce phénomène tend à atténuer, ou du moins à remettre en question, le rôle qu'avaient les États provinciaux et fédéral ainsi que leurs stratégies industrielles et commerciales. Les concepts d'économies « nationales » ou « provinciales » doivent être révisés pour faire place à une prise en compte des conditions de développement des aires qui mettent de l'avant des approches fondées sur l'accroissement des synergies à l'échelle locale, régionale et multinationale. C'est donc dire que les outils d'interventions s'inscrivant dans le cadre de l'État-nation s'avèrent inadéquats pour faire face aux ajustements qu'impose brutalement le processus de mondialisation. Dans l'ensemble, on fait donc face à une économie de plus en plus désaxée dans la mesure où les pôles de croissance sont multiples et font appel à des logiques souvent contradictoires alors que les stratégies économiques, bien souvent inspirées de l'approche keynésienne, sont présentées comme désuètes.

Sur le plan social, on assiste à la prolifération des mécanismes d'exclusion que traduit entre autres le clivage générationnel. Mais les « ajustements » affectent de manière bien inégale la force de travail, comme en font foi notamment l'élargissement du travail à temps partiel et l'incapacité à juguler le chômage (bien souvent créé par des entreprises qui conjuguent rationalisation et hausse des profits). La conjugaison des problèmes posés par l'économie désaxée avec le questionnement du rôle joué par l'État-providence ne peut être qu'explosive. Elle ne peut qu'approfondir un démembrement de l'espace public que le processus de mondialisation ne fait qu'exacerber.

Le politique a dû s'ajuster à cette nouvelle réalité économique. Faute d'avoir su décoder à temps les implications sociales découlant de la mondialisation, les forces politiques n'ont pu qu'adopter une approche réactive. Qui plus est, la mondialisation n'est appréhendée que comme une ouverture des marchés et les seules stratégies d'ajustement mises de l'avant appellent une régression de la socialité qui avait caractérisé les interventions de l'État-providence. La première réaction a été de revenir aux valeurs et aux pratiques propres au libéralisme économique classique. En d'autres termes, les décideurs politiques ont d'abord insisté sur la responsabilité qu'ont les individus de s'ajuster à cette nouvelle réalité, admettant implicitement leur incapacité à infléchir les transformations qu'une telle métamorphose du capitalisme impliquait. Les arguments en faveur d'une telle approche passive — un aveu d'impuissance — ne manquent pas : crise financière de l'État, nécessité de rendre concurrentielles les entreprises œuvrant dans l'espace économique national, limites imposées par la fluidité du capital financier, etc. Ce désarroi fut habilement camouflé par un excès de confiance à l'endroit des vertus du libéralisme. Or, cet excès de confiance est problématique puisqu'il traduit une incapacité inavouée à comprendre les enjeux sociétaux. Il en résulte un refus de mettre en place les conditions essentielles à un débat public devant porter sur les conditions d'ajustement domestique à l'endroit de l'économie désaxée. Les politiques économiques privilégiées par les gouvernements provinciaux et fédéral, qui se conjuguent toutes avec le désengagement de l'État, n'ont que marginalement été sensibles aux coûts sociaux qu'elles induisaient. On fait un acte de foi à l'endroit du libéralisme économique sans nécessairement prendre conscience qu'en matière économique la providence n'existe pas.

Mais il y a pire. On assiste à l'heure actuelle au Canada à ce qu'il n'est pas exagéré de qualifier de dérive autoritaire. Faute d'avoir une vision de ce que l'on devrait faire, bien des gouvernements imposent sans débat préalable les orientations qui doivent être suivies par l'ensemble de la société. On le voit clairement avec les politiques adoptées par les gouvernements Harris en Ontario, Klein en Alberta et Chrétien au niveau fédéral. La façon dont a conduit le débat sur la réforme de l'assurance-chômage et la réforme des programmes sociaux en est un autre exemple.

C'est dire que cette dérive autoritaire illustre le refus de délibérer publiquement des choix qui sont imposés avec, en premier lieu, ceux qui vont être affectés par les décisions ainsi arrêtées. Cette dérive autoritaire est en quelque sorte une démission démocratique, une parodie des modalités de la délibération publique renforcée par une adhésion inconditionnelle et acritique au principe de la tyrannie de la majorité tel qu'il s'exprime au sein des institutions parlementaires (alors que les majorités ainsi constituées sont en fait déformées par le mode de scrutin en vigueur au Canada). On prend comme prétexte la mondialisation, la nécessité d'agir, sans réaliser au préalable, comme l'a souligné pertinemment Pierre-Paul Proulx, que parmi les conditions essentielles à la réussite des politiques de réajustement on compte la confiance qu'ont les gouvernés à l'endroit de leurs gouvernements et une compréhension des enjeux sociaux et économiques des changements qui s'imposent Or, le refus de conduire ces débats ne peut inévitablement se traduire que par une absence ou une dégradation de la confiance des gouvernés à l'endroit de l'élite politique. Il s'agit là d'une orientation dont on semble mal mesurer les conséquences. Parce qu'elle ne peut se réaliser qu'en multipliant les exclusions sociales, elle ne peut qu'engendrer la montée de mouvements de revendication qui ne suivront plus, ou qui vont avoir la tentation de rejeter, les voies démocratiques formelles d'expression pour se faire entendre

Appréhender la mondialisation dans sa seule dimension économique nous conduit dans un cul-de-sac. Le recours à cet alibi pour justifier la désintégration des réseaux de solidarité qu'avait contribué à forger l'État-providence et imposer autoritairement une reconfiguration du rôle de l'État peut soit accentuer l'apathie des citoyens à l'endroit du système politique, soit alimenter des mouvements de contestation de la part des groupes socio-économiques qui refuseront leur éviction *manu militari* du processus de délibération. Il s'agit là d'une donnée qui dépasse la problématique des rapports entre le Québec et le Canada, bien qu'il semble que la même dérive autoritaire caractérise la façon dont on approche la question de la place du Québec dans l'ensemble canadien. Ce qui est peut-être malheureusement une nouvelle caractéristique de la nouvelle culture politique canadienne est l'absence d'une volonté d'établir un dialogue indispensable à toute solution qui n'irait pas dans le sens d'un fractionnement de l'espace public au Canada. Si le Canada ne peut se mettre à l'écart du processus de mondialisation, il possède néanmoins encore la capacité de définir comment celle-ci l'affectera. Or, il semble que les récents développements ne laissent rien présager de bon pour ceux qui croient encore que aux vertus d'une culture politique de l'empathie, seule porteuse de l'idéal démocratique qui permet aux individus d'exister en communauté avec tous les autres.

Robert A. Young
Department of Political Science
University of Western Ontario
Rapporteur

POLITICAL ECONOMY: INTERCONNECTEDNESS AND QUESTIONS ARISING THEREFROM

The most striking conclusion that arises from this interesting session is that we now must see the economic, social, and political spheres as closely interconnected, in Canada as well as in relations between Quebec and the rest of Canada (ROC). Perhaps this is nothing new for some veteran students of the Canadian political economy, but the panellists have injected new force into this conclusion by stressing both the changed context of domestic policy—the globalizing international economy—and some new theories about the sources of economic growth, ones that emphasize social and political factors. After reviewing several dimensions of this interconnectedness, and some of its possible implications for the future of Quebec and Canada, I will raise a few difficult questions that follow from the remarks of the presenters and commentators.

Social, Political, and Economic Interconnectedness

It is evident from these various contributions that there is a close relationship between economic and social policy. The first side of this relationship is obvious. It is that economic growth is essential for the preservation and expansion of the social programs that Canadians and Quebeckers hold dear. Without growth, our social programs will be threatened as governments become more fiscally constrained because of past deficit spending. Further, because these programs are seen by some as a defining feature of this country, the failure to achieve adequate levels of growth could threaten not only the economic well-being of Canadians and social programs as such, but also their very collective identity. In Quebec, this relationship takes on a particularly acute form, because the sovereignists propagate two powerful messages. First, the Canadian economic system can no longer deliver the goods, in terms of growth, jobs, and business opportunities, in part because of central-government mismanagement. Second, as a consequence, the social safety net is fragile within Canada, and in the face of this threat sovereignty becomes an attractive option.

The other side of this relationship is less familiar and less obvious, but our speakers have elaborated it clearly. This is that certain social conditions and policies are more or less conducive to economic growth. One prong of this argument, made now even by business leaders, is that some Canadian social programs confer a competitive advantage for our firms. Medicare, it is held, reduces the burdens imposed by less efficient systems such as the one(s) prevailing in the United States. More central in the various contributions to this session is the view that human capital formation is now absolutely critical for economic growth. This aspect of the argument has been stressed repeatedly by Tom Courchene, in his contribution today and in many other venues. On the one hand, success in the new globalizing, high-tech economy depends on skill and expertise; on the other, international trade agreements that are conducive to globalization also constrain the capacity of national states to bolster domestic industry through traditional instruments such as tariffs, grants, and preferential procurement policies. Hence, the most effective and legitimate remaining instrument available for creating growth is precisely social policy, especially in the form of education, training, and the creative use of welfare and unemployment programs.

The third prong to this side of the economic-social nexus derives from modern theories about the sources of economic growth. Newer "endogenous growth" models stress that stronger economies are forged through the flow of information and innovation; that these flows take place most readily within established social networks; and that these networks depend on trust and other components of "social capital." John Helliwell has reminded us of this dynamic both by showing how "borders make a difference" in determining patterns of trade in goods and services, presumably because of established networks as well as the weight of past economic policies, and also by emphasizing the relationship between social trust and economic growth. Pierre-Paul Proulx's contribution pushes this argument further. Stressing "informal integration," he suggests that the beneficial effects of trust and networks are supplemented by shared values and a deep social consensus—by a shared culture, in short. And he also maintains that the social conditions for economic growth may exist most strongly in smaller collectivities, notably within Quebec. In the logic of this view, a sovereign Quebec could offer more of the social prerequisites of economic success, and prosper through them more certainly, than it does when inserted in the Canadian collectivity.

The second general relationship is between politics and economics. Once again, there are two sides to it. The first and most obvious concerns the policies conducive to growth, and what order of government can provide them. Even if our participants tend to agree about the policies that are required, there is no clear consensus about the institutional arrangements and delivery systems that should be put in place to implement them. John Helliwell notes that Quebeckers have made enormous economic progress since 1960, within the existing political framework—but Louis Balthazar, speaking from the floor, noted that this occurred precisely while Quebeckers were coming to define themselves as a people, and that Ottawa's centralizing thrusts in social and educational policy have threatened further development. Tom Courchene and Pierre-Paul Proulx both argued for devolution of powers to the provinces, the first favouring subsidiarity as a guiding principle, and the second advocating Canada-wide "objectives" rather than "standards," so as to allow for programs to be tailored for regional or provincial economies. But Peter Leslie doubted whether the economic union could be maintained under such circumstances, because of political disincentives to interprovincial cooperation; moreover, it might be even harder to maintain a "social union" after a thorough decentralization of power (let alone separation). Finally, there is the precise and pressing issue of skills training. If Courchene is right that the battle cry should be "skills, skills, skills" rather than "jobs, jobs, jobs," and if Proulx is correct in pointing out that Quebeckers are less geographically mobile that other Canadians, then one can understand why training has acquired such huge symbolic importance in Quebec, and why both political parties have advocated provincial control over this function. Only with such control could training be integrated with social assistance and with education at the secondary and post-secondary levels. Given the unemployment and school drop-out rates prevailing in Quebec, the acuteness of this demand is quite comprehensible.

The second side of the economics-politics relationship concerns the political impact of economic performance. As André Blais and his colleagues reminded us in Session One, this relationship is crucial in determining support for secession: they argued that six percent of the ten percent increase in support for the "Yes" side was caused by changing views about the economic prospects of a sovereign Quebec. Analogously, Thomas Kierans's opening remarks to this session dwelt with the severe economic costs of a political choice for sovereignty.

Beyond this are the effects of economic matters on the political mood of the country. Many participants in this colloquium have commented on the sense of frustration, alienation, and bitterness that has come to mark post-referendum dialogue in Canada. Generally, this sense cannot help but be fuelled by the simple reality that the federal government, anxious to reduce the deficit, has cut back on program spending while maintaining taxation at its existing level: with over $40 billion per year spent on interest payments on the debt, Ottawa is indeed taking more out of every region than it is spending to deliver goods and services. More specifically, there has arisen in ROC a heightened appreciation of the economic costs of the political uncertainty caused by the referendum and the separatist movement itself. Until recently, Canadians have been remarkably tolerant about this cost, or unaware of it, but increased awareness promotes resentment and support for tough talk and quick and "final" solutions. It won't be long before this current of opinion will produce slogans like "my portfolio does not include Quebec." In Quebec, where uncertainty has taken a greater toll, there is a political search for a government that can deliver economic growth. The sovereignist argument is that Ottawa now inhibits growth. The federalist argument is confused about growth-creation, but certain that sovereignty would entail large costs. It is not clear that this prediction retains much credibility among the crucial "soft-nationalist" voters, because it has been discounted as a mere threat made by agents who would cooperate with Quebec, post-sovereignty, out of their own rational self-interest. If this prediction is not credible, or if the current economic and political union comes to be discredited, then more Quebeckers anxious for jobs and opportunities could be led to believe what I tell my students is the most fundamental mistake that can be made in politics—to believe that "things can't get worse."

Finally, a more subtle treatment of this whole issue was advanced by François Rocher. He argued that the Canadian economy had become "désaxée," or disarranged, and that the new, politically relevant cleavages placed the young, the unskilled, and the rural dwellers in opposition to the baby-boomers, the educated elite, and urbanites. More profoundly, he argued that economic and political elites have been imposing a "new reality" to which ordinary citizens have to adjust. There is inadequate space for political debate about alternatives and constraints, whereas policies in a democracy must be understood and supported by a consensus in order to succeed. Without the legitimacy that flows from debate and dialogue with leaders, citizens become alienated and tend to support both extreme solutions and non-democratic forms of expression. Coming from a Québécois academic, this was a most sobering reflection upon the current connections between economic policy and political life.

The third nexus of interconnection is where politics and social policy meet. Although none of our presenters made the point explicitly, this area is probably the most crucial one for Canada and Quebec over the medium term, for it divides them most severely. Indeed, one can discern here the seeds of a polarizing dialogue between leaders in the two entities.

In Canada as a whole, there is a contest between two important currents of thought about social policy. The first holds that social programs have become overgenerous, perhaps in absolute terms, and certainly in relation to governments' capacity to pay for them. Deficit-reduction is an absolute priority, and this will require trimming state expenditures, reducing benefits, privatizing some services, and moving towards user-pay systems to provide benefits and services that traditionally have been seen as social entitlements. All this might be accomplished more effectively were responsibility for such programs devolved to the provinces (in line with Ottawa's current attempts to off-load financial responsibility for them). Of course, this current of thought is most identified with the Reform Party and with Progressive-Conservative governments in Alberta and Ontario. And this position is decried by the sovereignists, particularly Mr. Bouchard, and held out as a threat of what the future holds if Quebec does not become sovereign. Neo-conservatism is the "true face" of ROC.

But the second current of thinking in the Rest of Canada, and among many Quebec federalists too, is that social programs are a defining feature of Canadian life. A good deal of argument to this effect has been expressed at this colloquium (though I suspect that it would have carried less relative weight were we to have had greater representation from the West and, perhaps, from Markham, Ontario). In this view, social programs are not just good in themselves, but are also functional, in that they express Canadian unity and represent the fact that Canadians constitute a "sharing community" within which citizens are willing to redistribute income to their less fortunate fellows. This is held to be attractive to Quebeckers: social programs help maintain their support for Canada. Beyond this lies the strategic consideration that Ottawa must retain some responsibility for social programs. Its role as the guarantor of national standards and as the sender of cheques reinforces its visibility, its popularity, and its fundamental legitimacy. If the social-policy fabric is allowed to erode too much, or if responsibility for popular programs is devolved to the provinces, then all Canadians' loyalty to the country will weaken and Quebeckers, at the margin, will be more likely to vote for sovereignty. This is a powerful current of thinking on the left generally, and in some quarters in the federal Liberal party, and it opposes the kind of decentralization advocated by Courchene and Proulx, among many others.

Within Quebec, both currents of thought about social policy feed an emerging alternative, one being assembled by the Parti québécois under its new leader. First, opinion in ROC is portrayed as supporting a slash-and-burn approach to social programs. This, of course, is presented as an opinion shared homogeneously outside Quebec, for it is axiomatic in the sovereignist lexicon that ROC is monolithic, and if it can be portrayed as threatening, so much the better. At a time when—as Donna Dasko stated in Session Two—Quebeckers are evincing increasing communitarian desires, the depiction of a big threat to the social safety net, from outside, is a powerful argument for exit. Of course, this is quite ironic, for the most certain guarantee that Reform will not take power nationally is that the Quebec electorate continue to exert its weight within the Canadian federation!

The second strand to the argument is that Quebec has an altogether superior alternative. In contrast to what is said to be occurring in the rest of Canada—with some justification—Mr. Bouchard will propose a wide-ranging social contract for Quebec. In this vision, the fundamental national consensus that exists among Quebeckers will support a collective approach to the society's problems. This will involve a concerted attack on the provincial deficit, but with social programs being preserved. Woven into the package will be measures for retraining and job creation, along with greater sensitivity to the specific social problems and economic priorities of the different regions of the province. Moreover, and based on the sort of consensual factors stressed by Helliwell and Proulx, this formulation will also hold out the promise of superior economic performance. In essence, the argument will be that in the new globalizing economy, a small society with a high degree of solidarity can offer more social security *and* superior economic performance. Quebec, as a small, tight, flexible, consensual, networked, sharing community can fare better on the international economic waters than it can when embedded within a polity where there is a lot of wasteful uncertainty about basic constitutional issues, where efficient and humane social programs are disputed, and where economic and other policies are both slow to change and also unsuited to specific needs because they inevitably are the product of painful compromise among very different interests. The lifeboat, in short, beats the ocean liner.

After some initial success, what will remain is to make the argument that further progress requires that Quebec obtain the full panoply of sovereign powers. Driven in part by the Reformist current of thought in ROC, this movement surely will gain strength if decentralization is not forthcoming. And it might not be forthcoming—because of the second current of ROC opinion. Decentralization will be resisted if it is perceived that the moderate Quebec nationalists are as insatiable as the sovereignists, or that decentralization would weaken Ottawa's legitimacy. Hence, an attractive new Quebec model for growth and security could appear unrealizable within the federation because of Ottawa's intransigence, and support for sovereignty could increase. Here is the conundrum to which, in my opinion, our panellists have pointed us.

Some Parting Questions

The first question that seems to arise from this session concerns the level of integration that is desirable and functional. This is stimulated by the new categorization of levels of economic and social integration that is found in the useful and creative paper by Peter Leslie. In the context described above, and in Leslie's paper, it is evident that global economic realities have created new relationships between economic and social integration. So basic questions are left. What level of integration is necessary? What is desirable? These questions concern four possible sets of relations: within Canada as a whole, between ROC and Quebec within the current federation, between ROC and a sovereign Quebec, and within ROC in the absence of Quebec. It seems to me that participants need to think carefully about these questions in the light of Leslie's analysis. And these are complicated by a further consideration—the relationship between levels of economic and social integration and the level of political integration necessary to sustain them. This is a difficult and highly contestable question, as the debate about Bouchard's "Partenariat" has shown.

A second, related question concerns proposals for decentralization, which have been advanced by many participants in this session and in the colloquium as a whole. Principles like subsidiarity attractively promise the virtues of flexibility and local control. But there remains the problem of coordination or harmonization across the Canadian economic space. If there is a thoroughgoing decentralization, is there not too much scope for destructive competition between the provinces? Without Ottawa as an agent to deliver programs and to enforce standards, won't the economic space inevitably be fragmented, to the detriment of all Canadians? About this, the panellists in this session were divided. Tom Courchene was relatively optimistic, while Peter Leslie was more pessimistic. How, said the latter, would Ottawa be replaced? The subsidiarity principle might offer some solutions here, because it implies that governmental functions with important externalities would "move up," to be fulfilled by the central government. But this might not satisfy that current of opinion which holds that Ottawa must be visible and active in order to remain legitimate. So, perhaps the question really resolves itself into another one. If the decentralization of established socio-economic functions is politically desirable or economically inevitable, what new, attractive things can Ottawa do next?

The third question concerns the model of growth that will inform public thinking and economic policy making. Will it be a hard, neo-classical conception, that assumes social atomism and a state rolled back to night-watchman stature? Or will it be a social-consensus model, based on human-capital formation, a coherent economic policy, and the maintenance of social solidarity? Or will it involve some flexible re-working of the existing program mix, with a variety of approaches and programs evolving within both orders of government—the "pragmatic incrementalism" celebrated by Louis Balthazar as a distinctively Canadian approach?

Finally, there is the question of how much scope exists in the globalized economy for governments, both national and subnational, to organize collective responses to economic change. This question was raised by Peter Leslie, and it also arose from the floor during the discussion period. It reminds me of an examination question that I set for several years: "There are powerful international economic forces to which we must respond. But these forces do not dictate the nature of our reaction to them. Discuss."

This is undoubtedly the most important question to arise from our session on issues of political economy. And we have had conflicting answers. John McCallum, from the floor, reminded us of the limited scope for adjustment through traditional fiscal and monetary instruments, and the constraints that exist upon other collective responses to our economic situation. Tom Courchene, on the other hand, was optimistic that a substantial restructuring of governmental functions, animated by new goals and a new vision, could produce another National Policy that might command broad support across the country. Perhaps the most serious note, however, was sounded by François Rocher, who pointed out that this consensus was nowhere near being formed. Indeed, the lack of participation, dialogue, and information about economic alternatives is, in his view, producing deep frustration, alienation from governments, and support for radical alternatives. I take this warning very seriously. If it is not heeded, there is room for a most dangerous argument, especially in Quebec. This argument is not to the effect that the new global environment leaves *no* scope for collective action, that nothing is possible except to bow to the existing trends. It is instead to the effect that in the global economy *anything* is possible, once a society has made the requisite institutional changes; that is, equipping itself with full sovereign powers. Only through fuller information and debate can this destructive argument be countered.

Robert A. Young

Département de science politique
Université de Western Ontario
Rapporteur

L'ÉCONOMIE POLITIQUE :
L'INTERCONNEXION DES SPHÈRES
ET QUESTIONS CONNEXES

La conclusion la plus frappante de cette séance intéressante, c'est que nous devons réaliser que les sphères économique, sociale et politique sont étroitement reliées, tant au Canada qu'entre le Québec et le reste du Canada. Peut-être cette conclusion n'a-t-elle rien de nouveau pour certains qui étudient l'économie politique canadienne depuis longtemps. Cependant, les panelistes l'ont renforcé en insistant et sur le nouveau contexte en matière de politique intérieure, soit celui de la mondialisation de l'économie internationale, et sur de nouvelles théories concernant les sources de croissance économique axées principalement sur les facteurs sociaux et politiques. Après avoir passé en revue plusieurs dimensions de cette interconnexion, et certaines répercussions qu'elle pourrait avoir sur l'avenir du Québec et du Canada, je vous présenterai quelques questions épineuses soulevées par les commentaires des présentateurs et des commentateurs.

Interconnexion des sphères sociale, politique et économique

À la lumière des diverses contributions apportées par les présentateurs, il est clair que les politiques sociales et économiques sont étroitement reliées. Le premier aspect de ce lien est évident. En effet, le maintien et l'expansion des programmes sociaux, si chers aux Canadiens et aux Québécois, dépendent essentiellement de la croissance économique. En fait, la stagnation économique menacerait nos programmes sociaux, car les gouvernements seraient plus limités financièrement en raison de leurs politiques respectives de déficit systématique. De plus, comme ces programmes, aux yeux de certains, contribuent à définir notre pays, une croissance économique insuffisante pourrait non seulement mettre en péril les programmes sociaux et le bien-être économique des Canadiens en soi, mais elle pourrait également miner leur identité collective. Au Québec, cette relation revêt une importance toute particulière, car les souverainistes diffusent deux messages puissants. D'une part, ils affirment que le système économique canadien ne peut plus répondre à nos besoins, notamment en matière de croissance économique, de création d'emplois et de débouchés économiques, en raison d'une mauvaise gestion de la part du gouvernement fédéral entre autres. Ils insistent, d'autre part, sur la fragilité du filet de sécurité sociale du Canada, ce qui apporte de l'eau au moulin de l'option des souverainistes.

L'autre aspect de cette relation est moins connu et plus subtil mais les conférenciers du colloque l'ont clairement présenté. Selon cet argument, certaines conditions et politiques sociales favorisent plus ou moins la croissance économique. Un point de cet argument, que même les chefs d'entreprises font valoir, c'est que certains programmes sociaux canadiens confèrent un avantage concurrentiel à nos entreprises. On soutient que le régime d'assurance-maladie réduit le fardeau imposé par des systèmes moins efficaces comme ceux qui prévalent aux États-Unis. En outre, les diverses contributions lors de cette séance ont fait ressortir l'importance ultime de la formation du capital humain sur le plan de la croissance économique. En effet, Thomas Courchene en a parlé à maintes reprises lors de cette séance et à l'occasion d'autres réunions. D'une part, le succès, dans le cadre de la mondialisation de l'économie axée sur les techniques de pointe, dépend des aptitudes et des compétences spécialisées; d'autre part, les ententes commerciales internationales qui favorisent la mondialisation restreignent la capacité des États nationaux de soutenir l'industrie nationale à l'aide de mesures classiques comme la tarification, les subventions et les politiques préférentielles d'approvisionnement. Par conséquent, le moyen le plus efficace et légitime dont dispose encore l'État pour favoriser la croissance économique, c'est précisément la politique sociale, plus particulièrement par l'entremise de programmes d'éducation et de formation, et de programmes créatifs de bien-être social et d'assurance-chômage.

Le troisième point de cet aspect sur le lien entre les politiques sociales et économiques s'appuie sur des théories modernes qui traitent des sources de croissance économique. Des modèles plus récents de « croissance économique endogène » soulignent que des flots d'information et d'innovation favorisent l'émergence d'économies plus fortes; que ces flots naissent plus facilement dans des réseaux sociaux établis; que l'existence de ces réseaux dépend du sentiment de confiance et d'autres éléments de « l'infrastructure économique et sociale ». John Helliwell nous a rappelé cette dynamique en nous montrant « le rôle déterminant des frontières » dans la structure des échanges commerciaux des biens et des services, découlant probablement de l'existence des réseaux établis et du poids des politiques économiques antérieures, et en insistant sur la relation entre la confiance sociale et la croissance économique. Pierre-Paul Proulx a développé davantage cet argument en insistant sur « l'intégration informelle ». Il est d'avis que les effets bénéfiques de la confiance et des réseaux sont appuyés par des valeurs partagées et un consensus social profond — bref, par une culture partagée. Il soutient également que les conditions sociales favorisant une croissance économique se retrouvent davantage dans les collectivités plus petites, notamment au Québec. Selon cette opinion, le Québec jouirait davantage de prérequis sociaux au succès économique et serait plus prospère s'il était souverain que s'il continuait à faire partie du Canada.

Le deuxième lien important est celui qui existe entre la politique et l'économie. Ce lien se présente aussi sous deux aspects. Le premier aspect, de toute évidence, concerne les politiques qui favorisent la croissance économique et le palier de gouvernement qui devrait les élaborer. Même si les participants s'entendent généralement sur les politiques requises, ils ne s'entendaient toutefois pas sur les mesures institutionnelles et les systèmes nécessaires à leur mise en œuvre. John Helliwell souligne que les Québécois ont fait d'énormes progrès sur le plan économique depuis 1960, et ce dans le cadre politique actuel. Cependant, Louis Balthazar, prenant la parole de l'auditoire, a fait remarquer que ce progrès s'est produit précisément au moment où les Québécois étaient en train de se définir comme peuple et que la poussée centralisatrice d'Ottawa en matière de politiques sociales et d'éducation avait mis en péril tout autre développement dans ce domaine. Thomas Courchene et Pierre-Paul Proulx ont tous deux parlé en faveur du transfert de pouvoirs aux provinces, le premier favorisant la subsidiarité comme principe directeur, et le second préconisant des « objectifs » établis en fonction des besoins de l'ensemble de Canada plutôt que des « normes », de sorte à ce que les programmes soient élaborés en fonction des économies régionales ou provinciales. Cependant, Peter Leslie a émis des doutes sur la capacité de l'union économique à se maintenir dans de telles circonstances, en raison de l'effet des obstacles politiques à la collaboration interprovinciale. Il a ajouté qu'il pourrait être difficile de maintenir une « union sociale » après la décentralisation des pouvoirs (et encore plus après une séparation). Finalement, on s'est attardé à la question spécifique et urgente de la formation professionnelle. Si Thomas Courchene a raison de prétendre qu'il vaudrait mieux réclamer « l'acquisition d'aptitudes » que « la création d'emplois », et si Pierre-Paul Proulx a raison d'affirmer que les Québécois sont moins mobiles géographiquement que les autres Canadiens, on comprend alors pourquoi la formation de la main-d'œuvre revêt une si grande importance symbolique au Québec, et pourquoi les deux partis politiques insistent pour que cette fonction relève de la compétence provinciale. C'est la seule façon d'intégrer au Québec la formation de la main-d'œuvre dans les secteurs de l'assistance sociale et de l'éducation aux niveaux secondaires et postsecondaires. En raison des taux de chômage et de décrochage scolaire au Québec, on saisit d'emblée toute son importance.

Le second aspect du lien entre l'économie et la politique a trait à l'incidence de la performance de l'économie sur la politique. Comme André Blais et ses collègues l'ont souligné dans la Séance I, ce lien joue un rôle décisif à l'égard de l'appui de l'option de sécession : ils soutiennent que six pour cent du dix pour cent d'augmentation de l'appui au camp du Oui est dû au changement d'opinion concernant les perspectives économiques d'un Québec souverain. Dans le même ordre d'idées, Thomas Kierans a ouvert la séance en s'attardant sur les coûts économiques importants qu'occasionnerait un choix politique en faveur de la souveraineté.

À ces effets s'ajoute l'incidence des questions économiques sur l'atmosphère politique qui règne au pays. Dans ce colloque, de nombreux participants ont souligné le sentiment de frustration, d'isolement et d'amertume qui caractérise le dialogue de l'après-référendum au Canada. Dans l'ensemble, ce sentiment ne peut que s'amplifier pour la simple raison que le gouvernement fédéral, pressé de réduire le déficit, a réduit les dépenses de programmes sans pour autant réduire les taxes. Ottawa prélève donc plus de taxes de chaque région qu'il n'en dépense pour la distribution des biens et des services, car il doit consacrer plus de 40 milliards de dollars par année aux paiements d'intérêt sur la dette. Ainsi, le reste du Canada est particulièrement sensibilisé aux coûts économiques liés à l'instabilité politique engendrée par le référendum et le mouvement séparatiste. Jusqu'à récemment, les Canadiens ont fait preuve d'une grande tolérance à l'égard de ces coûts, ou ils n'en étaient pas conscients, mais il va sans dire qu'une sensibilisation accrue engendre le ressentiment et favorise des débats durs et l'adoption de solutions rapides et « définitives ». Ce courant de pensée ne tardera pas à produire des slogans comme « nous ne voulons plus payer pour le Québec ». Au Québec, qui a été plus sérieusement ébranlé par l'incertitude, on recherche un gouvernement qui peut remettre l'économie à flot. Les souverainistes affirment qu'Ottawa empêche maintenant toute croissance économique. Quant aux fédéralistes, leur message sur la croissance économique manque de clarté mais il soutient néanmoins que la souveraineté entraînerait des coûts énormes. On ne peut déterminer avec certitude la crédibilité de ce message auprès des « nationalistes modérés », dont le vote est si important, parce que ce message a été considéré comme une simple menace faite par des agents qui, motivés uniquement par leurs propres intérêts, coopéreraient avec un Québec souverain. Si cet argument n'est pas crédible, ou si la présente union économique et politique est discréditée, plus de Québécois qui réclament des emplois et des débouchés pourraient croire que « la situation ne peut être pire », ce qui, comme je le rappelle à mes étudiants, serait la plus grave erreur fondamentale qu'il soit possible de commettre en politique.

Finalement, François Rocher a abordé l'ensemble du problème plus subtilement. Il soutient que l'économie canadienne est « désaxée » ou désorganisée, et que les nouvelles scissions politiques à ce sujet opposent les jeunes, la main-d'œuvre non spécialisée et les résidents ruraux aux membres de la génération du baby-boom, à l'élite cultivée et aux citadins. Il va encore plus loin en soutenant que les élites économiques et politiques ont imposé une « nouvelle réalité » dont les citoyens ordinaires doivent s'accommoder. On ne laisse pas assez de place au débat politique sur les choix et les restrictions, et pourtant, dans une démocratie, les politiques doivent être comprises et appuyées par une majorité afin d'être adoptées. Sans cette légitimité qui émane des débats et des dialogues entre les chefs, les citoyens se sentent isolés et ont tendance à appuyer des solutions extrémistes et les formes d'expression non démocratiques. Venant d'un universitaire québécois, c'est le commentaire qui donne le plus à réfléchir sur les liens actuels entre la politique économique et la vie politique.

Le troisième lien de cette interconnexion se situe au point de rencontre de la politique et des politiques sociales. Même si aucun des présentateurs n'a été explicite à ce sujet, il s'agit probablement de la question la plus importante à moyen terme pour le Canada et le Québec et sur laquelle leurs vues sont diamétralement opposées. En fait, c'est peut-être le début d'un dialogue polarisé entre les chefs des deux peuples.

Dans l'ensemble du Canada, deux courants de pensée se livrent bataille sur la politique sociale. Selon le premier, les programmes sociaux sont devenus trop généreux, en termes absolus peut-être, et certainement si l'on tient compte de la capacité de payer des gouvernements pour ces programmes. La réduction du déficit constitue une priorité absolue qui nécessitera la réduction des dépenses du gouvernement fédéral et des avantages sociaux, la privatisation de certains services et la mise en œuvre de systèmes de financement par l'usager pour fournir des avantages et des services qui ont toujours été considérés comme des droits sociaux acquis. Tous ces changements pourraient s'accomplir plus efficacement si la responsabilité de tels programmes était transférée aux provinces (ce qui correspond avec les tentatives actuelles d'Ottawa pour se désengager de sa responsabilité financière à l'égard de ces programmes). De toute évidence, on associe plus particulièrement ce courant de pensée au Parti réformiste et aux gouvernements du Parti progressiste-conservateur, notamment en Alberta et en Ontario. Il va sans dire que cette position est décriée par les souverainistes, plus particulièrement par monsieur Bouchard, qui estiment qu'elle pose une menace à l'avenir du Québec si celui-ci ne devient pas souverain. Le reste du Canada montre donc son « vrai visage » : le néo-conservatisme.

Cependant, selon le second courant de pensée dans le reste du Canada, ainsi qu'au sein de nombreux fédéralistes québécois, les programmes sociaux sont un élément qui définit le mode de vie canadien. De

213

nombreux participants au colloque ont appuyé ce courant de pensée (cependant, je crois que l'appui aurait peut-être été moins fort s'il y avait eu plus de participants de l'Ouest et, peut-être, de Markham, en Ontario). Selon ce point de vue, les programmes sociaux ne sont pas uniquement bons en soi, mais ils symbolisent également l'unité canadienne et « une collectivité axée sur le partage » où les citoyens acceptent que leurs revenus soient redistribués à leurs concitoyens moins fortunés. Cette position semble plaire aux Québécois : les programmes sociaux contribuent donc à maintenir l'appui des Québécois au Canada. D'où la considération stratégique qu'Ottawa doit retenir une certaine responsabilité à l'égard des programmes sociaux. Le fait de garantir les normes nationales et d'envoyer les chèques renforce sa visibilité, sa popularité et sa légitimité fondamentale. Si on laisse le tissu socio-politique du pays trop se détériorer, ou si la responsabilité des programmes publics est transférée aux provinces, la loyauté de tous les Canadiens à leur pays sera alors affaiblie, et les Québécois, déjà marginaux, seront plus enclins à voter en faveur de la souveraineté. Il s'agit-là d'un puissant courant de pensée qui prévaut principalement dans les partis de la gauche, et dans certains groupes du Parti Libéral fédéral, et qui s'oppose au type de décentralisation prônée par Thomas Courchene et Pierre-Paul Proulx entre autres.

Au Québec, les deux courants de pensée sur la politique sociale alimentent un autre choix qui commence à faire son chemin, c'est-à-dire celui qui est présenté par le Parti Québécois sous la direction de son nouveau chef. On dépeint d'abord l'opinion dans le reste du Canada comme étant en faveur d'une approche visant à réduire et à éliminer les programmes sociaux. On présente évidemment cette opinion comme étant partagée par l'ensemble du reste du Canada, qui de toute évidence est monolithique dans le lexique des souverainistes. Et si on peut la présenter comme étant une menace, c'est encore mieux. Comme Donna Dasko l'a mentionné dans la Séance II, le fait de présenter le filet de sécurité sociale comme étant sérieusement menacé par l'extérieur peut constituer un argument solide en faveur de la séparation, surtout au moment où les Québécois manifestent de plus en plus leur intérêt à l'égard d'un plan communautaire. En fait, l'ironie du sort, c'est qu'en continuant d'exercer son poids au sein de la fédération canadienne, l'électorat du Québec empêcherait certainement le Parti réformiste du Canada de prendre le pouvoir.

Le second aspect de cet argument est que le Québec possède une meilleure option de rechange dans son ensemble. Par opposition à ce qui se passe vraisemblablement dans le reste du Canada — avec quelques justifications — M. Bouchard proposera au Québec un contrat social de grande portée. Selon cette vision, le consensus national fondamental qui unit les Québécois préconisera une approche collective pour régler les problèmes de la société. On devra ainsi mettre en œuvre une offensive contre le déficit provincial tout en préservant les programmes sociaux. Cette approche comprendra des mesures en matière de rééducation professionnelle et de création d'emplois, et sera plus sensible aux problèmes sociaux spécifiques et aux priorités économiques des diverses régions de la province. En outre, fondée sur le genre de facteurs consensuels mentionnés par John Helliwell et Pierre-Paul Proulx, cette approche fera miroiter un rendement économique supérieur. Essentiellement, il s'agit d'un argument selon lequel dans une nouvelle économie qui se mondialise de plus en plus, une petite société hautement solidaire peut offrir davantage de sécurité sociale et un rendement économique supérieur. Ainsi, étant une petite société axée sur le partage au tissu social serré, souple, homogène et bien réseauté, le Québec peut mieux naviguer seul sur les mers économiques internationales que s'il est intégré dans une politie en proie à une incertitude peu rentable sur des questions constitutionnelles fondamentales; où les programmes sociaux satisfaisants et humanitaires sont contestés; et où la politique économique, entre autres, prend du temps à changer et ne convient pas aux besoins particuliers, parce qu'elle est inévitablement le fruit d'un difficile compromis entre des parties ayant des intérêts très différents. Bref, le canot de sauvetage l'emporte sur le paquebot.

Après avoir remporté quelques succès au début, il ne restera qu'à présenter l'argument selon lequel le Québec ne pourra progresser davantage que s'il obtient l'ensemble des pouvoirs souverains. Alimenté en partie par le courant de pensée réformiste qui prévaut dans le reste du Canada, cet argument gagnera sûrement du terrain si la décentralisation ne se produit pas prochainement. Elle pourrait bien ne pas se produire — en raison du deuxième courant de pensée dans le reste du Canada. Selon ce dernier, on s'opposera à la décentralisation si l'on croit que les nationalistes québécois modérés sont aussi insatiables que les souverainistes, ou que la décentralisation affaiblirait la légitimité d'Ottawa. On pourrait croire, par conséquent, qu'un nouveau modèle québécois, susceptible de favoriser la croissance économique et la sécurité, semblerait impossible à réaliser au sein de la fédération en raison de l'intransigeance d'Ottawa. L'option de la souveraineté pourrait ainsi gagner du terrain. À mon avis, voilà le problème auquel les panelistes ont fait allusion.

Questions soulevées par les interventions

La première question qui se dégage de cette séance porte sur le niveau d'intégration qui est souhaitable et fonctionnel. Elle a été suscitée par la nouvelle catégorisation des niveaux d'intégration économique et sociale dont parle Peter Leslie dans son rapport intéressant et créatif. Dans le contexte susmentionné, et dans le document de Peter Leslie, il est clair que les réalités économiques mondiales ont établi de nouveaux liens entre l'intégration économique et sociale et, de ce fait, suscitent des questions fondamentales. Dans quelle mesure l'intégration doit-elle se faire ? Quel niveau d'intégration est souhaitable ? Ces questions touchent quatre types de relations : au Canada dans son ensemble; entre le reste du Canada et le Québec dans le cadre de la fédération actuelle; entre le reste du Canada et un Québec souverain; et dans le reste du Canada en l'absence du Québec. Je crois que les participants doivent songer sérieusement à ces questions à la lumière de l'analyse de Peter Leslie. En outre, ces questions se compliquent davantage si l'on tient compte d'un autre facteur, à savoir le lien entre les niveaux d'intégration économique et sociale et le niveau d'intégration politique requis pour les maintenir. Il s'agit là d'une question difficile et très contestée, comme l'a démontré le débat au sujet du « partenariat » de M. Bouchard.

La deuxième question connexe qui a été soulevée a trait aux propositions sur la décentralisation qui ont été soumises par de nombreux participants au cours de la présente séance et dans le cadre du colloque. Des principes tels que la subsidiarité font miroiter les avantages de la flexibilité et de la décentralisation administrative. Encore faudrait-il trouver une façon de coordonner ou d'harmoniser cette décentralisation dans l'espace économique canadien. S'il y a une décentralisation complète, n'y aurait-il pas une trop grande possibilité d'engendrer une concurrence destructrice entre les provinces ? Si Ottawa n'est plus là pour élaborer les programmes et appliquer les normes, l'espace économique ne sera-t-il pas inévitablement fragmenté au détriment de tous les Canadiens ? Les panelistes étaient divisés sur cette question. Thomas Courchene était relativement optimiste et Peter Leslie, plus pessimiste. Ce dernier se demande comment Ottawa pourrait être remplacé. Le principe de subsidiarité peut apporter certaines solutions à cette question car cela signifie que certaines fonctions gouvernementales ayant des effets externes importants seraient déplacées d'un cran pour être reléguées au gouvernement central. Mais cette façon de faire peut ne pas satisfaire le courant de pensée qui croit qu'Ottawa doit être visible et actif afin de conserver sa légitimité. On pourrait peut-être répondre à cette question par une autre question. Si la décentralisation des fonctions socio-économiques établies est politiquement souhaitable ou inévitable sur le plan économique, comment Ottawa peut-il innover ?

La troisième question porte sur le modèle de croissance qui caractérisera l'opinion publique et l'élaboration des politiques économiques. S'agira-t-il d'un modèle basé sur une approche néo-classique dure qui adoptera l'atomisme social pour reléguer l'État à l'arrière-plan ? Ou optera-t-on pour un modèle issu d'un consensus social se fondant sur la formation d'un capital humain, l'élaboration d'une politique économique cohérente et le maintien d'une solidarité sociale ? Ou ce modèle comprendra-t-il un certain remaniement souple des programmes actuels, à l'aide d'approches et de programmes dont l'évolution se concrétiserait aux deux paliers de gouvernement—« le gradualisme pragmatique » acclamé par Louis Balthazar comme étant une approche tout à fait canadienne ?

Finalement, on s'interroge également sur la capacité des gouvernements, tant nationaux que de niveau inférieur, à organiser des mécanismes de réaction collectifs en réponse à l'évolution de la conjoncture économique découlant de la mondialisation de l'économie. Cette question a été soulevée par Peter Leslie et des membres de l'auditoire au cours de la période de discussion. Cela me rappelle une question d'examen que j'avais présentée à mes étudiants quelques années auparavant : « Il existe de puissantes forces économiques internationales auxquelles nous devons réagir, mais ces forces ne nous contraignent pas à réagir d'une certaine façon. Expliquez .»

Il s'agit certainement du point le plus important qui a été soulevé au cours de la séance sur les questions sur l'économie politique. Et les réponses n'abondent pas toutes dans le même sens. D'une part, John McCallum, un membre de l'auditoire, nous a rappelé les possibilités limitées d'ajustement offertes par des outils fiscaux et monétaires traditionnels et les contraintes exercées sur d'autres mécanismes de réaction collectifs à notre situation économique. D'autre part, Thomas Courchene s'est montré optimiste à l'égard d'une réorganisation importante des fonctions gouvernementales, animée par de nouveaux objectifs et une nouvelle vision, qui pourrait produire une autre politique nationale qui serait largement appuyée partout au Canada. Cependant, le commentaire peut-être le plus alarmant est de François Rocher qui a fait remarquer que le consensus était loin d'être formé. Selon lui, le manque de participation, de discussion et d'information sur les choix en matière d'économie engendre un sentiment profond de frustration et d'isolement à l'égard des gouvernements et favorise l'appui de choix radicaux. Je prends cet avertissement très au sérieux. Si on n'en tient pas compte, un argument encore plus dangereux pourrait prendre pied, surtout au Québec. Le danger de cet argument ne réside pas dans le fait que le nouvel environnement mondial exclut l'action collective — c'est-à-dire que tout ce qu'on peut faire, c'est d'emboîter le pas — mais plutôt dans le fait que dans une économie mondiale, *tout* est possible, une fois qu'une société a effectué les changements institutionnels nécessaires, soit se munir de tous les pouvoirs souverains. La diffusion d'informations plus complètes et des débats sont les seuls moyens qui puissent contrer cet argument destructif.

SECTION D

INTERCULTURAL RELATIONS:
CAN RELATIONS AMONG ANGLOPHONES,
FRANCOPHONES, ABORIGINALS, AND PEOPLE OF
VARIOUS REGIONS BE IMPROVED?

———————

RELATIONS INTERCULTURELLES :
PEUT-ON MIEUX RÉGIR LES RAPPORTS ENTRE
FRANCOPHONES, ANGLOPHONES,
ALLOPHONES, AUTOCHTONES ET LES GENS DES
DIFFÉRENTES RÉGIONS ?

J.W. Berry

Psychology Department
Queen's University
Presenter

CANADIAN ETHNIC ATTITUDES AND IDENTITIES INSIDE AND OUTSIDE QUEBEC

The ideas and data presented in this paper stem from a long involvement in the study of ethnic attitudes and identities in Canada in collaboration with Rudy Kalin,[1] and from related projects sponsored by various versions of Multiculturalism Canada.[2]

How can social psychology contribute to the issues before us? In social psychology, the focus is typically on *individuals*, who are studied through interviews; but we also usually aggregate our data into social and demographic categories. This has allowed the investigation of these phenomena at both the individual and group levels of analysis. The guiding conceptual framework for this work has been *ethnocentrism* theory, which is useful at both of these levels of analysis. The concept refers to the universal tendency for *groups* to generally favour themselves (i.e., an "in-group bias" to have a relative preference for one's own group over others), while allowing for the possibility that some groups will exhibit this relative preference more than others. It also refers to *individuals* who typically show an in-group bias, while again allowing for individual differences in the extent of this preference; some individuals will be very ethnocentric, while others will be less so.

The fundamental question being addressed at this symposium is, "Under what conditions can we all live together in a plural society?" Among the many other answers (involving economic, political, and human rights issues), some psychological preconditions can be suggested:

First, there needs to be general support for multiculturalism, including acceptance of various aspects and consequences of the policy, and of cultural diversity as a valuable resource for a society. Second, there should be overall low levels of intolerance or prejudice in the population. Third, there should be generally positive mutual attitudes among the various ethnocultural groups that constitute the society. And fourth, there needs to be a degree of attachment to the larger Canadian society, but without derogation of its constituent ethnocultural groups.[3]

A number of these conditions have been addressed in two national surveys (1974 and 1991) and a few community and small group studies. This paper is based primarily on results of the 1991 national survey (N = 3325). Since the study addressed some fairly fundamental psychological characteristics, it is likely that, while almost five years old, the basic picture remains valid.

This presentation contains three major chunks of information. First are some *general indicators of acceptance of cultural diversity*: do Canadians like living in a heterogeneous society, do they enjoy intercultural differences and encounters? Second are some *specific intergroup attitudes*, based on a single measure of how comfortable people are being around those of various specific ethnic backgrounds. And, finally, how people *identify themselves* (in civic or ethnic terms), and how much they identify with the nation state of Canada, are examined. In most cases, the information will be presented aggregated by ethnic origin of respondent (British, French, or other) and region of residence (inside or outside Quebec).

General Orientations

Two scales are of interest: *multicultural ideology* and *tolerance-prejudice*. In the national population as a whole, both the acceptance of multiculturalism and level of tolerance (essentially the opposite to prejudice) are moderately high, and the long-term trends have been for both to increase over the past 15 years. On the seven-point response scale used, the means were 4.59 and 5.37 respectively. When analysed by ethnic origin and region, Figures 1 and 2 show the resulting pattern.[4]

While there are some similarities in the distribution of these two general orientations (e.g., no effect of ethnic origin), there are some important differences. Most evident is the presence of a regional effect for tolerance-prejudice, but an interaction effect for multicultural ideology; this difference indicates that dissimilar explanations are needed to account for the two scores. For tolerance-prejudice, it may be that where intergroup relations are contentious (e.g., in Quebec) all groups are relatively less tolerant. For multicultural ideology, a kind of "self-interest" seems to account for the distribution: where people are advantaged by policies and programs supporting multiculturalism (e.g., British and Others inside Quebec; French outside Quebec) support is high; but where people may be threatened by pluralist policies (e.g., French in Quebec) support for diversity is lower.

Figure 1

Distribution of Mean Scores on Multicultural Ideology by
Ethnic Origin and Region of Residence of Respondents

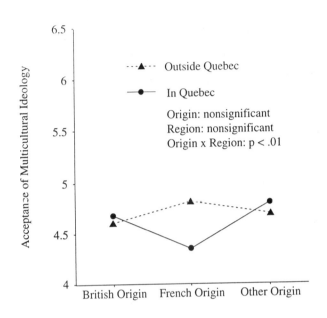

Specific Ethnic Attitudes

Respondents indicated their degree of comfort being around persons of
selected ethnic background. Figures 3 and 4 show these "comfort levels"
according to ethnic origin of the respondent (in the total sample), and for
three major urban centres (N = 500 each) not broken down by ethnicity.[5]

In the data from the national sample (Figure 3), there are three
important aspects. First, while comfort levels were generally high, not all
groups received the same ratings. There is a hierarchy of acceptance in
which British- through to Native-Canadians are evaluated more positively
than other groups. Second, while there are no differences between British-
and Other-origin ratings, those given by French-origin respondents are
noticeably less positive. A third observation is that those groups that are

generally less positively rated tend to receive even less positive ratings by French-origin respondents. For the three main cities (Figure 4) these three findings are repeated, but possibly with a steeper drop-off in Montreal for those groups that are lower in general acceptance.

There is thus a clear hierarchy of acceptance, but its interpretation is not entirely clear. One possibility is that prejudice (in particular, racism) accounts for these ratings. This possibility will be examined below, but it can be noted here that Chinese-Canadians and Native-Canadians are as generally highly rated as those of European background; thus, a simple *racism* interpretation is not generally valid. Other explanations include *familiarity* with various groups, with those groups who are less numerous and not as long-established in Canada being rated less positively, and

Figure 2

Ditribution of Mean Scores on Tolerance-Prejudice by
Ethnic Origin and Region of Residence of Respondents

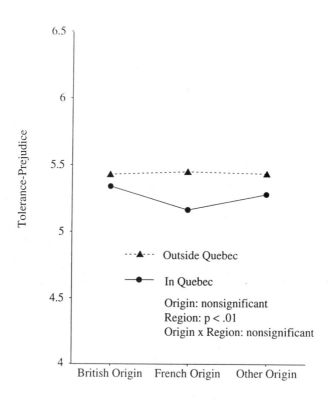

similarity, with those whose cultural origins are less similar to the dominant (European-based) population being rated less positively. These two basic explanatory concepts in social psychology will be further considered later.

Since there may have been extraneous factors (e.g., response style) affecting the use of the comfort level scale, these scores were standardized (with zero being the average rating given by a respondent to all 14 groups; attitudes are then expressed as positive or negative deviation from this mean of zero).

These standard ethnic attitude scores can be related to scores on the tolerance-prejudice scale. Figures 5 and 6 show these relationships for British-and French-origin Canadians separately, using attitudes toward British-, French-, IndoPakistani-, and Sikh-Canadians. Note that while the most tolerant respondents make very little distinction between any groups,

Figure 3

Mean Comfort Levels by Ethnic Origin of
Respondents in the National Sample

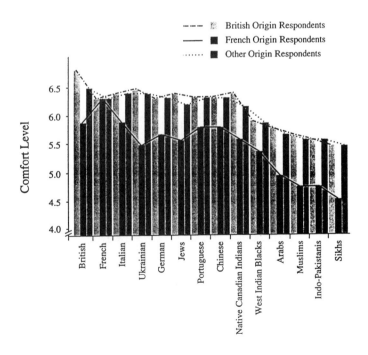

the least tolerant individuals make the greatest distinction between their attitudes towards the two "charter" groups and the two South Asian groups. Importantly, even the least tolerant British and French-origin respondents maintain a positive attitude toward the other "charter" group; that is, they seem to serve as *positive reference groups* for each other.

Ethnic and Civic Identity

The third area of interest is how people identify themselves. The 1991 survey had three questions: an ethnic-*origin* question (similar to the 1991 Census question); an *identity* question (how they usually thought of themselves), with various ethnic options provided, based on answers to

Figure 4

Mean Comfort Levels by Ethnic Origin of Respondents in the
National Sample in Montreal, Toronto, and Vancouver

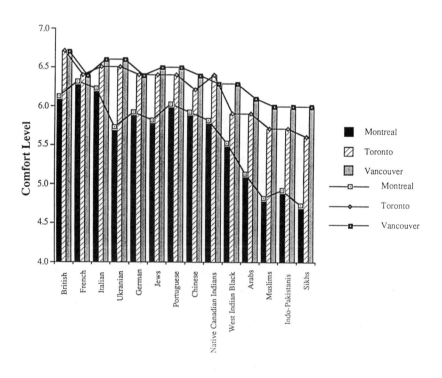

the first question, along with regional and national options (e.g., "Québécois," "Canadian"); and a *strength* of identification (on a seven-point scale) analyzed for three identities ("Canadian/Canadien," "provincial," "ethnic.") Related to these identity questions was a scale of *Canadianism* attempting to assess one's sense of attachment and commitment to Canada.

Responses to the identity questions are presented in Table 1 according to respondents' ethnic origin for both the 1974 and 1991 surveys, and in Table 2 for strength of identification by region, for 1991 only.[6]

In both the 1974 and 1991 surveys (Table 1), the most frequent identity was "Canadian/Canadien;" however, this was more the case among British- and Other-origin, than among French-origin, respondents.

Figure 5

Positive or Negative Group Preference
in British origin sample, as a Function of Tolerance

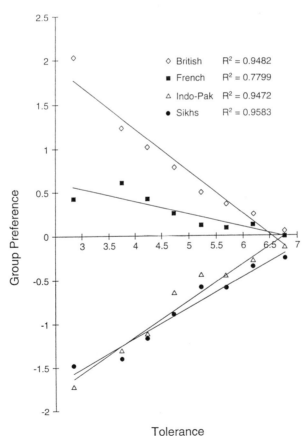

Tolerance

Among the latter, the most frequent identity in 1974 was "Canadien-français," but this mostly shifted to a provincial (largely "Québécois") identity in 1991, and somewhat less to a "Canadien" identity. "Other Ethnic" identities were the third most frequent, but declined from 1974 to 1991.

While some claim that a "Québécois" identity is in essence a pluralistic "civic" or "territorial" identity, and not limited to a single (i.e., French) ethnic-origin, it is not clear that this transition from an ethnic to a civic identity has yet been accomplished.[7] Indeed, evidence contrary to this claim occasionally appears in pronouncements by public figures, and is apparent in the October 1995 Referendum polls.

Figure 6
Positive or Negative Group Preference in
French origin sample, as a Function of Tolerance

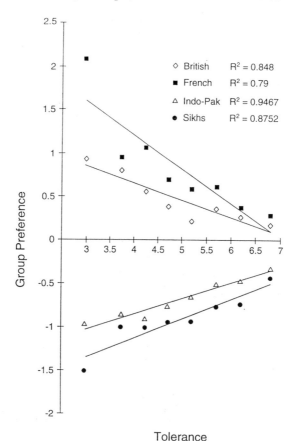

There appears to be no important variation (in Table 2) in strength of identification as "Canadian/Canadien." However, respondents in Quebec had a lower-strength rating for this identity, combined with a slightly higher-strength rating for a "Provincial" (i.e., "Québécois") identity.

When these identities are related to the two general orientations within the three ethnic-origin categories, some variations do appear.[8] For British-origin respondents, those with a "Provincial" identity were lower than those with other identities on tolerance (but not on multicultural ideology). The reverse was true for French-origin respondents: those with a "Provincial" identity were lower than those with other identities on

Table 1

Self-Identity (in Percentages) of Respondents in
Two National Surveys by Ethnic Origin

	MAS 74				MAS 91			
		Ethnic Origin				Ethnic Origin		
Self-Identity	Total	Brit.	Fr.	Other Eth.	Total	Brit.	Fr.	Other Eth.
Canadian/Canadien	59	80	26	59	64	80	32	65
British-Canadian	7	13	3	3	2	6	0	0
French-Canadian	15	3	47	3	4	1	16	0
Provincial	7	1	22	1	19	9	47	9
Other Ethnic-Can.	8	0	0	28	7	1	1	20
Other National	3	2	2	5	4	3	4	5
N =	1,810	708	376	541	3,276	1,392	746	1,027

Table 2

Mean Strength of Identification with
Three Identities by Region of Residence in 1991 Survey

	REGION					
Identity	Total	Atlan.	Qc	On	Prair.	Bc
Canadian/Canadien	6.3	6.7	5.2	6.6	6.6	6.7
Provincial	5.3	5.8	6.0	4.4	5.5	5.5
"Ethnic" Origin	4.1	3.5	4.6	3.9	4.1	4.0
N =	3.320	300	863	1.191	584	382

multicultural ideology (but not on tolerance). As one might expect, among Other-origin Canadians, those with an "Ethnic" identity were most supportive of a multicultural ideology, while those with a "Provincial" identity were least tolerant. Most importantly, there is no evidence that those who identify as "Canadian" are less supportive of diversity.

Findings for the Canadianism scale are shown in Figure 7, according to ethnic origin and region of residence.

Unlike the two other scale distributions, scores on Canadianism vary significantly by ethnic origin and region, and in their interaction (Figure 7). All three features are evidently due to the lower score on the scale among French-origin respondents living in Quebec. When these scale scores are related to the three identity categories, a common and significant pattern appears in all three ethnic-origin groups: those with a

Figure 7

Distribution of Mean Scores on Canadianism by
Ethnic Origin and Region of Residence of Respondents

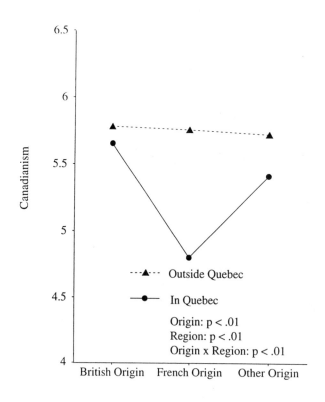

"Provincial" identity score low on Canadianism, and (not surprisingly) those with a "Canadian" identity score higher. And for British- and Other-origin groups, those with an "Ethnic" identity do not score lower on the Canadianism scale, indicating that the much-maligned "hyphenated identity" is no threat to one's attachment to Canada.

Interpretation

Presenters were asked to favour *prescription* over *description*. However, social psychologists (perhaps unlike political scientists) tend to avoid prescription, and at best might share some generalizations and implications. So, overall:

(1)   Diversity appears to be alive and well in Canada, and there is broad general acceptance of this social fact.

(2)   Ethnic attitudes are generally positive

(3)   Identity as "Canadian," and attachment to Canada are generally widespread and strong.

Obviously this general pattern is affected by ethnic origin, region of residence, and the object of the attitude (i.e., which group, which issue). More specifically compared to other respondents, Quebeckers (sometimes only Francophone Quebeckers) show a slightly lesser acceptance of diversity (multicultural ideology, tolerance), lesser attachment to Canada (Canadianism), less positive ethnic attitudes (comfort levels), lower frequency of identity as "Canadien" (more frequently as "Québécois,") and a less strong identity as "Canadien" (more strongly as "Québécois").

The meaning of these findings is not at all clear. Some interpret them as indicating a pervasive prejudice and ethnocentrism in Quebec, particularly among Francophones, and perhaps particularly in the form of anti-Semitism.[9] An alternative interpretation is that such a pattern of attitudes reflects a lack of *cultural security*, which may be historically rooted, but is neither a necessary nor permanent quality of intergroup relations within Quebec, or between Quebec and the rest of Canada (see Berry et al., 1977, for an elaboration of the role of cultural security in attitudes). One implication is that in order to accommodate such a lack of security, we have to stop threatening each other.

Beyond this, the two fundamental principles of *familiarity* and *similarity* in the social psychology of attitudes present us with some options on the "Path Ahead".

The two solitudes have clearly remained intact despite policies (e.g., Official Bilingualism) and programs (e.g., school exchanges) to reduce it. Given that socioeconomic status and educational differences have been virtually eliminated between Quebec and the rest of Canada, one precondition for intergroup contact to succeed (that of *equal status* between the groups in contact) is now in place. It is thus reasonable to propose a crash program of bridge building and interaction, using existing institutions (e.g., CBC, NFB), and our increased bilingual capacity. For example, within the European Union the ERASMUS (and similar) programs encourage a minimum of 10% of each university's students to be from another nation. In broadcasting, Eurovision similarly enhances intergroup familiarity. Enhanced mutual *familiarity* may now be a workable vehicle to bring about improved mutual acceptance.

Second, while diversity is here to stay, it is clear that there are substantial *similarities* in our findings (e.g., mutual English and French positive reference group status; generally shared high levels of tolerance). It may be timely to emphasize such similarities (as well as others, such as common values), to enhance our awareness of how much we actually do have in common. Social psychological research (e.g., Tajfel, 1978) has demonstrated clearly that groups will typically focus on small differences, even exaggerate them, to the point where they overshadow fundamental similarities. A refocusing on what we share could serve as a second vehicle to achieve increased mutual acceptance.

Notes

1. Berry, Kalin, and Taylor, 1977; Berry and Kalin, 1995; Kalin and Berry, 1996; Kalin and Berry, submitted.

2. Berry, 1984; Berry and Laponce, 1994.

3. Berry and Kalin, 1995, p. 302.

4. Berry and Kalin, 1995.

5. Berry and Kalin, 1995.

6. Kalin and Berry, 1996.

7. Breton, 1988.

8. Kalin and Berry, 1996.

9. Richler, 1992; Sniderman et al., 1993.

References

Berry, J.W. 1984. "Multiculturalism Policy in Canada: A Social Psychological Analysis." *Canadian Journal of Behavioural Science*, vol. 16, pp. 353-370.

———. 1995. "The Dynamics of Multi-ethnicity in French-speaking Quebec: Towards a New Citizenship." *Nationalism and Ethnic Politics*, vol. 1, pp. 82-95.

Berry, J.W., and Kalin R. 1995. "Multicultural and Ethnic Attitudes in Canada: An Overview of the 1991 National Survey." *Canadian Journal of Behavioural Science*, vol. 27, pp. 301-320.

Berry, J.W., R. Kalin, and D. Taylor. 1977. *Multiculturalism and Ethnic Attitudes in Canada*. Ottawa: Supply and Services Canada.

Berry, J.W., and J. Laponce (Eds.). 1994. *Ethnicity and Culture in Canada: The Research Landscape*. Toronto: University of Toronto Press.

Breton, R. 1988. "From Ethnic to Civic Nationalism: English Canada and Quebec." *Ethnic and Racial Studies*, vol. 11, pp. 85-102.

Kalin, R., and J.W. Berry. 1994. "Ethnic and Multicultural Attitudes." In J.W. Berry and J. Laponce (Eds.), *Ethnicity and Culture in Canada: The Research Landscape*. Toronto: University of Toronto Press.

———. 1996. "Ethnic and Civic Self-identity in Canada: Analyses of the 1974 and 1991 National Surveys." *Canadian Ethnic Studies*.

———. "Interethnic Attitudes in Canada: Ethnocentrism, Consensual Hierarchy and Reciprocity. (submitted)

Richler, M. 1992. *Oh Canada! Oh Quebec!* Toronto: Penguin.

Sniderman, P., et al. 1993. "Psychological and Cultural Foundations of Prejudice: The Case of Anti-Semitism in Quebec." *Canadian Review of Sociology and Anthropology*, vol. 30, pp. 242-270.

Tajfel, H. 1978. *Differentiation between Social Groups: Studies in the Social Psychology of Intergroup Relations*. London: Academic Press.

Linda Cardinal

Département de science politique
Université d'Ottawa
Présentateur

LES MINORITÉS NATIONALES OU LINGUISTIQUES DANS UN NOUVEAU RAPPORT QUÉBEC-CANADA

Introduction

La dernière campagne référendaire a montré que toute idée d'accommodement de la pluralité au Canada serait peut-être devenue une idée folklorique. Certes, le Canada est un pays où la différence peut s'affirmer, mais l'idée ne doit rien signifier, sinon elle sera immédiatement considérée comme une menace à l'égalité. Or, une telle attitude ne sert pas la cause des minorités. Elle rend difficile tout débat sérieux sur la question de la diversité, en plus de générer insécurité et instabilité. Du moins, telle est la situation en milieu francophone hors-Québec. Le réseau associatif n'ose pas parler un autre langage que celui du gouvernement, d'une part par peur de représailles et, d'autre part, parce qu'il est en situation de repli.

Lors de la dernière campagne référendaire, j'ai été amenée à souligner à plusieurs reprises que nous avions un besoin urgent de réfléchir sur les conditions de possibilités de nouvelles formes d'accommodement entre les groupes au pays[1]. Il en allait de la santé de notre démocratie et non uniquement de nos taux d'intérêt.

J'insisterai à nouveau, dans le cadre de cette présentation, pour dire que le débat actuel doit principalement porter sur la représentation politique, c'est-à-dire sur le partage du pouvoir, et mon point de départ est que la démocratie au pays est bloquée, tant dans les milieux minoritaires que dans les milieux majoritaires. Je dois avouer que cette situation a fait de moi une pessimiste. Je suis de plus en plus portée à croire qu'il est peut être trop tard pour « sauver » une certaine idée du Canada ou de la nation plurielle. Mais il demeure tout de même urgent de penser à ce qu'il nous faut faire dans le domaine de l'accommodement de la diversité, notamment en ce qui concerne les relations interculturelles entre francophones, anglophones, autochtones et immigrants, que le Québec soit à l'intérieur ou à l'extérieur du Canada. Je tente de répondre à cette question dans le présent texte, même si cette réponse ne peut être que partielle.

Dans un premier temps, je rappellerai certains préalables sur lesquels j'ai fondé ma réflexion; j'en ai quatre à présenter. Dans un deuxième temps, je tenterai de situer la réalité des minorités linguistiques ou nationales francophones hors-Québec dans le présent débat. Rapidement, j'argue que nous sommes présentement coincés entre des nationalismes de plus en plus difficiles à accommoder et un fédéralisme unitaire ou intégriste qui tous ensemble ne favorisent pas le débat démocratique à l'intérieur comme à l'extérieur du milieu francophone hors-Québec. C'est à faire éclater ces situations où l'on assiste à un rétrécissement important de tout espace de débats que l'idée d'accommoder le Québec dans le Canada doit s'employer. Dans un troisième temps, je m'appliquerai à préciser des formes d'accommodement possibles dans le domaine des relations interculturelles entre les groupes. Je focaliserai mon attention sur les minorités linguistiques ou nationales francophones dans le cadre d'un nouveau rapport Québec-Canada.

Quelques préalables à un renouveau du débat sur l'accommodement de la diversité

Je considère qu'il existe quatre préalables à un renouveau du débat sur l'accommodement de la diversité au Canada : (1) rompre avec le fédéralisme unitaire ou intégriste; (2) reconnaître la réalité multinationale du Canada ou le fait qu'il est une fédération et non une société; (3) mieux gérer la réalité des nationalismes au Canada; (4) réarticuler le rapport entre économie et politique.

1. Rompre avec le fédéralisme unitaire ou intégriste. « On ne naît pas femme, on le devient », écrivait Simone de Beauvoir en 1949 pour symboliser la nature construite des rapports sociaux de sexe. Or, au Canada, on naît fédéraliste, on ne le devient plus. La réalité canadienne n'est plus une réalité construite ou politique. Nous nous devons d'être fédéraliste, par loyauté pour le Canada; d'ailleurs, le contraire n'est-il pas devenu *Un-Canadian*, surtout lorsque l'on s'appelle Marie Laberge ou Pierre Falardeau[2] ? Dans de telles conditions, comme espace politique, le Canada n'apparaît plus comme une unité. Il devient une entité naturelle, a-politique que renforcent les discours des nationalistes canadiens-anglais qui présentent le fédéralisme, le nationalisme et l'unité nationale comme les nouveaux symboles de l'identité canadienne. En d'autres mots, être fédéraliste signifie croire en la nation canadienne. Il ne saurait être question de penser le fédéralisme comme un moyen. Celui-ci est aussi devenu une fin en soi, tout comme certains critiquent le fait que la souveraineté serait elle aussi devenue une fin en soi. En fait, nous avons affaire aux deux côtés de la même médaille. Cela dit, une histoire du fédéralisme réussirait probablement à montrer que le principe de l'unité nationale ne peut pas se réaliser lorsqu'il est imposé. Dans ce cas, il ressemble plus à une sorte de *deux ex machina* qui, ultimement, se trouve à nier la nature fondamentalement antagonique du politique. Une communauté saine n'est-elle pas plutôt une communauté qui réussit à résoudre ses conflits et non à les nier[3] ?

2. *Le Canada est une fédération.* Au préalable, toute discussion féconde sur les possibilités d'accommodement de la diversité au pays doit aussi avoir pour point de départ la reconnaissance de la réalité multinationale du Canada. En vertu de la *Charte canadienne des droits et libertés*, le Canada se présente comme une société libre et démocratique. Et si on pensait plutôt le Canada comme une fédération dans laquelle pourraient coexister plus d'une réalité sociale et nationale ? Il s'agit donc de fonder la réalité canadienne sur de nouveaux principes permettant ainsi de reconnaître la nation québécoise, les peuples des premières nations ainsi que la nation canadienne-anglaise dans un cadre générateur de solidarités, notamment dans un cadre partenarial. Force est aussi de constater que des minorités nationales sont associées à ces communautés nationales : les minorités nationales francophones hors- Québec et les minorités nationales anglophones au Québec. Dans le prolongement de cette reconnaissance, il y a aussi lieu de se mettre d'accord sur le fait que ces nations dont nous acceptons le principe ont donné lieu à des cultures d'intégration qui doivent avoir les moyens de mettre en œuvre leur propre modèle de participation à la citoyenneté canadienne : le multiculturalisme dans le cas du Canada anglais, l'interculturalisme dans le cas du Québec. Le modèle reste à définir dans le cas des nations autochtones.

3. *Apprendre à comprendre les nationalismes au Canada.* L'enjeu est de comprendre le lien entre nationalisme et démocratie en vue de voir comment celui-ci empêche ou permet la mobilisation ou la participation démocratiques aux débats sur l'avenir de l'espace politique canadien. Ainsi, lorsque le nationalisme correspond à l'expression d'une revendication en vue d'un meilleur partage du pouvoir et la reconnaissance d'un groupe national, celui-ci renvoie à un problème politique non résolu et non à une idéologie bornée ou reculée. Il n'est pas « illibéral » d'être nationaliste. De fait, la tradition politique québécoise est un symbole du rapport possible entre nationalisme et libéralisme.

Or, les discours sur le nationalisme québécois au Canada anglais ne visent présentement qu'à refouler toutes les possibilités de reconnaissance du Québec et ne peuvent nullement prétendre à une compréhension exhaustive de la complexité québécoise. Par contre, étrangement, le nationalisme canadien-anglais serait plus acceptable. Or, même si celui-ci se donne des airs d'ouverture à la pluralité, cela ne l'empêche pourtant pas de continuer sa quête d'une culture homogène. Car son idée de la diversité, comme je l'ai mentionné précédemment, ne veut rien dire, sauf si nous l'acceptons comme folklore. Popularisé par le milieu des études ethniques, le discours sur la diversité, selon Bruno Ramirez, sert essentiellement à des fins de propagande politique et électoraliste plutôt qu'à une réelle reconnaissance du fondement pluraliste du Canada[4]. Cette question m'amène à mon dernier préalable.

4. *Réarticuler le rapport entre économie et politique.* Il s'agit aussi de rompre avec l'économicisme de la politique canadienne. À gauche comme à droite, le modèle d'argumentation est à peu près le même. L'économie sera déterminante en dernière instance et décidera des questions nationales. Alimenté par le nationalisme canadien-anglais, ce discours vise à montrer la supériorité des questions économiques sur les enjeux culturels et politiques. Ainsi, le Canada anglais s'indigne au moment d'échappées plus ou moins élégantes de la part de personnalités québécoises et crie au racisme parce que le nationalisme québécois est fondamentalement culturel. Or, lorsque le *Toronto Sun* recommande de déporter les Franco-Ontariens à Montréal afin de faire épargner quelques millions de dollars au gouvernement ontarien dans le domaine des communications, nul n'oserait dire qu'il s'agit là d'une manifestation d'intolérance ou de nationalisme ethnique. C'est la rationalité économique qui dicte le discours. D'ailleurs, qui sont ceux qui ont dénoncé les propos du *Toronto Sun* ?

Nous avons tort de croire que les questions économiques règlent tout et qu'avec plein d'argent dans les poches et des emplois, les gens vont arrêter de s'interroger sur leur identité. Je serais plutôt prête à parier le contraire, à moins que l'on soit déjà complètement américanisé. Mais même dans ces conditions, il est faux de penser que notre rapport à l'économie ne doit être guidé que par les taux d'intérêt. Les réalités nationale ou minoritaire — et j'ajouterais : les réalités régionale, sexuée, racisée — sont aussi des éléments déterminants de notre santé économique. Une femme francophone d'Hawkesbury n'a pas le même rapport aux questions économiques qu'un homme anglophone de Toronto.

Les minorités nationales francophones
hors-Québec et l'avenir du fédéralisme

Nous devons maintenant tenter de situer la question des minorités nationales francophones dans ce débat qui tente de réconcilier le principe des nationalités avec une réflexion sur la pluralité et la démocratie. L'enjeu découlant de la déconstruction du fédéralisme unitaire et d'une reconnaissance de la réalité multinationale du Canada sur les minorités nationales est d'accepter que le projet d'une nation québécoise ne vient pas contredire celui des minorités ou de toute autre majorité. Il s'agit dans cette partie de nous consacrer davantage à l'articulation des rapports entre le Québec et les francophones hors-Québec et entre le Canada anglais et les francophones hors-Québec.

Les minorités francophones et le Québec

La nation québécoise réclame le titre de métropole de la francophonie en Amérique du Nord, ce que ne veut pas lui reconnaître le gouvernement fédéral. Or, les minorités francophones ont toujours oscillé entre une vision qui conférait ce statut au Québec et une autre qui visait plutôt à renforcer le rôle du gouvernement fédéral à cet effet. Par ailleurs, c'est essentiellement à l'aire culturelle québécoise que sont intégrés les francophones hors-Québec. De plus, malgré leurs différends, ils partagent aussi avec elle le destin de la langue française en Amérique du Nord. Le Québec est un lieu de passage important pour les francophones hors-Québec, et toute reconnaissance de la réalité nationale québécoise devrait idéalement favoriser le renforcement des rapports entre les deux groupes et donner lieu à de nouveaux projets de développement des francophonies en Amérique du Nord. Ainsi le Québec pourrait devenir le principal gestionnaire et représentant démocratique de la francophonie sans que les francophones hors-Québec y voient une menace à leur développement et vice versa. Mais pour cela, il faudra encore bien des efforts de part et d'autre et un déblocage de la situation à l'égard du Québec.

Pour leur part, les francophones hors-Québec devront redéfinir leur rapport aux nations qui coexistent au Canada dans la mesure où ils vivent dans l'espace occupé par la nation de l'Autre, la canadienne-anglaise, alors qu'ils s'identifient en partie à la nation québécoise qu'ils associent toujours au Canada français. Nous vivons dans un espace paradoxal[5], il faut bien le reconnaître. Et soyons clair, c'est aussi parce que l'État fédéral l'a voulu ainsi et non uniquement les nationalistes québécois. De même, lorsque Jean Chrétien demande publiquement au Québec de ne pas laisser tomber ses frères francophones hors-Québec, il joue à un jeu qui n'a rien à voir avec le développement du fait français au Canada. Il est faux de croire que le Québec a toujours été le grand sauveur des francophones hors-Québec. La situation est plus complexe, et ce, depuis 1867.

Par contre, les nationalistes québécois devraient, pour leur part, cesser de parler de la disparition des francophones hors-Québec en réponse aux discours des Libéraux et à ceux du leadership francophone hors-Québec. Ce discours ne fait que renforcer leur propre misérabilisme et le nationalisme borné, car il n'y a aucun mérite à avoir recours aux taux d'assimilation plus que dramatiques des francophones dans certaines communautés pour justifier l'indépendance du Québec. Le Bloc Québécois et le Parti Québécois se sont tous les deux donné des politiques de reconnaissance des communautés francophones et acadienne du Canada, et il devrait dorénavant être acquis, du moins en milieu souverainiste, qu'il est de plus en plus important de penser à une politique de développement de la francophonie en Amérique du Nord et de la mettre en application, quel que soit le scénario politique. Les minorités nationales francophones, malgré les égarements de son leadership, ne constituent pas une menace pour le Québec. Il n'en tient qu'au gouvernement fédéral d'accommoder le Québec pour que de nouveaux rapports plus harmonieux soient possibles entre les deux groupes et, de fait, pour l'ensemble de la diversité au Canada.

Les rapports entre les francophones hors-Québec et le Canada anglais

S'il est possible d'entrevoir des jours plus heureux entre le Québec et les francophones hors-Québec, j'ai des craintes en ce qui concerne l'attitude du Canada anglais. Il sera important qu'un re-nouveau des relations entre les deux groupes ne donne pas lieu à un ressac de la part du Canada anglais et des nationalistes anglo-conservateurs. *Remember Sault Sainte Marie* ? Nous n'avons pas, hors-Québec, à rendre continuellement compte des actions du Québec et à payer le prix d'un renforcement de ses pouvoirs par un affaiblissement des nôtres. Les francophones hors-Québec ne sont pas des Québécois en exil, même si le destin des deux groupes est fortement lié en ce sens qu'ils partagent le sort de la langue française en Amérique du Nord.

Or, lors de la dernière campagne référendaire, seul Ralph Klein semble avoir eu le courage de dire publiquement que les droits des Franco-Albertains ne seraient pas touchés si les Québécois votaient oui au moment du référendum du 30 octobre 1995. Il n'avait peut-être rien à perdre. Or, le premier ministre de la Saskatchewan, un social-démocrate, n'a eu que des menaces à l'endroit des Fransaskois. En plus des menaces ponctuelles de pertes de droits, depuis au moins les dix dernières années, les francophones hors-Québec ont à gérer, au quotidien, les propos et les gestes peu élégants de l'*Association for the Preservation of English in Canada* et les avancées ou les reculs des partis politiques comme le *Reform Party* ou le *Confederation of Region Party*, pour ne nommer que les plus radicaux. D'ailleurs, ces mouvements ne sont pas des aberrations du nationalisme canadien-anglais. Ils sont l'expression d'un certain Canada anglais n'a jamais aimé ce projet d'un Canada bilingue *coast to coast*, et je crois de plus en plus que les francophones hors-Québec devront en faire leur deuil sans pour cela sacrifier le développement de leur communauté et le fait français en Amérique du Nord.

L'avenir des relations interculturelles entre groupes au pays

Cette réflexion doit nous amener à des propositions concrètes en vue de déterminer les nouveaux défis dans les rapports Canada-Québec. J'ai tenté de réfléchir à deux scénarios de résolution de la situation et à leur impact sur la situation des francophones hors-Québec : un premier scénario serait celui où le Canada serait une fédération ou un lieu de cohabitation entre nations, un deuxième qui envisage la souveraineté du Québec. Je proposerai aussi une réflexion visant l'ensemble de la diversité canadienne.

1. *Un renouveau du fédéralisme, du beau risque à la dernière chance.* Il me semble que les idées présentées jusqu'à présent s'accommodent relativement bien des propos de réformes du fédéralisme que propose André Burelle dans son livre *Le mal canadien*[6]. La proposition d'un fédéralisme partenarial est celle qui retient le plus mon attention, notamment en ce qui concerne le sort des minorités linguistiques. Il sera important, selon Burelle, de constitutionnaliser les droits des minorités — ce qui aurait du être réalisé dès 1867 par ailleurs — , et que ces derniers puissent bénéficier de tous les droits sociaux : santé, éducation, services sociaux, emploi, etc., dans leur langue. J'ajouterais qu'il y aurait aussi lieu de formaliser les ententes communautés-Canada déjà existantes en vue de les rendre conformes à cette constitutionnalisation tout en permettant aux francophones de poursuivre leur intégration aux réalités de leur province, notamment en ce qui concerne les Franco-Ontariens et les Acadiens. À cela s'ajouterait un renouveau des rapports entre Québécois et francophones hors-Québec, et ces derniers n'auraient plus à être hypothéqués par le débat constitutionnel. La réalité nationale du Québec enfin reconnue, nous pourrions aussi procéder à l'organisation de nouveaux États généraux de la langue française en vue de penser différemment le développement de la francophonie en Amérique du Nord. Si plus personne n'est dorénavant canadien-français, que sommes-nous devenus? L'idée de faire partie d'une francophonie canadienne ou acadienne qui ne reconnaît pas l'existence de la francophonie québécoise et son projet d'une société moderne en Amérique du Nord ne m'apparaît pas viable à long terme. Comment alors repenser le destin de la francophonie en Amérique du Nord dans un cadre où nous aurions encore tous le droit à la citoyenneté canadienne ?

2. *La souveraineté du Québec.* Mais force est de constater que le contexte politique actuel n'est pas très favorable à une solution aussi généreuse que celle suggérée par M. Burelle. Il s'agit de reconnaître que le discours politique est plutôt à l'intolérance et à la judiciarisation du débat. Dans de telles conditions, nous devons aussi penser à un scénario dans lequel la souveraineté serait une voie de solution au conflit Québec-Canada, à moins de préférer la polarisation encore plus grande du débat et les menaces qu'une telle situation représente pour la démocratie. Dans le cas des minorités nationales, un scénario de souveraineté dans un climat politique favorable aux idées du *Reform Party*, par exemple, signifierait une plus grande insécurité pour les francophones hors-Québec. Manifestement, d'un côté comme de l'autre, certains tenteront d'exploiter

la situation. Les plus radicaux n'attendent peut-être que le moment propice pour forcer la souveraineté du Québec, même dans un climat d'acrimonie totale. Dans de telles conditions, les négociations seront difficiles et je ne peux qu'espérer que les parties concernées pourront conclure une entente ou un traité à l'égard des minorités visant à garantir leurs droits. Le Bloc Québécois et le Parti Québécois ont déjà proposé des politiques de reconnaissance à l'égard des francophones hors-Québec et il serait souhaitable qu'elles soient révisées en vue d'être incorporées à un éventuel traité des minorités[7].

Dans les deux cas, c'est-à-dire celui d'un fédéralisme partenarial ou celui de la souveraineté du Québec, les francophones hors-Québec devront être associés à toutes les étapes du processus de négociation des changements en vue.

3. *L'avenir de la pluralité canadienne.* Il ne faut pas penser que le débat en cours doit porter sur les multiples façons d'écraser les « séparatistes » issus de la mouvance nationaliste. L'enjeu, pour nous, est de voir aux possibilités de relancer la dynamique d'accommodement de la diversité au Canada. Pour cela, c'est surtout le libéralisme anglo-conservateur que nous devons endiguer. En effet, depuis les années 1970, force est de constater que les multiples débats sur la pluralité au Canada, notamment sur l'accommodement des réalités francophones minoritaires, ont donné lieu à des mouvements d'intolérance que je ne croyais pas possibles dans une société qui prône l'ouverture à l'Autre, la tolérance et le respect de la diversité. Car tel est le paradoxe de la politique canadienne des trente dernières années : au nom du pluralisme, de la tolérance, de l'ouverture à l'Autre, l'appel à l'unité nationale a réussi à provoquer une remontée des tensions plutôt qu'une application réelle du principe de liberté. Nous avons produit le *Reform Party* dont l'aboutissement est le provincialisme, et le Bloc Québécois dont la fin ultime est la souveraineté du Québec. De même, lors de la dernière campagne référendaire, le discours du *statu quo* est venu cristalliser cet échec d'un accommodement réel de la diversité au Canada. Il s'agit donc de nous donner les moyens de civiliser ou de renverser les leaderships qui nous enfoncent dans le nationalisme anglo-conservateur, le fédéralisme unitaire et le nationalisme québécois borné. Nous avons une lutte idéologique à mener contre l'autoritarisme politique.

Conclusion

Avant même de procéder à la définition de moyens en vue de « sauver » le Canada, l'enjeu est de comprendre que ce dernier est une réalité politique constituée de nations, de groupes et d'individus; qu'il est un lieu de cohabitation de plusieurs cultures d'intégration et de minorités nationales. Il s'agit aussi de comprendre ces développements à l'aune des rapports entre nationalisme et démocratie afin de bien saisir leur lien inextricable. Il devient alors possible de nous concentrer sur le véritable enjeu du débat en cours : la démocratie plurielle et plurinationale et non uniquement les taux d'intérêt ou la valeur du dollar canadien. La revendication en vue d'un nouveau partage du pouvoir vise aussi à redynamiser le débat démocratique et à fonder l'ordre politique canadien sur l'idée selon laquelle le conflit peut être générateur de solidarité. Mais faut-il par ailleurs reconnaître que celui-ci, c'est-à-dire le conflit, existe, et qu'il n'est pas le résultat des caprices d'un enfant gâté que l'on aurait apparemment enduré pendant trente ans. Il vient d'une crise profonde de nos structures politiques et de notre capacité à créer un espace d'accommodement de la pluralité, notamment en raison des nationalismes conservateurs et non uniquement en raison de la crise économique.

Notes

1. Je me permets, notamment, de renvoyer le lecteur à l'article suivant : Linda Cardinal et Claude Couture, « La déroute du PLC », *Le Devoir*, le 11 octobre 1995.

2. Pierre Falardeau, « Les règles du jeu », *Le Devoir*, le 16 janvier 1996.

3. Je reprends cette idée de Raymond Breton, « La communauté, une communauté politique, » *Sociologie et sociétés*, vol. XV, n° 2, 1983, p. 23-37.

4. Bruno Ramirez, « Les rapports entre les études ethniques et le multiculturalisme au Canada : vers de nouvelles perspectives », *Revue internationale d'études canadiennes*, n° 3, 1991, p. 171-185.

5. J'emprunte cette formulation à Claude Denis, *Les cahiers franco-canadiens de l'Ouest*, vol. 5, n° 3, 1993.

6. Fides, 1995.

7. Pour plus de détails sur les moyens d'incorporer ces politiques à un éventuel traité, je me permets de renvoyer le lecteur au commentaire que j'ai réalisé sur le sujet dans Linda Cardinal, *Penser à la marge. Le fait minoritaire francophone au Canada* (à paraître, Toronto, GREMG, 1996), chapitre 3.

Michel Doucet

École de droit
Université de Moncton
Présentateur

ENTRE L'ARBRE ET L'ÉCORCE : L'ACADIE DU NOUVEAU-BRUNSWICK FACE AU MAL DE VIVRE CANADIEN

Introduction

Le 30 octobre 1995, la fédération canadienne a eu droit à un sursis. Certains observateurs diront que les Canadiens et les Canadiennes sont actuellement les témoins du processus de désintégration de leur pays. Ce processus n'est pas irréversible, mais après les échecs des Accords du Lac Meech et de Charlottetown et la mince victoire du camp du Non au référendum, nombreux sont ceux et celles qui remettent en question la possibilité de trouver une solution qui puisse satisfaire à la fois le Québec et le Canada.

Il est indéniable que le Québec est « le foyer principal » de la francophonie au Canada et en Amérique du Nord. Cependant, l'évolution politique du Canada a fait en sorte que les intérêts du Québec et ceux des communautés francophones[1], notamment celles des Acadiens et des Acadiennes du Nouveau-Brunswick[2], se sont souvent heurtés de front et ont maintes fois placé les deux groupes dans des camps opposés, alors qu'ils auraient dû être des alliés. Leurs intérêts sont différents et leurs réalités politiques et sociales peuvent difficilement être comparées.

En revanche, la francophonie canadienne n'a souvent pas d'autre choix que d'appuyer les demandes du Québec puisqu'elle sait que son avenir dépend, en grande partie, de la présence québécoise au sein de la fédération canadienne. Vous comprendrez pourquoi il est difficile pour la francophonie canadienne confrontée à cette contradiction de définir sa place dans le Canada moderne.

La francophonie canadienne fait également face à l'indifférence du Canada anglais. Tout comme le Québec, celui-ci connaît mal cette autre réalité française du pays. Le Canada anglais, qui n'hésite pas à dénoncer avec vigueur les atteintes aux droits de la communauté anglophone du Québec, continue à se dérober devant ses propres obligations et responsabilités envers sa minorité linguistique[3].

Devant cette situation, il n'est donc pas étonnant que nous soyons inquiets. Entre un fédéralisme précaire et une coexistence de plus en plus difficile entre le Québec et le Canada, nous nous sentons coincés entre l'arbre et l'écorce. Nous avons l'impression que notre avenir se joue sans que nous puissions intervenir. C'est ce sentiment d'impuissance et d'incertitude que je chercherai à vous faire comprendre aujourd'hui.

L'Acadie du Nouveau-Brunswick

Nos livres d'histoire ont tendance à nous présenter une vision bipolaire de notre pays. D'une part, l'histoire du Canada français qui se limite essentiellement à l'histoire du Québec, et, d'autre part, l'histoire du Canada anglais. On y parle peu de francophonie canadienne. Les historiens, tant au Québec que dans le Canada anglais, parleront, dans une note en bas de page, de l'Acadie et de sa déportation, mais ils en traiteront comme d'un fait divers ayant peu d'importance dans le développement de notre pays[4].

Pourtant l'Acadie et la francophonie canadienne ont contribué à l'édification du Canada moderne. Partout, de l'Atlantique au Pacifique, ces communautés de langue française se sont dotées d'institutions culturelles, économiques et sociales et elles ont participé au développement du pays. Malheureusement, leur combat pour défendre leur culture et leur langue n'aura pas suffi. Dispersées et isolées, elles ont été frappées par une grave hémorragie : l'assimilation. Aujourd'hui, nous retrouvons une population d'environ 750 000 à un million[5] de ces parlants français répartis dans les neuf provinces et deux territoires du Canada[6]. Au Nouveau-Brunswick, la communauté acadienne compose à peu près le tiers de la population totale de la province. Concentrée dans les régions nord de la province, elle exerce un rôle politique non négligeable[7].

Souvent ignorée par les nationalistes québécois[8] et les fédéralistes provinciaux du Québec[9], la francophonie canadienne et la communauté acadienne se tournent vers le gouvernement fédéral pour obtenir les ressources financières nécessaires à leur développement[10]. Cette aide du gouvernement fédéral aura été à la fois profitable et maléfique pour ces communautés. L'apport de « l'État providence » fera souffler un vent de démocratisation qui permettra aux communautés francophones de participer activement à leur développement. En revanche, cette générosité de l'État aura fait naître chez ces communautés une tendance à la bureaucratisation de la revendication sociale qui aura pour effet de démobiliser une grande partie de la population. Les communautés francophones hors-Québec deviendront dépendantes de l'État fédéral pour le financement de leurs activités. Cette trop grande dépendance vis-à-vis de l'aide fédérale les rendra vulnérables aux compressions budgétaires des années 1990.

Sur le plan politique, le discours de la communauté acadienne aura souvent été dominé par la recherche de l'égalité formelle et par des questions d'ordre juridique et constitutionnel[11]. Par exemple, elle participera activement aux débats entourant le rapatriement de la constitution canadienne en 1981 où elle obtiendra l'inscription, dans la *Charte canadienne des droits et libertés*, des articles 16 à 20 qui traitent du bilinguisme non seulement dans les institutions du gouvernement fédéral mais également dans celles du gouvernement du Nouveau-Brunswick[12]. Lors du débat entourant l'Accord du Lac Meech, tout en acceptant les conditions posées par le Québec, elle cherchera à faire reconnaître sa propre spécificité. Elle refuse d'acquiescer aux demandes répétées des politiciens fédéraux et québécois qui l'exhortent à appuyer, sans condition, l'entente. Pour elle, si cette entente répond aux aspirations du Québec, elle ne tient aucunement compte de sa réalité. Les inquiétudes qu'elle aura exprimées relativement à l'Accord du Lac Meech seront récupérées par le gouvernement du Nouveau-Brunswick, qui fondera initialement son opposition à Meech sur celles-ci.

L'épisode de l'Accord du Lac Meech sera un autre exemple des rapports complexes entre le Québec et la francophonie canadienne. Il est de plus en plus difficile de concilier le discours des francophones hors-Québec avec celui du nationalisme québécois. Le débat actuel en est une autre manifestation.

Et si le Québec disait Oui...

Si le Québec choisit la souveraineté, que sera l'avenir de l'Acadie du Nouveau-Brunswick ? Les garanties constitutionnelles actuelles seront-elles suffisantes pour assurer sa protection et sa promotion ? Le gouvernement fédéral continuera-t-il à apporter son soutien au bilinguisme et son aide financière ? Le Québec, embourbé dans une situation qui risque d'être difficile, aura-t-il le temps et la volonté de s'occuper du sort des communautés francophones hors-Québec ? Comment s'établiront les relations entre l'Acadie et un Québec souverain ?

À l'heure actuelle, les francophones forment le quart de la population canadienne. Le Québec, avec ses sept millions de francophones, y occupe une place importante. Si le Québec devait choisir la voie de la souveraineté, la francophonie canadienne n'atteindrait à peine que cinq pour cent de la population totale du Canada. À l'exception du Nouveau-Brunswick, son poids démographique serait partout insuffisant pour lui donner un pouvoir politique. Le nombre de députés francophones au Parlement canadien serait réduit à une demi-douzaine[13]. La présence francophone au sein de la fonction publique canadienne serait également marginale.

Devant une telle situation, il est fort probable que le reste du Canada ne considérera plus nécessaire de maintenir une politique sur les langues officielles. À brève échéance, surgiraient des demandes réclamant l'abolition de la *Loi sur les langues officielles* et exigeant une modification à la Constitution canadienne afin d'abroger les garanties linguistiques qu'elle contient. Les programmes d'appui aux communautés de langues officielles seraient aussi remis en question. De plus, l'importance que prendrait le *Reform Party* dans ce « nouveau Canada » n'a rien pour rassurer les communautés francophones.

Certains nationalistes affirment qu'un Québec souverain serait plus en mesure de venir en aide à la francophonie canadienne. Un Québec souverain voudra certainement adopter une politique destinée à ces communautés. Toutefois, il sera très prudent dans sa démarche. Il voudra éviter de choquer son nouveau voisin déjà ébranlé par la rupture que l'on vient de provoquer et avec qui il voudra créer un nouveau partenariat.

La communauté acadienne du Nouveau-Brunswick devrait être celle qui supporterait le mieux la rupture du Canada. Son poids démographique et politique, ses institutions économiques et éducatives et les garanties linguistiques dont elle dispose devraient lui permettre de mieux faire face à l'échec canadien. Cependant, sa situation ne sera pas rose pour autant. Si le gouvernement fédéral décide de se retirer des programmes destinés aux communautés de langues officielles, la province subira une perte de revenus importante. En effet, l'aide financière d'Ottawa permet au Nouveau-Brunswick de régler une partie de la facture de ses obligations en matière linguistique. Par exemple, sans l'appui du fédéral, la province du Nouveau-Brunswick serait-elle en mesure de payer pour la dualité dans son système scolaire ? De plus, la possibilité d'une union politique de l'Atlantique sera toujours présente comme une épée de Damoclès au-dessus de la communauté acadienne du Nouveau-Brunswick. Dans cette nouvelle province Maritime unie, la communauté acadienne devra reprendre les luttes qu'elle a déjà menées pour la reconnaissance de ses droits, mais sans le poids politique dont elle jouit actuellement[14]. Quoi qu'en pensent certains[15], l'Acadie du Nouveau-Brunswick ne peut sortir gagnante d'une telle union de l'Atlantique. Pourra-t-elle l'empêcher ? voilà une autre question.

En conclusion, la souveraineté du Québec ne veut pas dire la disparition de la communauté acadienne du Nouveau-Brunswick, ni des communautés francophones du Québec, du moins à court terme. En revanche, force nous est d'admettre que celles-ci se trouveront alors dans une situation très difficile.

Et si le Canada disait Oui...

Devant le silence et l'immobilisme de la classe politique, devant le sentiment d'impuissance et d'inquiétude de la population canadienne, il est difficile de concevoir quel visage prendra un Canada renouvelé. Pourtant, pendant la campagne référendaire, nombreux étaient les Canadiens qui réclamaient une reforme complète de notre fédération advenant une victoire du Non. Toutefois, depuis que les résultats sont connus, ce sont les voix du *statu quo* qui se font le plus entendre.

Présumons pour les fins de notre réflexion que le Canada trouve une solution acceptable pour le Québec. Le chapitre sera-t-il clos pour autant en ce qui concerne la communauté acadienne du Nouveau-Brunswick ?

Partons de l'hypothèse émise par plusieurs observateurs de la scène politique canadienne, dont le premier ministre McKenna[16], qui font observer que la réponse aux souverainistes québécois se trouve dans une décentralisation plus poussée de la fédération canadienne. On parle notamment d'un retrait du fédéral dans les domaines de la culture, de la santé, de la formation de la main d'œuvre, du développement régional et de l'éducation.

Une telle décentralisation pourrait-elle satisfaire le Québec ? Cela reste à voir, mais une chose est certaine, elle risque d'avoir un impact énorme sur la communauté acadienne. Qu'adviendrait-il, par exemple, de Radio-Canada ? Le paradoxe devant lequel nous sommes placés existera même dans le cas d'un fédéralisme renouvelé. Cependant, même si elle a raison de craindre le changement, la communauté acadienne ne peut refuser d'appuyer un fédéralisme renouvelé et décentralisé si c'est là le prix à payer pour garder le Québec dans la fédération.

Actuellement, il est clair que les quelques projets de solution qui proviennent du Canada anglais ne se préoccupent nullement du sort de la francophonie canadienne. Ces propositions de changement ne prévoient aucun rôle particulier pour cette dernière. Ils adhèrent plutôt à une conception bipolaire du Canada : un Canada anglais et un Québec français. Ils ont comme objectif la réconciliation des majorités : la majorité canadienne anglaise et la majorité québécoise.

Malgré tout, il est évident que pour l'Acadie du Nouveau-Brunswick le scénario d'un Canada renouvelé est le plus acceptable des deux maux. Même si ce scénario présente certains risques, c'est celui qui entraînerait le moins de bouleversements. Le problème, toutefois, n'est pas de choisir entre les deux scénarios, mais plutôt de trouver le moyen d'assurer la réalisation de celui que nous avons choisi.

Vers la fin de la campagne référendaire, un certain sentiment d'espoir avait pris naissance. Le Canada avait-il compris que des changements s'imposent ? Après les échecs de Meech et de Charlottetown et l'électro-choc du référendum, le Canada allait-il finalement sortir de sa torpeur et accepter de reconnaître la spécificité du Québec ?

Le 30 octobre 1995, le camp du Non a gagné la bataille, du moins dans le décompte des votes. Pourtant le lendemain, c'est le camp du Oui qui agissait en vainqueur. Le Canada oubliait déjà les grandes manifestations d'amour préréférendaire et adoptait l'attitude du perdant. Il n'a pas tardé à revenir à une position qui offrait le *statu quo* ou rien.

Pourtant la solution à notre dilemme existentiel me semble, dans ma grande naïveté, simple. Pourquoi ne pas revenir aux propositions de l'Accord du Lac Meech et y ajouter une certaine décentralisation vers les provinces ? D'ailleurs plusieurs commentateurs reconnaissent que c'est là la route à suivre. La communauté acadienne se doit de prendre une part active dans le débat et appuyer cette solution. Elle doit chercher à convaincre ses hommes et femmes politiques que le temps de proposer des solutions est arrivé. Le premier ministre McKenna, étant donné sa grande popularité au Canada anglais, se doit d'assumer un rôle de chef de file dans ce dossier.

La communauté acadienne, comme la francophonie canadienne, est inquiète de la tournure des événements. Elle sent que son avenir se joue actuellement sans qu'elle n'ait rien à dire. Elle s'aperçoit que ni le Canada anglais ni le Québec ne portent attention à ses besoins et ses attentes. Plusieurs personnes la considèrent comme une création des programmes d'aide aux minorités linguistiques du gouvernement Trudeau ou encore comme un vestige folklorique. On oublie qu'elle existait bien avant ces programmes, qu'elle a son histoire, sa culture, et ses institutions économiques et sociales. Il est vrai qu'elle n'a pas l'influence politique du Québec et son importance peut paraître marginale. Cependant, elle ne doit pas être ignorée et n'acceptera pas de l'être.

En ce qui a trait à ses relations avec le Québec, les ponts de communication doivent être rétablis. Sans parler d'intérêts identiques, l'Acadie et le Québec doivent se rappeler qu'elles ont un intérêt en commun : la survivance de la culture et de la langue françaises en Amérique. Le Québec, qui aspire à jouer un rôle prépondérant au sein de la francophonie internationale, doit d'abord apprendre à mieux exercer son leadership au sein de la francophonie canadienne. Il doit prendre conscience qu'à ses frontières il existe une francophonie dynamique qui a besoin d'un Québec fort. Il doit apprendre à composer avec cette francophonie et à respecter ses différences.

Pour sa part, l'Acadie devra faire confiance au Québec. Elle devra cesser de le voir comme un ennemi alors qu'il est un allié sur qui elle devrait pouvoir compter. Il devrait pourtant être facile pour ces deux groupes, qui partagent une même langue, de s'entendre et de se parler.

L'Acadie doit également réfléchir sérieusement à son avenir et à la place qu'elle veut occuper dans le Canada de demain. Elle doit développer une stratégie qui lui permette de mieux se faire entendre. Prise entre l'arbre et l'écorce, l'Acadie du Nouveau-Brunswick, comme la francophonie canadienne, se cherche. Un peu comme un enfant qui entend ses parents parler de divorce, elle sait bien qu'elle ne peut sortir gagnante de l'épreuve. Elle se sent divisée entre la passion qui l'attire vers l'idée d'un pays français en cette terre d'Amérique et la raison qui lui fait apprécier le confort du Canada. Elle sait qu'elle a un rôle à jouer dans la reconstruction du Canada, mais n'a pas encore trouvé le texte qui va avec ce rôle.

Les prochains mois risquent d'être riches en émotion. Le remède au mal de vivre canadien est loin d'être trouvé. Toutefois, si nous pouvons poursuivre le dialogue, peut-être trouverons-nous une réponse.

Notes

1. C'est-à-dire la francophonie canadienne.

2. La communauté acadienne est dispersée dans les quatre provinces atlantiques. Cependant, pour les fins de ma présentation, je limiterai mes propos à la communauté acadienne du Nouveau-Brunswick.

3. Citons à titre d'exemple la récente décision du gouvernement ontarien de revoir l'application de sa *Loi sur les services en français* sous les pressions de certaines personnes qui n'ont toujours pas accepté la présence du français sur les panneaux routiers de la province.

4. Ils oublient facilement que l'Acadie a été le premier établissement européen en Amérique du Nord (1604), quatre ans avant Québec (1608). Cet oubli est peut-être volontaire car l'existence même de l'Acadie vient remettre en question la thèse qui fait du Québec le « foyer historique » de la francophonie canadienne. Cette souche historique différente donnera à la communauté acadienne une identité distincte de celle des Québécois ou des Canadiens français. Tout en reconnaissant l'importance de l'alliance entre tous les français d'Amérique, spécialement avec ceux du Québec, l'Acadie refusera à la fin du XIX\ :sup:`e` siècle d'adopter les symboles du Canada français. Au lieu de choisir la Saint-Jean-Baptiste comme fête nationale, elle optera pour l'Assomption, le 15 août. Elle choisira également son propre drapeau et son propre hymne national.

5. Le gouvernement fédéral affirme, chiffres à l'appui, qu'il y aurait un million de francophones à l'extérieur du Québec. En revanche, le Bloc québécois parle de 750 000 parlants français, d'où le fameux « pouf les francophones » de la députée bloquiste Suzanne Tremblay. La réalité se trouve quelque part entre ces deux chiffres.

6. Les francophones seraient à peu près 0,5 % de la population de Terre-Neuve; 2,8 % de l'Île-du-Prince-Édouard; 2,9 % de la Nouvelle-Écosse; 33 % du Nouveau-Brunswick; 5 % de l'Ontario; et à peu près 3 % dans l'Ouest canadien.

7. Le Nouveau-Brunswick est la seule province canadienne, à l'exception du Québec, à avoir élu un premier ministre canadien français. L'acadien Louis J. Robichaud sera élu en 1960 et conservera le pouvoir jusqu'en 1970. Pendant ses années de pouvoir, Robichaud mènera le Nouveau-Brunswick sur la voie de sa propre « révolution tranquille ». Les transformations qu'il effectuera dans la province bénéficieront principalement à la communauté acadienne.

8. René Lévesque ne les a-t-il pas appelés des *dead ducks* et l'auteur québécois Yves Beauchemin des « cadavres encore chauds »?

9. Robert Bourassa, par exemple, a appuyé les gouvernements de l'Alberta et de la Saskatchewan lorsque ceux-ci ont décidé d'abolir les quelques droits que les communautés francophones de ces provinces avaient réussi à « regagner » à la suite de procédures judiciaires. Le Québec se rangera également du côté opposé dans plusieurs poursuites judiciaires relatives aux droits à l'éducation en milieu minoritaire.

10. Le gouvernement fédéral adopte en 1969 sa *Loi sur les langues officielles* et met sur pied des programmes d'aide aux communautés de langues officielles. À la même époque, le gouvernement du Nouveau-Brunswick adopte sa propre loi sur les langues officielles.

11. Certains sociologues accuseront les juristes d'avoir « judiciarisé », dans les années 1980, le discours des communautés francophones. S'il est vrai que les revendications seront pendant cette période beaucoup plus « juridiques », il ne faut pas oublier, en revanche, que le moment était propice à ce type de demandes. En effet, pour la première fois de son histoire, la francophonie canadienne pouvait compter sur des juristes francophones formés dans sa communauté. L'Université de Moncton et l'Université d'Ottawa ont été les premières à offrir une formation en français à des juristes de la francophonie canadienne. De plus, il ne faut pas oublier que les années 1980 ont été les années des grands débats sur le plan constitutionnel. La francophonie canadienne devait y être présente si elle ne voulait pas être totalement oubliée.

12. Les communautés francophones du Canada obtiendront également, lors du rapatriement de 1982, l'inscription de l'article 23 qui donne aux minorités de langues officielles le droit à l'éducation dans la langue de leur choix. L'interprétation de cet article donnera lieu à de nombreuses contestations judiciaires. Encore aujourd'hui, plusieurs gouvernements préfèrent vivre dans l'illégalité plutôt que de respecter ce droit fondamental à l'enseignement en français.

13. Actuellement, la francophonie canadienne peut compter non seulement sur ses députés, mais également sur les députés québécois fédéraux pour faire ses doléances à Ottawa.

14. À l'heure actuelle, la communauté acadienne forme 31 % de la population du Nouveau-Brunswick. Elle peut compter sur à peu près un tiers des sièges à l'Assemblée législative et au sein du cabinet provincial. Dans la nouvelle province, elle ne représenterait plus que 15 % de la population.

15. Déjà certains politiciens fédéraux et quelques professeurs d'université mènent une campagne en faveur de cette union politique.

16. Voir la récente étude du premier ministre McKenna et du professeur Donald Savoie publiée dans l'édition du 11 novembre 1995 du *Telegraph Journal*. La thèse décentralisatrice du premier ministre McKenna contraste singulièrement avec

sa position farouchement centralisatrice au début du débat entourant l'Accord du Lac Meech.

Roger Gibbins

Department of Political Science
University of Calgary
Presenter

WESTERN CANADA IN THE WAKE OF THE EVENTS OF 1995

The intent of this short paper is to assess, in a very preliminary fashion, the impact of the "events of 1995" on the political and constitutional climate in western Canada. By the "events" I refer not only to the outcome of the Quebec sovereignty referendum but also to the preceding campaign and, most important, to the Prime Minister's parliamentary response to the outcome. Taken as a package, these events have had an injurious impact on the political climate in the West; they have exacerbated regional conflict[1] in a way that offers little immediate prospect for repair. Somewhat ironically, but from a regional perspective, perhaps not surprisingly, the greatest damage was done not by sovereignists in Quebec but by federalists in Ottawa. To make a bad situation worse, there is good reason to expect that the Liberal government will seek to inflame rather than moderate western discontent in the run-up to the next federal election. It is difficult, then, to speak with any confidence about the western Canadian political climate in the wake of the events of 1995.

The Referendum Campaign

As a matter of deliberate strategy, the West was marginalized during the Quebec referendum campaign. The premiers were told by the prime minister and federal strategists (the term is used very loosely and generously) that their ruminations on the future of Canada would not only be of little value to the "No" side in the referendum, but would quite likely fan the nationalist flames. The message was that if you have nothing positive to say, it would be best to say nothing at all. And, apart from some isolated tough-love talk by Saskatchewan's Roy Romanow and sporadic "my Canada includes Quebec" interventions by Alberta's Ralph

Klein, the premiers kept out of the debate. With the partial exception of the Reform party, an exception to which I will return, western Canadian opinion was effectively muzzled during the referendum campaign.

This is not to say that western Canadians were happy about being excluded from the debate about the future of *their* country. Furthermore, the assumption by federal strategists that anything western Canadians had to say would be detrimental to national unity was particularly grating. The message received was that the referendum was a closed, family debate among Quebec politicians; western Canadians were treated like uncouth in-laws, apt to make rude noises and inappropriate comments if invited to sit around the family table. However, in all likelihood this strategy would not have been particularly damaging *had it worked*. True, it reinforced long-standing western perceptions of being at the margins of the national community, but Canada has survived with those feelings for a long time. But unfortunately, the federal strategy did not work; it delivered a precarious win, a forceful champion of independence as the new premier of Quebec, and the promise of more referendums to come.

The Outcome of the Referendum

The narrow, indecisive win by the "No" side in the referendum has had a number of important consequences for the political climate in western Canada. First, it appears to have hardened public opinion towards Quebec, a response, incidentally, that has not been isolated to the West. There is little evidence that western Canadians are prepared to pull back from the October 30 precipice by adopting a more accommodative stance towards Quebec's constitutional concerns and aspirations. If anything, the outcome of the referendum has produced a more belligerent opinion climate; the talk is more about the need to take a hard line if Quebec decides to go than to take a soft line in order to prevent Quebec's departure. While many western Canadians have expressed the desire to have Quebec remain in Canada, it is to be on terms comfortable for the West rather than for Quebec. To quote a popular country and western song, the post-referendum mood is "my way or the highway."

Second, the referendum outcome has badly damaged the credibility of the federal Liberals as a partisan vehicle for national unity. The Liberal party, and the national unity policies it has espoused since Pierre Trudeau became leader in the late 1960s, have undoubtedly been seen by many western Canadians as the most effective means of keeping the country together. However, it is now increasingly difficult to believe that the "Liberal solution" is the key.[2] The assertion that only a Liberal government, with its feet planted firmly in Quebec and English Canada, can keep the country together looks less and less plausible as sovereignist support hovers around fifty percent.

As a result, radically different approaches to national unity are taking on much greater credence. If, as Preston Manning has argued, conventional approaches to national unity (what he calls the "old politics") have produced two Quebec referendums, two failed constitutional packages (Meech Lake and Charlottetown), and only the promise of more constitutional turmoil to come, then perhaps it is time to try a different approach. The closeness of the referendum has therefore legitimated a more radical form of political discourse in western Canada. Before, any attempt to talk about what Canada might look like without Quebec was attacked as playing into the separatists' hands; acceptable discourse rested upon the assumption that Canada would survive. Thus discussion of what form a Quebec-less Canada might take, and whether western Canadians would be comfortable within such a Canada,[3] was dismissed as near treasonous, the talk of flakes and loonies. Now it seems only prudent to begin to contemplate just such a state of affairs. And, when this is done, speculation about an independent West or independent parts thereof is inevitable.

This profound shift in the character of political discourse, in what is acceptable to bring to the table, is likely to be permanent no matter what constitutional or non-constitutional arrangements might be cobbled together for Quebec. Indeed, it may become even more pronounced as the federal government scrambles to keep federalists afloat in Quebec. The genie of western alienation is not only out of the bottle; it is beginning to embrace radical solutions.

The Prime Minister's "National Unity" Response

In his response to the narrow "No" win in the referendum, and to incautious promises made during the final days of the campaign, Prime Minister Chrétien has taken a number of actions to strengthen Quebec's position within the Canadian federal state. These actions, alone and as a package, have heightened regional discontent and further frayed the bonds between the West and the national political community. The Prime Minister's actions can be seen as a positive contribution to national unity only if national unity is defined by day-to-day support in the polls for the soft-nationalist option in Quebec.[4]

The parliamentary action to grant (or lend) a constitutional veto to Quebec, and to use a parliamentary resolution to provide for the recognition of Quebec's status as a distinct society, is nothing less than a deliberate slap in the face for western Canadians.[5] It unilaterally imposes changes to the constitutional order that western Canadians and their provincial governments have explicitly and emphatically resisted for decades. It fundamentally changes a constitutional amending formula that western Canadians had done much to create, does so in a way that demonstrates a crass indifference to the rule of law, and imposes an amending formula that the West rejected more than twenty years ago. It ensures that programmatic and spending decisions by the federal government will be tipped to Quebec's advantage as bureaucrats respond to the parliamentary directive to take Quebec's distinctive character into account whenever decisions are made.[6] The Prime Minister's action violates regional standards of due process by imposing a de facto change to the constitution without any effort to consult the people or governments of western Canada, or for that matter any region. A unilateral process that extends only to the Liberal caucus in the House is particularly odious in a region where popular consultation on matters of constitutional amendment has become the norm. In short, if the Prime Minister had tried, he could not have come up with a package that was more offensive to western constitutional and political sensitivities. The parliamentary action reveals a national government for whom "the West" refers to no more than the west end of Montreal.

The government's belated effort to spread the veto around by creating a fifth "veto region" for British Columbia failed to recognize the basic problem. By handing nationalist governments in Quebec an absolute veto, the Prime Minister effectively slams the door on any regional aspirations for constitutional change. (As Aboriginal leaders have pointed out, it also provides the Quebec National Assembly with a veto on any change affecting Aboriginal peoples.) In the past, western Canadians who had pursued the Holy Grail of Senate reform, or the less holy but equally difficult goal of relaxed party discipline, had hoped that they might be able to bargain with Quebec federalists seeking a Quebec veto and the constitutional recognition of Quebec as a distinct society. Quebec federalists might have been prepared to move on institutional reform in exchange for western movement on the Quebec agenda. That bargaining chip has been removed by the Prime Minister, and with its removal the prospects of institutional reform in line with western aspirations has evaporated. Now, more than ever, Quebec will call the constitutional and institutional shots, a Quebec led by Lucien Bouchard and the Parti Québécois. The West, therefore, is locked into a system that is generally perceived to work against the region's interests.

This leaves decentralization as the only constitutional option open to the West. As I have argued elsewhere, decentralization on a massive scale has never been an option of great popular appeal in the West, although it has tempted and continues to tempt provincial governments. Given, though, that it is the only option that Quebec politicians inside and outside Ottawa are prepared to put on the table, will it succeed in smoothing ruffled feathers in the West? Will it help pull the West back from the precipice, and restore regional confidence in the federal government and national community? In the short run, it might. (It will also strengthen Reform's hand in the West, as decentralization has long been a central plank in the party's platform.) Certainly decentralization will be of appeal to the "have" provinces on the western flank of the region; it will address Alberta's concern with the Canada Health Act and British Columbia's with social assistance guidelines. In the long run, however, decentralization will likely have the same impact on the West as it will on Quebec. It will make the federal government less and less relevant to the lives of individual Canadians, encourage regional differentiation with respect to social programs, and weaken any commitment to national standards or equalization. Simply put, decentralization makes Canada less interesting or appealing to western Canadians. As a national unity strategy, decentralization reveals little more than the paucity of thought within the Liberal government and party.

If this situation is not cause enough for despair, we must also take into account recent Liberal efforts to demonize Reform as the enemy of Canada, as the "true separatists" unwilling to take the necessary steps to accommodate Quebec. The Liberals' attack on Reform has been little short of vicious, and Preston Manning has been ridiculed in a way that would never be done for a member of the "family." The Liberal government either assumes that it can routinely beat up on Reform without being seen as beating up on the region at the same time, or it simply doesn't give a damn. Admittedly, the attack on Reform could work if the Liberals themselves were seen as having a viable national unity strategy. However, the lesson western Canadians learned from the events of 1995 is that the Liberals have no strategy beyond constitutional appeasement and repeated reference to the UN's description of Canada as the number one country in the world.

Now, some may feel that this focus on the partisan war between the Liberals and Reform is missing the bigger picture, that our focus should be on broader questions of constitutional principle and strategy. However, it is precisely this partisan struggle that will bring new and particularly problematic constitutional perspectives into play. The indiscriminate Liberal attack—criticizing Manning when he stays out of the Quebec debate, ridiculing him when he participates—gives Reform no option but to try to mobilize those Canadians who are now prepared to play hardball with Quebec. And here, polls suggest that this constituency is substantial and growing.[7] Reform, then, will be more likely than ever to talk about the formal constitutional equality of the provinces, institutional reform, and the rejection of special status for any province, including Quebec. In short, Reform will bring traditional western Canadian constitutional values into play on the national stage, and will do so with greater force than western premiers did in the past. Given the closeness of the referendum result and the inevitability of another referendum, Reform may also find an audience for those values in Ontario. The Liberals' attempt to regionalize and thereby marginalize Reform, to portray Reform MPs as western hicks lacking any appeal to the cosmopolitan centre, may not work in an opinion environment radicalized by the events of 1995, and in an Ontario transformed by the Mike Harris Conservatives.

Thus Reform is likely to be successful in mobilizing a constitutional vision with no appeal whatsoever to Quebec, and therefore considerably lengthening the odds of a constitutional settlement. Reform is not on the skids, for the events of 1995 have fostered a public opinion climate outside Quebec that is increasingly congruent with the constitutional vision of Reform and the West.

Looking Ahead

Predictions about the future are not easy to make, for the political landscape in the West is both fluid and complex. There is no question, for instance, that the prime minister has succeeded in fracturing the West along a number of quite different lines. The last-minute grant of a constitutional veto to British Columbia has helped set that province apart from the prairie provinces, and has helped to reinforce a long-standing if not necessarily accurate perception among British Columbians that they truly are a breed apart.[8] The push for greater decentralization and the progressive disengagement of the federal government from social programs will almost certainly find a more favourable reception in Alberta and British Columbia than it will in Manitoba and Saskatchewan. There is also no question that the Liberal government's vitriolic assault on Reform will find some support in the region, particularly among those who are more concerned with Reform's social and economic agenda than they are with constitutional uncertainties.

However, to divide is not necessarily to conquer, and it is by no means clear that a Liberal party led by Jean Chrétien is about to dislodge Reform from its base in the two western-most provinces. On what remains the "big issue" of the day, the Liberals' national unity policy has no regional appeal. Indeed, I would argue that the Liberals have already written off the West in order to troll for seats in central Canada or, more likely, to regionalize Reform's appeal and thus to blunt its potential inroad into the Ontario electorate.[9] The real issue is whether the Liberals, by attacking Reform, have opened up room for a Progressive Conservative revival in the West. To answer this question, one must ask whether western Canadians who are disenchanted with the Liberals' Quebec leadership, and with their preoccupation with the Quebec issue, will turn to an opposition party led by a Quebecker and committed to bringing Quebec back into the Canadian constitutional family? To put the matter another way, if Jean Charest is able to lead a Conservative recovery in western Canada, or for that matter in Ontario, he is more likely to do so by sopping up disenchanted Liberals than he is by wooing Reformers. At this point, therefore, it is difficult to see Reform being in serious trouble in its western bastion. Indeed, the unfolding of the national unity debate, the referendum indictment of the Liberals' national unity strategy, and growing English Canadian resistance to constitutional appeasement all point toward Reform's growth, not contraction.

The intense partisan hostility between the Liberals and Reform is symptomatic of a much larger problem, albeit one reinforced by this partisan conflict. To summarize briefly, the events of 1995 have had a twofold impact on the constitutional and political climate in the West. First, they have destabilized the region, undermining faith in the survival of the country and legitimating the voice of those seeking a radical transformation of the region's relationship with the Canadian community. Second, they have shut the door on many of the solutions that western Canadians have advanced in the past. Any chance for Senate reform has been killed, and the incumbent government is hostile in the extreme to any relaxation of party discipline in the House. The West's new party, the Reform Party of Canada, is ridiculed because it advances constitutional principles that are dismissed in Quebec, and because it is led by a leader assumed to lack national credibility, a leader, in short, who does not come from Quebec.[10]

Given that Quebec's constitutional concerns and priorities will continue to dominate the national agenda, it is almost impossible to imagine anything other than a further deterioration in the western Canadian climate. The most likely scenario is that the Liberal party in Ottawa and the Liberal party in Quebec will collaborate on a constitutional strategy designed to appeal to the increasingly mythical soft-nationalist voter in Quebec. To the extent that this strategy dictates that the constitution be changed through parliamentary initiatives, and that national programs be redesigned or abandoned, this will be done, and in the process no thought will be given to western opinion. Ultimately, this strategy will be put to yet another referendum in Quebec, a referendum in which western Canadians will again be unwelcome spectators.

This is a strategy designed to heighten regional unrest, and it is based on the assumption that western Canadians will always complain but never leave. It is a strategy fraught with danger. It is also a strategy that will be put to a very interesting test in Ontario. If, in their frustration with Quebec nationalists, Ontario voters turn to Reform, then Canadians may end up with a national government that will leave soft nationalists in Quebec with no option but independence. If, on the other hand, Ontario voters endorse Chrétien's national unity strategy and reject Reform, then the party will be isolated in the West. In that event, it may not be Reformers who silently fold their tents and go away. It may be the West.

1. "Regional" in this context refers only to western Canada; no assumption is made that the observations about the changing character of regional politics in the West apply with any force to Atlantic Canada, although in some respects they may.

2. On national unity issues, although not on other public policy matters, there is little to distinguish the approach taken by Brian Mulroney from that of Liberal leaders before and after his administration.

3. The West's potential discomfort stems from the fact that more than half of the population of a Canada without Quebec would reside in Ontario.

4. Even here, of course, it is not clear that the Prime Minister has made much headway, but this is a subject for other authors to address.

5. At the time of writing, the Quebec bill has not yet been passed by the Senate. Passage, however, appears inevitable.

6. The parliamentary resolution introduced by the Liberal government calls for the House "to encourage all components of the legislative and executive branches of government to take note of this recognition and be guided in their conduct accordingly." To appreciate the extraordinary nature of this resolution, try to imagine (it is admittedly difficult to do so!) a congressional directive that federal bureaucrats in the United States take California's interest into special account whenever programmatic or budgetary decisions are made.

7. The Reform party picked up 19 percent of the popular vote in the 1993 election. A much larger proportion of the Canadian electorate is prepared to support a hard line on national unity issues, which suggests that Reform has considerable room for growth.

8. For the historical case for British Columbia's "distinct society," see Jean Barman, *The West beyond the West* (Toronto: University of Toronto Press, 1991); for a more contemporary expression, see Rafe Mair, "White-Hot Anger from beyond The West," *Maclean's*, January 8, 1996, p. 76. For empirical evidence suggesting that British Columbians share common regional values and political outlooks, see Roger Gibbins and Sonia Arrison, *Western Visions: Perspectives on the West in Canada* (Peterborough: Broadview, 1995).

9. It is a given that the Liberals will lose Ontario seats in the next federal election. The only question is to whom they will be lost.

10. This is why Jean Charest, leading a party with only two seats in the House, but one from Quebec, is routinely portrayed as a more "national" figure than Manning.

Frances Abele

Public Administration
Carleton University
Rapporteur

SOURCES OF HOPE

During the last twenty-five years of constitutional negotiation, there has been a tendency for commentators to see a discussion between two parties, Quebec and the rest of Canada. Michel Doucet rejects this "vision bipolaire"; as his and the other presentations illustrate, the constitutional renegotiation exists in at least three dimensions, which involve the Aboriginal nations, cultural and linguistic communities, and regional (sometimes provincial) interests. The presence of these various political trajectories in the constitutional discussions may explain some of the apparent intractability of some issues. Recognizing the distinctions may help in the development of new approaches.

Linda Cardinal is inclined to view the last twenty-five years of constitutional discussions less as a series of failed attempts at appeasement, and more as the opening of a process to find a new pluralistic balance within the constitution. While the process has revealed unpleasant as well as pleasant "differences" among Canadians, it has also created an opportunity for the formulation of new collective purposes. Whether one is inclined to this relatively optimistic reading or to agree with Roger Gibbins that the record shows rather a series of failed attempts at consensus and pointless appeasement, it is plain that as much as we need a new structural vision of Canada, we also need a realistic consideration of the processes for arriving at a new consensus. I think the clarity of purpose and explanation in the presentations today provide many sources of hope that such a process is possible, and that a new consensus may be designed.

We learn from John Berry and his colleagues that there is still a deep reservoir of tolerance and respect for diversity in the land—in Quebec as well as in Canada as a whole. Canadian political life has always needed tolerance and mutual respect. In important ways, all political parties in Canada have recognized this fact, and have built their successes upon it. Berry's analysis carries not only a justification for optimism about the overall dimensions of Canadian political culture, but also an important lesson for any political party aspiring to effective action in federal politics.

Doucet, Cardinal, and Gibbins all offer the very important insight that we need to base our program upon a recognition of the power of economic forces and institutional limits in the construction of identities. We see that politically salient identity is fluid, developing out of political and social action in light of history and current institutional limits. It is not arbitrary. In the accommodation and negotiation of new forms of cultural and national community, we cannot escape questions of power and equality.

Understanding this lends a significantly better purchase on the problems of polarization and mutual recrimination that occasionally dominate the constitutional discussions. It is certainly true, as Cardinal notes, that there is an ideological struggle to be waged, against authoritarianism and in favour of tolerance and mutual respect. There is also an urgent need to attend to the effects of attempts to respond to nationalism in Quebec, on the structure and powers of the federal state, including its role in the economy and in social welfare.

Cardinal and Doucet argue that as the federal government "decentralizes" in an attempt to transfer greater powers to Quebec in the most politically acceptable way, the powers of the federal state decrease, and with them, many of the programs that have benefitted Francophone communities outside Quebec. Gibbins sees the same problem, from the perspective of the West. He emphasizes the way in which the government's post-referendum passage of legislation to grant constitutional vetoes to five Canadian "regions," including Quebec, could alter radically the prospects for, on the one hand, the reform of federal institutions that has long been a goal of western Canada, and on the other, the realization of Aboriginal self-determination, which is to date a very promising work-in-progress.

In short, if decentralization seems to respond in the short term to demands from some in Quebec for greater powers, it threatens in the longer run to make federalism much less important for all Canadians, including those living in Quebec.

Perhaps there are some lessons to be learned from Aboriginal people's strategies and successes during the last twenty-five years of Canadian political development. One interesting case is the creation of the new territory of Nunavut. Negotiation of a new territory in the homeland of Inuit with adequate political and economic powers to ensure democratic territorial government required twenty years. Implementation of Nunavut—its actual creation—will probably take at least that long.

Although the time taken for development is significant, it is important to appreciate the achievement. Peacefully, constructively, with imagination and tact, the conditions were established under which Inuit of the Northwest Territories could freely consent to Canada. They have created a new place within Confederation, and new arrangements under which all will be better accommodated.

The case of Nunavut, and the other advances that have been realized in Aboriginal-Canada relations, should not make us complacent. There are many items of outstanding business. At the same time, it is important to see that progress can be made in making Canada at once more democratic and more hospitable to communities and collectivities.

Years ago, Donald Smiley observed that the frequent contention that there was no home-grown tradition of Canadian political philosophy was incorrect. He located the tradition of Canadian political philosophy in the study of federalism. In the federal-provincial negotiation that has dominated Canadian political life, the most fundamental questions of political, economic, and social rights have been settled. This is as true today as ever. Definition of the new form of the federation will redefine not only the relations among the provinces, the relationship of the province of Quebec to the others, and the place in Canadian political life of the whole "francophonie," but it will also include a new conception of the rights and responsibilities of citizenship. For this reason, if for no other, the impending constitutional renegotiation must be a matter of intense concern to all citizens. It involves much more than nationalism or provincial rights.

Frances Abele
Administration publique
Université Carleton
Rapporteur

SOURCES D'ESPOIR

Au cours des vingt-cinq dernières années, certains commentateurs ont eu tendance à considérer le débat constitutionnel comme une discussion entre deux parties intéressées, à savoir le Québec et le reste du Canada. Michel Doucet rejette cette vision bipolaire. Son allocution, de même que celle des autres présentateurs, fait clairement ressortir le fait que la négociation d'une constitution renouvelée se présente sous au moins trois dimensions englobant, entre autres, les nations autochtones, les collectivités culturelles et linguistiques et les intérêts régionaux si ce n'est, à l'occasion, les intérêts provinciaux. L'influence de ces réalités politiques dans le débat constitutionnel explique en partie l'opiniâtreté des uns à propos de certaines questions. La connaissance de la spécificité particulière de ces dimensions pourrait contribuer à l'élaboration de nouvelles approches au débat.

Plutôt que de considérer les vingt-cinq dernières années de discussions constitutionnelles comme une série de tentatives d'apaisement qui ont échoué, Linda Cardinal les considère davantage comme le début d'un processus visant à trouver un nouvel équilibre constitutionnel axé sur le pluralisme. Bien que ce processus ait fait ressortir des différences, et déplaisantes et plaisantes, parmi les Canadiens, il a aussi fourni l'occasion de formuler de nouveaux desseins collectifs. On peut soit être d'accord avec cette interprétation plutôt optimiste, soit partager l'avis de Roger Gibbins selon lequel le dossier témoigne d'une série de tentatives ratées visant à recueillir un consensus d'une part et d'apaisements inutiles d'autre part. Bien que nous ayons besoin d'une nouvelle vision structurelle du Canada, il est clair que nous devons être réalistes quant aux processus qui nous permettront de parvenir à un nouveau consensus. À mon avis, la clarté des intentions et des explications contenues dans les présentations d'aujourd'hui permettent d'espérer que l'on trouvera le processus approprié et que l'on parviendra au nouveau consensus qui s'impose.

John Berry et ses collègues nous apprennent que la tolérance et le respect de la diversité sont encore bien ancrés au pays, tant au Québec qu'au Canada dans son ensemble. La vie politique au Canada a toujours exigé la tolérance et le respect mutuel. D'ailleurs, tous les partis politiques au Canada l'ont reconnu et leurs succès respectifs en découlent. L'analyse de Berry, en plus de justifier un certain optimisme en ce qui a trait aux dimensions d'ensemble de la culture politique canadienne, comporte aussi une importante leçon pour tout parti politique qui aspire à des interventions efficaces dans l'arène politique fédérale.

Doucet, Cardinal et Gibbins nous rappellent que nous devons bâtir notre programme tout en étant sensibles à l'influence des forces économiques et des limites des institutions sur le plan de la construction d'identités. Nous pouvons constater que toute identité sur le plan politique est une réalité fluide qui se dégage de l'action politique et sociale, et ce, à la lumière de l'histoire et des limites actuelles de nos institutions actuelles. Il ne s'agit pas d'un phénomène arbitraire. Dans le cadre des accommodements nécessaires aux fins de la négociation de nouvelles formes de collectivités culturelles et nationales, nous ne pouvons échapper aux questions de pouvoir et d'égalité.

L'intelligence de cette réalité contribue à une meilleure compréhension des problèmes découlant de la polarisation et des récriminations mutuelles qui, de temps en temps, dominent le débat constitutionnel. Comme l'affirme Cardinal, il faut certes faire campagne contre l'autoritarisme et promouvoir la tolérance et le respect mutuel. Mais il y a aussi un besoin urgent de porter une attention particulière aux effets des initiatives visant à réagir au nationalisme québécois sur la structure et les pouvoirs de l'État fédéral, y compris son rôle sur les plans de l'économie et de la sécurité sociale.

Comme le soutiennent Cardinal et Doucet, au fur et à mesure que le gouvernement fédéral « décentralise » en vue de transférer de plus amples pouvoirs au Québec, et ce, de la manière la plus acceptable sur le plan politique, les pouvoirs de l'État fédéral diminuent, tout comme l'influence de certains programmes qui ont profité aux collectivités francophones hors Québec. Dans l'Ouest, Gibbins constate le même problème. Il souligne que l'approche du gouvernement fédéral après le référendum pour faire adopter une loi accordant le veto constitutionnel à cinq régions du Canada, dont le Québec, pourrait avoir des répercussions importantes d'une part sur la réforme des institutions fédérales que l'Ouest du Canada réclame depuis longtemps et, d'autre part, sur la réalisation de l'autonomie gouvernementale par les Autochtones, un processus déjà amorcé et des plus prometteurs. Bref, si la décentralisation semble satisfaire à court terme aux demandes de pouvoirs accrus de certaines personnes au Québec, elle risque à long terme de diminuer l'importance du fédéralisme aux yeux de tous les Canadiens, y compris ceux qui habitent au Québec.

On pourrait peut-être tirer une leçon des stratégies adoptées par les peuples autochtones au cours des vingt-cinq dernières années d'histoire politique et des succès qu'ils ont connus. La création du nouveau territoire de Nunavut est un exemple intéressant. Les négociations en vue de la création, au pays des Inuit, d'un nouveau territoire doté des pouvoirs politiques et économiques nécessaires à la mise en place d'un gouvernement territorial démocratique ont duré vingt ans. La mise en œuvre du Nunavut — c'est-à-dire sa réalisation proprement dite — prendra au moins autant de temps. Bien que la période de temps que nécessitera cette réalisation soit importante, il faut néanmoins saluer ce succès. C'est dans une conjoncture marquée par des discussions calmes et constructives, par l'imagination et le tact que les conditions acceptables aux Inuit pour adhérer librement au Canada ont été établies. Les Inuit ont créé un nouvel espace au sein de la Confédération, de même que de nouvelles dispositions qui répondent davantage aux attentes de tous et chacun.

L'exemple du Nunavut, de même que d'autres progrès réalisés dans le cadre des relations entre les Autochtones et le Canada, ne devrait pas nous rendre suffisants. Il y a un grand nombre de questions non résolues. Il convient de signaler, toutefois, qu'il est possible de faire des progrès afin de rendre le Canada à la fois plus démocratique et plus accueillant envers les communautés et les collectivités.

Il y a plusieurs années de cela, Donald Smiley a fait remarquer que l'affirmation, souvent avancée, soutenant qu'il n'existe pas de philosophie politique propre au Canada ne tient pas. La philosophie politique canadienne s'est élaborée au fil des études sur le fédéralisme. C'est dans le cadre des négociations fédérales-provinciales qui ont dominé la vie politique canadienne que se sont réglées les questions les plus importantes sur les plans politique et économique, et sur celui des droits sociaux. Cela tient toujours autant aujourd'hui. L'élaboration d'une nouvelle forme de la fédération englobera non seulement les relations entre les provinces, les relations entre la province de Québec et les autres provinces, et la place de la francophonie au sein de la vie politique canadienne, mais elle entraînera une nouvelle conception des droits et responsabilités liés à la citoyenneté. Si ce n'était que pour cette seule raison, la renégociation imminente de la constitution doit préoccuper au plus haut point tous les Canadiens. La question dépasse le seul cadre du nationalisme ou des droits des provinces.

Edward Broadbent
International Centre for Human Rights
and Democratic Development
Guest Speaker

POST-REFERENDUM CANADA

One of Canada's best exports to the United States, J.K. Galbraith, once observed that economists answer questions on the economy not because they know the answer, but simply because they are asked the question. In agreeing to speak on national unity, I find it useful to begin my remarks today with this reference, in the unlikely hope that, having made the point, you will immediately exempt me from its application.

Having obtained agreement—I now add that I had to decide whether I was invited to speak as the former head of one of Canada's former national parties or as someone who, on other grounds, is expected to know something about human rights and democracy. The difference is important. For politicians, truth is a second order commitment. While they should not lie, their prime function in a democracy is to persuade people why a certain course of action should be pursued. In a sense their task is to give plausible reasons for hope. Academics, journalists, and the likes of me in my present position have a different kind of obligation. For us, truth telling should be a first order commitment. In a sense, our task is to send a message.

In addition to speaking the truth as I see it, I want to pay particular attention to how rights and democracy are related to the issue of national survival. In doing so, I will restrict myself to the Quebec dimension of the problem. I have never been so pessimistic.

This judgement is based on what's going on within Quebec, and the powerful impact and political consequences of the global economy on the country as a whole.

As a Canadian, I hope I am wrong and of course certain intervening developments during the next two years could produce a different outcome. In the meantime, I will attempt to explain my pessimism in a series of observations related to rights and attempt to link them in a crude causal fashion with the fate of our country. I make no claim to deal with all matters pertinent to this issue, only with some I see as important and inescapable and likely to be fatal in their consequences.

It's dumb to predict the future. But it's dumber not to try—especially if you want to change its direction.

Canada and Quebec are now inextricably part of the global economy. As Robert Heilbroner has remarked that economy is clearly out of control but this does not mean it lacks direction.[1] Forces underway for many years now mean that capitalism at the end of the twentieth century has been let loose to cascade virtually unchecked throughout the globe. The death of the Cold War and international trade agreements have only hastened the process.

State barriers to the unfettered flow of services and capital are now coming down, just as they did earlier to the flow of goods. Even Asia, the bastion of government-managed economies, through the WTO and APEC negotiations, is now clearly joining the process of turning the globe into one big market economy.

Along with this global economic transformation has been the withering away of the welfare state in the North-Atlantic world.[2] I want to say something about the nature of the welfare state during its period of ascendancy and about how different things are today. I believe this evolution and the differing responses to it within Canada are important to understanding the national unity challenges now facing the country.

During its period of ascendancy, roughly the three decades following World War II, for the first time in human history the majority of ordinary people within the North Atlantic world came to believe that their governments were actually working in their economic interest. Economic fairness for the majority, either real or believed to be forthcoming, provided the basis for broad-based support for democracy itself *and* for support for special government programs for women, blacks, the poor, and many minorities within society. In short, our part of the world went through a period of remarkable stability and increasing levels of access to justice for the majority.

In the North Atlantic world, the new presence of social and economic rights in the daily lives of the majority—in health, education, pensions, and virtually full employment[3]—was crucial in generating support for civil and political rights in civil society and for tax-supported government programs intended to redress the particular forms of injustice or systemic discrimination faced by others.

Tolerance and openness to change, which are crucial to democracy, did not, therefore, just happen. Nor did this change occur simply because of the moral arguments during these decades by certain politicians, editorial writers, union leaders, and religious spokespersons. It had a crucially important economic foundation as well. As with the rise of liberalism and capitalism centuries before, the welfare state had its origin in the commingling of values and economic realities.

Welfare states have activist governments. Politicians either because of commitment or pragmatism ensured that the power of capital within civil society was not able to get its way entirely. The inherently inegalitarian and anti-community thrust of a market economy was countered by governments. They deliberately effected a more equitable distribution of income and also ensured outside the whims of the market the universal provision of certain key goods and services. This social democratic aspect of the welfare state, whether properly named or not, became the norm in the North Atlantic world. Although they took partisan sides in the daily fluff of democratic political debate, ordinary people came to believe strongly that government as such was a positive good. Contrary to the mythology of a major part of the elites during this period, who never did accept the welfare state, the majority rightly perceived the government as *their* insurance against the kind of severe social and economic injustice inevitable in market economies without rights that I have witnessed in the Third World during the past six years.

Whatever their expressed ideology, politicians during the heyday of the welfare state were looked to for leadership of a positive kind, precisely because growing economies enabled them to deliver the goods. Politicians could decide not only to provide social programs on a universal basis; they could also innovate with special policies for minorities in regular as well as constitutional law. Harold MacMillan's Tories and Lester Pearson's Liberals did not differ in many important legislative measures from their social democratic competitors. In Germany the Christian Democrats, to this day, have defended the welfare state with a determination differing only in degree from Willy Brandt and Helmut Schmidt. In the United States, Richard Nixon favoured affirmative action in civil rights and campaigned on a promise of comprehensive health care.[4]

In contrast, throughout the North Atlantic world today, whatever their ideology, politicians get elected on the basis of what they will *stop* government from doing, not on how they will expand the world of social entitlements. Furthermore, majorities are now beginning to share the economic elite's opposition to governments. While the elite has always been certain that minimal government would be to their benefit (just look at the recent major shift in pre- and post-tax income to the richest) the majority of ordinary people have only recently begun to believe that they too would be better off with a 1920s-style state. This attitude goes well beyond the problem of deficits. Governments and politicians themselves are increasingly seen to be the problem, or in extreme cases, the enemy, an antagonism that quite transcends legitimate concerns about fiscal policy.

Finally, the welfare state had its birth in the North Atlantic world in a quite special set of circumstances after World War II, a fortuitous mixture of idealism and *realpolitik*. First and foremost was the domestic political strength and confidence of ordinary working people. On both sides of the Atlantic Ocean, they were determined to change the pre-war status quo that had produced the great depression of the 1930s. Therefore, through a combination of confident war veterans, growing trade unionism, social democratic parties, and the New Deal, pressure was put on governments to expand their role. (Here in Canada, Mackenzie King, no congenital egalitarian, was candid about his electoral fear of the CCF.) Second, at the international level, there was among the political leadership of all parties, except at the fascist and communist extremes, a strong desire to cooperate to restructure the global system in order to avoid repetition of the 1930s: Nazism and world depression. Hence, the establishment of the United Nations and the related Lord Keynes' inspired Bretton Woods financial institutions. The United Nations not only adopted the Universal Declaration of Human Rights but also subsequently the two great covenants: the Covenant on Political and Civil Rights and the Covenant on Economic, Social and Cultural Rights. It was thought that the application of Keynesian economics and a broadly defined culture of rights globally would ensure growth and greater equality as well as produce national and international stability. Many of the more thoughtful non-radicals like Lord Keynes believed that only this broad package of reform could preserve capitalism.

In my view, it took the particular coming together of domestic political force on the democratic left with the perceived necessity to act to ensure internal stability by the elites on both sides of the Atlantic that made the welfare state seem desirable. Sustained economic growth and Keynesian policies made it possible. These circumstances no longer prevail.

The National Unity Context

There are two important social forces that currently call into question not only the details of the arrangements of Canadian federalism, but in addition challenge its very legitimacy. These are, of course, a number of Aboriginal people and a great many Québécois. In both instances group or collective rights are involved. In the case of each there are supporters making claims that reach back to the arrival of Europeans in North America. But whatever the justification, in each case a form of what is now appropriately called identity politics is involved. For any language or cultural right to be significant in the life of a French-speaking or Aboriginal Canadian, the existence of some collectivity in which this right can be exercised is essential. For many Aboriginals and Québécois their fundamental sense of identity as individuals is perceived to be as part of a collective entity other than that entailed by Canadian citizenship. As our history has shown, this by no means excludes identification with also being Canadian, but in terms of emotional engagement, for a great many the minority attachment has greater resonance, more pertinent to how they see themselves and their families in day-to-day life. And as the whole country knows, by the end of 1995 in post-referendum surveys, in the case of the Québécois, if given the chance in a clear question, a majority has now indicated it would opt for independence from Canada as the best means of ensuring the survival of their collective identity.

If a majority of Québécois are to want to maintain their Canadian citizenship, they must believe that their Québécois identity can be best realized within the federation. Until recently this was clearly the case. From the outset of Confederation with its unique linguistic and legal system, Quebec was established as fundamentally distinct within Canada. Also major transformations of power between French-and English-speaking Quebeckers took place over time, particularly during the Quiet Revolution, which finally ensured clear and appropriate ascendancy of the French-speaking majority in the province.

Importantly, the Supreme Court of Canada has recognized the legal implications of the distinct society. Specifically, it recognized the right of the French-speaking majority to take certain measures in education and to discriminate against the English minority in the sign language law in order to promote and protect their culture. While ruling out the exclusive use of French, they correctly suggested that the principle of protecting the collective cultural right of French-speaking Quebeckers in an ocean of English speakers on this continent warranted government action to give preferential treatment to French over English on commercial signs. Such was and probably would be today the kind of authority that Quebec as a distinct society would periodically exercise in the cultural and linguistic domain, had the interpretive clause essence of the distinct society concept embedded in the Meech Lake accord been accepted by the rest of Canada. French-speaking Quebeckers would now be living in a secure federal structure that gave constitutional assurance to their collective right to make decisions directly relevant to the continuance of their distinct society within Canada[5]. Had this happened, as a supporter of the Meech Lake accord Lucien Bouchard might still be in Ottawa under quite different circumstances.

During the 1995 referendum campaign a shift of possibly historic proportions took place in Quebec. Some of us living there were much less surprised about this than others. Rejection of the Meech Lake accord had clearly done its serious damage to the federalist cause. Moreover, since the last federal election the government of Quebec and virtually the whole of the rest of Canada have marched in opposite directions on economic and social policy. In response to the economic centrifugal forces of the global economy, the federal government and a majority of the other provinces deepened the assault on the social and economic rights foundations of the welfare state. Government cutbacks initiated with regret by some and with glee by some others, became the order of the day. In Ottawa, the strongest voice in defence of the social and economic rights of ordinary people was Lucien Bouchard and the Bloc Québécois. This was well reported in Quebec during the two years leading up to the referendum.[6]

Therefore, the Bloc Québécois was not seen simply as a nationalist party in Ottawa. Well in advance of the referendum they had described themselves and acted like a traditional social democratic party. With this combination they obtained the support of virtually the whole trade union leadership, farm leaders, and, outside Montreal, the large majority of municipal politicians.

For its part, the government of Jacques Parizeau had not joined with other provinces or the federal government in coming to grips with its deficit. Indeed it even extended certain benefits to workers in the public sector. Thus while Ottawa had begun to shed its role as protector of social justice, with the support of the Bloc in a large majority of federal constituencies the provincial government in Quebec City increasingly was seen to stand alone in representing a qualitatively different approach to politics, i.e., as a defender of the values of the welfare state.

Some have suggested that the sovereignists obtained the higher level of support in the recent referendum simply because of the personality of Lucien Bouchard. However, there is always a question that needs to be answered in such circumstances: why did this charisma of this man work at this time?

I think the answer is something like this. Of course, he spoke of old grievances, many of which had been resolved. Of course, he gave a distorted history of Canadian federalism. But more significantly, he also gave voice to the developed sense of decency of the present majority of Québécois. Complementing the local work of union, farm, and municipal leaders, he gave soul to the campaign. Theirs were the nuts and bolts details of social democracy. His role was to express with passion its values in a Quebec context. Although he has been demonized outside Quebec and by federal forces within the province, his political personality was the potent fusion of nationalism and social democracy. He promised Quebeckers that their province when independent would not go in the new direction of the rest of Canada. It was not surprising, therefore, that the referendum not only confirmed the youth vote on the side of sovereignty but of greater significance, new levels of support were found among women and the elderly.[7]

The people of Quebec, like the rest of Canada, are caught up in the impersonal force of global capitalism.[8] Rather than increasing their insecurity, Bouchard assured them that they, through their own government, could build a better society. French-speaking Quebeckers, who have always looked positively to the one government that as a majority they control, were prepared to believe. In the previous referendum, the federalist side could confidently point to Ottawa as the source and guarantee of programs like unemployment insurance and pensions. Not so now, fifteen years later. Rather than losing their pensions, increasing numbers of senior citizens came to think their benefits would more likely remain with a "oui" vote than if they relied upon an Ottawa preoccupied with cutbacks. And Québécois women, like women voters all over the world, caring more for a fair society than macho politics, moved in increasing numbers to the "oui" side with its emphasis on a more caring government.

During the campaign, most prominent federalists sounded like bank managers threatening to foreclose on the mortgage of a house that was perceived to be losing its value anyway. Except for the exuberant rallies in Verdun and on the final weekend in Montreal, they continued to appear at luncheons of contented-looking business groups. Nor, as the television cameras made clear, were the lunches at Tim Horton's or Harvey's.

With the exception of Jean Charest, those politicians and business spokespersons defending the cause of Canada seemed only to play the role of the honest banker. They abandoned the traditional and proud emphasis on what Canada and the provincial governments could do together to create a higher level of social justice. Instead, they systematically warned (accurately) that much would be lost to Quebeckers if they voted "oui." But people are not cash registers. Men and women do indeed vote partly with their pocket books in mind, but they also have hearts, values, and aspirations. The federal campaign got it only partly right. As a young woman taxi driver said to me in Berlin not long ago, there has to be something for the soul. The federal campaign had no soul. Canada seemed to be losing its soul—if this is so, more and more Quebeckers asked, why should we stay?

Implications for Next Referendum

My central concern about the next referendum is that within Quebec the independence forces will be led by a popular, nationalist leader espousing social democratic values. While addressing the deficit problem, he will likely use government power to give emphasis to the continuing importance of a "projet de société," i.e., of social and economic rights *and* the cultural agenda. Such values are now very much a part of the Québécois identity. In this he will most probably continue to retain the strong support of the three principal trade unions as well as municipal leaders outside of Montreal. In coping with Quebec's deficit, Bouchard will indeed be challenged. But those in Ottawa or in other provinces should not delude themselves into thinking he will inevitably lose his current popularity. The mixed ideology of the trade unions (social democracy plus nationalism) and their active collaboration in the leadership of the province make it entirely plausible that whatever cutbacks are made, they will likely be reasonably equitable or in any case will be so described. His approach to the budget will probably more closely resemble Saskatchewan, not the anti-government individualism of Alberta. As with the government in Saskatchewan, he will appeal to the "solidarity" traditions of the province, involving a sharing-of-the-burden system of values. On such a basis, Premier Bouchard's post-budget appeal for majority support on a clear question about independence in the next eighteen months would seem to have a very good chance of succeeding.

Facing Premier Bouchard and the Parti Québécois is an English Canada that is probably more insecure than at any other time in modern history. Caught in the destabilizing effects of the global market economy, seeing their social and economic rights and thus *their* identity being undermined, having been persuaded by the political right that the government is the enemy, distrusting all politicians, they remain an unlikely source for the acceptance of even the minimal constitutional change required to assure Quebeckers they can live confidently as a distinct society within the union.

Added to this situation is the regrettable misunderstanding or intolerance of a minority of feminist and nationalist intellectuals who are likely to take part in any future constitutional debate in English Canada. This group helped destroy the original Meech Lake accord because of a seeming inability to see what is required by a genuinely tolerant majority in a rights-based democracy as complex as ours. They either do not understand or do not accept that modern Canada had become committed to a mixture of individual and group rights. This is in part what the constitution changes of 1982 were all about.

Living tolerantly with each other in a socially diverse pluralist society, means accepting more than individual rights. It also means accepting the fact that at times there will be a clash not only between group and individual rights but also conflicts between various categories of group rights. When such a clash involves the protection of Québécois culture with a minor curtailment of other rights, e.g., in the right to advertise, such a result should be accepted by the majority culture without hysteria. One consequence of such hysteria, if prolonged, could be the break up of the federation. Worse, as we have seen elsewhere in the world, could follow.

I regrettably conclude that neither the large majority of Canadians outside of Quebec nor their political leaders seem likely to come forth with the kind of plausible visionary hope that can meet their own conflicting personal and regional needs let alone a vision that would positively include Quebec. When has a threatened self-protective majority ever reached out to the minority? When the Meech Lake accord was first proposed far-sighted politicians across the land almost succeeded in getting it passed.[9] Since then Canadians have become even more regional and insecure. They see their middle-class hopes and their social and economic entitlements withering away. Rattled by the consequences of a global market for capital and a pronounced shift towards north-south trade, their modern identity is coming asunder. Their politicians have followed suit by undermining the positive appeal of government, the very institution that was so crucial in the postwar years in helping to create this modern national identity in the first place.[10]

As someone who has worked all his life for a Canada that is both just and united, I hope I am wrong. But if I am not, then on some evening one to three years from now, a marvelous Canadian dream of social justice and mutual acceptance will come to an end as the consequences of votes cast in Quebec's next referendum are finally absorbed in the rest of Canada. Only leadership of the most exceptional kind can turn this around. And God's blessing.

Notes

1. Robert Heilbroner, 1993, *21st Century Capitalism*, New York: Norton.

2. It is possible that the welfare state, modern democracy's greatest creation, will disappear entirely. It shows no sign of even appearing either in Asia or in Latin America, not to mention Africa. To steal from Mark Twain, you might say that so far as we can see, apart from Japan, the world outside of the region bounded by Helsinki-Berlin-Madrid-Key West and Vancouver, is likely to pass from early to advanced capitalism without having the intervening period of the welfare state.

3. These entitlements are included among the rights found in the Covenant on Economic, Social and Cultural Rights. Virtually all countries in Western Europe as well as Canada have ratified this covenant. Although one of its leading advocates in the United Nations was Eleanor Roosevelt, who led the American delegation, the United States did not adopt the convention. Nonetheless, through many New Deal programs and postwar legislation, the U.S. could also be said to have put in place most of the basic characteristics of the welfare state.

4. See Hendrik Hertzberg, "Stoned Again." *The New Yorker*, January 8, 1996.

5. It is important to spell out this right in the constitution itself. To make explicit that the courts would be required to take into account the distinct society of Quebec is, of course, what the Meech Lake Accord was all about.

6. I would add that there was consistency in their foreign policy. The Bloc Members of Parliament up to and including their leader strongly supported the activism of the International Centre for Human Rights and Democratic Development on behalf of the political, civil, economic, social, and cultural rights in developing countries.

7. I am not making a judgement on the question of Bouchard's "sincerity." It has always seemed to me to be a mug's game to make such judgements about political figures. It is hard enough to do so about friends and others that we know much more intimately. What I am doing is describing the impression, as I see it, that he left with a substantial majority of Quebeckers.

8. The threat to the welfare state is, of course, taking place all over the North Atlantic World. As I write (mid-January 1996) unemployment has reached 10% in Germany bringing the European total to 14 million. As in other advanced democratic states, voices in Germany are saying that the unemployment problem must be dealt with by reducing social benefits and bringing down wage rates. See the *New York Herald Tribune*, January 10, 1996.

9. Originally, of course, the Meech Lake accord was accepted by all federal parties and all provincial premiers. It began to unravel when two subsequent premiers who were not there for the original signing failed to live up to its commitments.

10. I am not, of course, contending that the modern identity of Canadians can be defined exclusively by its social democratic component. I am saying that whatever else is there, this is a crucial part of it, i.e., of how Canadians see and describe themselves, to each other and to the world. This becomes spelled out when you ask them to give examples of what they mean when they say things like "We are a sharing and caring nation." The fact that supporters of all Canadian political parties (except possibly Reform) say something like this—and would not have done so before World War II—confirms my point.

SECTION E

THE STATE AND INTERGOVERNMENTAL
RELATIONS: HOW CAN OUR POLITICAL
SPACE BE BETTER MANAGED?
WHAT CHANGES CAN WE ANTICIPATE OR
ADVOCATE IN OUR DEMOCRATIC INSTITUTIONS?

———————

L'ÉTAT ET LES RELATIONS
INTERGOUVERNEMENTALES : COMMENT MIEUX
GÉRER L'ESPACE POLITIQUE ? QUELS
CHANGEMENTS DOIT-ON ANTICIPER OU PRÔNER
DANS NOS INSTITUTIONS DÉMOCRATIQUES ?

André Burelle

Auteur

Présentateur

POUR UN FÉDÉRALISME
PARTENARIAL À LA CANADIENNE

Lorsqu'on dispose de quinze minutes à peine pour poser un diagnostic et suggérer un remède aux maux institutionnels dont souffre un pays aussi complexe que le Canada, il faut, de toute évidence, prendre des raccourcis.

Quelques éléments de diagnostic

Posons donc, pour les besoins de notre discussion, un grand principe de départ et quelques éléments de diagnostic.

Primauté du contrat social sur les institutions

Le grand principe que nous ne devons jamais perdre de vue est celui de la primauté du contrat social sur les institutions de tout groupe humain.

- En clair, cela veut dire que la Constitution et les institutions d'un pays ne sont pas des fins en soi. Ce sont des instruments au service du contrat social et politique qui fonde l'existence de ce pays, c'est-à-dire des objectifs communs, des droits et obligations réciproques et des règles de jeu politique qui fondent le vouloir vivre collectif de ses communautés et de ses citoyens.

- S'il y a divorce entre le contrat social d'un pays et la façon de le gouverner, il y a perte de légitimité et blocage de ses institutions. Et si cette dissonance n'est pas résolue, elle peut mener à la mort du vouloir vivre collectif de ses communautés et de ses citoyens. Si bien que, avant de se lancer dans quelque réforme constitutionnelle ou institutionnelle que ce soit, il faut d'abord s'entendre sur le contrat social que cette réforme devra servir.

Deux traits essentiels du contrat social canadien

Deux traits essentiels font, en ce sens, l'originalité du contrat social et politique canadien :

1. Le Canada est né du refus du *melting pot* américain et il est fondé depuis ses origines sur la reconnaissance du droit à la différence des communautés qui lui ont donné naissance. La reconnaissance des droits ancestraux des peuples autochtones remonte, en effet, à la *Proclamation royale de 1763*. Celle du caractère distinct de la société québécoise remonte à *l'Acte de Québec de 1774*. Et les droits des communautés anglophones du Québec et francophones hors-Québec trouvent racine dans le Pacte confédératif de 1867 et son évolution au fil de l'expansion de la fédération.

2. Le Canada s'est enrichi à l'époque moderne d'une ouverture au pluralisme culturel et d'une volonté de partage entre régions et entre citoyens qui a donné naissance aux grandes solidarités économiques et sociales de l'après-guerre : péréquation, développement régional et toute la panoplie des programmes sociaux pancanadiens, tels l'assurance-hospitalisation, l'assurance-santé, le bien-être social, les pensions de vieillesse, l'aide à l'éducation postsecondaire, etc.

Une double crise du projet canadien

Le malheur est que ces deux volets du contrat social canadien, l'originel et le moderne, n'ont jamais vraiment été réconciliés en profondeur. Et soumis aux pressions du libéralisme individualiste de la Charte, au recul de l'État providence et au « chacun pour soi » du libre-échange international, l'un et l'autre volets sont aujourd'hui en crise. Crise qui a mené la fédération canadienne à une double incapacité :

a) incapacité, illustrée par l'échec de Meech, de réconcilier le libéralisme individualiste juridique de la Charte canadienne de 1982, telle que défendue par MM. Trudeau, Wells et cie, avec le refus du *melting pot* et les droits communautaires inscrits au cœur du Pacte confédératif de 1867; et

b) incapacité, illustrée par les coupures imposées unilatéralement aux provinces par le dernier budget Martin, de resserrer sur une base partenariale les grands programmes sociaux pancanadiens; programmes largement bâtis par le pouvoir de dépenser d'Ottawa dans les champs de compétence exclusive des provinces et dont l'intégrité et même l'existence sont aujourd'hui menacées par le surendettement fédéral et les pressions du libre-échange et du néo-libéralisme à l'américaine.

La globalisation comme facteur aggravant

Cette double crise du projet canadien, celle du droit à la différence des communautés fédérées et celle des grandes solidarités pancanadiennes, se trouve aggravée par les forces de la globalisation qui effacent progressivement les frontières entre les affaires locales, nationales et internationales.

Déjà aux prises avec des problèmes de chevauchement et d'incoordination, les provinces et le fédéral se voient ainsi confrontés de plus en plus souvent à des problèmes globaux qui débordent la compétence de chacun des deux ordres de gouvernement, et qui ne peuvent être résolus que par l'exercice complémentaire de leurs pouvoirs respectifs. Et cela commande une gestion de l'interdépendance à laquelle le Canada est fort mal préparé.

Dans une fédération où le Parlement central s'est habitué à recourir au *forcing* par les gros sous pour imposer, ouvertement ou tacitement, aux provinces, dans leurs champs de compétence exclusive, les objectifs et les normes jugés indispensables à « l'intérêt national », le réveil est brutal lorsque le surendettement devient intenable et que les marchés internationaux forcent à la discipline financière. Remontent alors à la surface tous les effets pervers du « nation building » unitaire par le pouvoir de dépenser fédéral : déresponsabilisation des provinces, perte de légitimité des normes « nationales », affaiblissement des institutions fédérales dont elles émanent, et tentation de désengagement et de repli sur soi provincial.

Ajoutez à ce tableau l'obligation du Parlement central de négocier de plus en plus souvent des traités internationaux dans les champs de compétence exclusive des provinces, sans disposer d'un mécanisme permettant aux partenaires de la fédération de s'obliger librement et conjointement à livrer la marchandise, et vous comprendrez un peu mieux l'étendue et la gravité de ce que j'ai appelé « le mal canadien ».

La réponse partielle de Meech

Si le diagnostic que je viens d'esquisser est juste, le mal canadien, exacerbé par les pressions de la globalisation, est largement causé par notre tendance de plus en plus marquée à vouloir greffer sur un contrat social et politique à la canadienne un « chartisme » et un fédéralisme *one nation* à l'américaine. Et à force de nous obstiner à consolider ce mariage contre nature, nous sommes en train de mener le pays au divorce.

L'Accord du Lac Meech tentait, pour sa part, de réconcilier, en termes modernes et démocratiques, le droit à la différence linguistique et culturelle des communautés fondatrices, qui était au centre du Pacte confédératif de 1867, avec le principe de l'égalité des provinces consacré dans la *Loi constitutionnelle de 1982* et celui de l'égalité des individus garanti par la Charte canadienne des droits et libertés.

Pour y arriver, l'Accord demandait au pays d'inscrire dans la Constitution son engagement à pratiquer une égalité fondée non pas sur l'identité de traitement mais sur l'équivalence de traitement des communautés et des individus. Car traiter de façon identique des êtres non identiques, c'est nier dans les faits leur droit à la différence et les condamner à une injustice institutionnalisée.

Tel est aujourd'hui le constat des femmes qui dénoncent l'injustice d'un traitement identique à celui des hommes, et soutiennent que l'équivalence de droit et de traitement est le seul moyen de réconcilier l'égalité des sexes et le respect de la différence entre l'homme et la femme.

C'est cette vérité toute simple qu'avaient déjà comprise les Pères de la Confédération lorsqu'ils reconnurent, en 1867, que la justice rendue aux Québécois en vertu du droit civil français serait non pas identique mais équivalente à la justice rendue aux Canadiens des autres provinces en vertu de la common law britannique.

C'est ce que n'ont toujours pas compris les « chartistes » et les fédéralistes unitaires à la Trudeau, qui refusent que les juges prennent obligatoirement en considération le caractère distinct du Québec, comme seule société majoritairement francophone en Amérique du Nord, dans l'interprétation des droits garantis aux individus par la Charte canadienne, et dans l'interprétation des zones grises de notre Constitution. En voulant appliquer un droit symétrique aux situations profondément asymétriques que vivent les anglophones et les francophones en Amérique du Nord, ils condamnent à un traitement inéquitable aussi bien les francophones du Québec que ceux du reste du Canada.

Les leçons de Charlottetown

L'opposition de ceux qui craignaient un affaiblissement de la Charte et une émasculation du gouvernement central a tué l'Accord du Lac Meech. Mais la négociation de Charlottetown a prouvé hors de tout doute que, pour le meilleur comme pour le pire, Meech fait désormais figure de symbole et fixe, sur le plan du contenu, la base minimum de tout règlement susceptible de satisfaire le besoin de reconnaissance et de sécurité culturelle du Québec dans le cadre de la *Loi constitutionnelle de 1982*.

La négociation de Charlottetown a de même prouvé que dans toute « ronde Canada » destinée à compléter la « ronde Québec » négociée à Meech, le gouvernement du Québec demandera de nouvelles responsabilités en matière de main-d'œuvre, de culture et de communications, en plus d'exiger un retrait fédéral des champs de compétence confiés en 1867 au Québec, comme aux autres provinces, pour exercer son droit à la différence et à l'autonomie gouvernementale.

Ce que la négociation de Charlottetown a enfin prouvé, c'est que le besoin d'être reconnu et respecté par les autres partenaires de la fédération ne saurait être limité au seul cas du Québec. Chacun à sa façon, les peuples autochtones et les provinces de l'Ouest et de l'Atlantique ont exprimé le même besoin. Pour les peuples autochtones, cela signifiait la reconnaissance de leur droit inhérent à l'autonomie gouvernementale. Pour les provinces de l'Ouest et de l'Atlantique, cela voulait dire être considérées comme autre chose que l'arrière-pays de l'Ontario et du Québec. D'où leur réclamation d'un Sénat triple E pour donner voix égales aux provinces dans les affaires du pays. D'où également la montée du *Reform Party* et son action en faveur d'une décentralisation de la fédération destinée à ramener l'exercice du pouvoir plus près des simples citoyens et à favoriser une meilleure prise en considération des priorités propres aux diverses régions du Canada.

Toutes ces demandes, ajoutées à celles du Québec, n'ont fait que renforcer les peurs qui avaient entraîné l'échec de Meech :

- crainte d'une inégalité de traitement des citoyens et des provinces fondée sur la reconnaissance du caractère distinct de la société québécoise au sein du Canada, à laquelle venait s'ajouter le droit inhérent à la différence et à l'autonomie gouvernementale des peuples autochtones;

- hantise d'une balkanisation néfaste du pays advenant un retrait du gouvernement fédéral et de ses normes nationales des domaines confiés aux provinces par la Constitution de 1867.

Et plus que jamais nous sommes devenus prisonniers de ces peurs au lendemain du référendum québécois gagné de justesse par les forces fédéralistes le 30 octobre dernier.

Le besoin d'un rééquilibrage global de la fédération

Comment nous en sortir ?

Je ne vois, pour ma part, qu'un moyen de lever ces craintes et de débloquer l'avenir du Canada. C'est de recréer, en termes modernes, l'équilibre voulu par les Pères de la Confédération entre le droit à la différence des partenaires de la fédération et les mises en commun nécessaires au renforcement de l'union canadienne, soumises aux pressions de la globalisation et du surendettement fédéral.

Cela veut dire un rééquilibrage global de la fédération fondé sur l'équation suivante : la reconnaissance *de facto* et *de jure* du droit à la différence et à l'autonomie gouvernementale du Québec, des peuples autochtones et des diverses régions du pays, en contrepartie de l'obligation, pour tous les partenaires de la fédération, de codécider à l'européenne les objectifs communs et les contraintes que chacun devra s'imposer dans l'exercice de ses pouvoirs souverains pour (a) préserver l'intégrité de l'union économique canadienne; (b) garantir des services sociaux de base à tous les citoyens du pays; et (c) doter la fédération canadienne des outils de concertation dont elle a besoin pour trouver réponse aux problèmes de plus en plus globaux de notre époque.

Pour y arriver, je propose qu'on soumette au Québec, aux peuples autochtones et aux autres partenaires de la fédération la logique de négociation suivante : Nous sommes prêts à reconnaître et à respecter votre droit à la différence et à l'autonomie gouvernementale, et cela en vertu même de la Charte et de la Constitution canadienne, pourvu que vous consentiez à conclure par voie administrative un Pacte sur l'union économique et sociale canadienne. Pacte en vertu duquel vous allez accepter de vous imposer à vous-mêmes, par le biais d'un Conseil des premiers ministres (ou de tout autre organisme regroupant des élus des deux ordres de gouvernement), comme la chose se fait au sein de l'Union européenne, les objectifs communs, les normes communes minimums et les règles de jeu que devront respecter tous les partenaires de la fédération pour maintenir et renforcer l'union économique et sociale canadienne.

Un Pacte sur l'union économique et sociale

Je n'ai pas le temps d'expliquer ici la forme que pourrait prendre un tel pacte. Disons simplement que ce quasi-traité entre État-membres de la fédération autoriserait la création d'un Conseil des premiers ministres capable de lier l'ensemble des partenaires de la fédération par des décisions prises à l'européenne selon des règles préalablement fixées à l'unanimité par les premiers ministres.

Ces règles décisionnelles, dont au départ chaque partenaire détiendrait la clé, puisqu'il y va des pouvoirs souverains de chaque province et du fédéral, pourraient aller de l'unanimité à la majorité qualifiée, voire à la simple majorité des voix, selon la nature des problèmes à résoudre. Elles permettraient au Conseil :

a) de renforcer la légitimité de l'union sociale canadienne en mettant le pouvoir de dépenser fédéral au service d'objectifs communs et de normes communes minimums, codécidés par les premiers ministres dans les domaines sociaux de compétence provinciale; et

b) de renforcer l'union économique canadienne en dotant le pays d'un code de conduite, codécidé là encore par les Premiers ministres, pour assurer la libre circulation des biens, des services, des capitaux et des personnes, de même qu'une harmonisation des politiques fiscales et budgétaires des divers gouvernements.

En obligeant les deux ordres de gouvernement à s'adonner à la concertation, à l'harmonisation et à la codécision par un vote formel liant le fédéral et chacune des provinces, un tel Pacte sur l'union économique et sociale permettrait de faire tomber les craintes de voir le Canada sombrer dans l'incohérence sous l'effet d'une trop grande décentralisation. Et il rendrait ainsi possible, par voie d'ententes administratives échelonnées sur une période raisonnable, un partage des rôles et responsabilités fédérales et provinciales conforme au principe de subsidiarité, *i.e.* respectueux du droit à la différence et de l'autonomie gouvernementale des communautés fédérées, mais en même temps soucieux d'assurer une gestion juste et rigoureuse de ce qui exige d'être réglé au niveau de l'union canadienne.

Une négociation *win-win*

En somme, et j'insiste là-dessus, parce que Meech est devenu le règlement minimum que le Québec pourra jamais accepter pour se sentir de nouveau membre à part entière de la famille canadienne, je ne vois, pour ma part, aucun moyen d'en diluer le contenu pour le rendre acceptable aux chartistes et aux fédéralistes unitaires à la Trudeau. Le seul moyen de nous en sortir est d'ouvrir une négociation plus large où un règlement « donnant, donnant » devient possible entre ce qui est requis pour répondre au besoin de reconnaissance et d'autonomie gouvernementale du Québec, des peuples autochtones et des régions canadiennes, et ce qui est nécessaire à l'ensemble du pays pour : (a) régler nos problèmes de déficit et d'endettement; (b) décentraliser vers les provinces sans balkaniser le Canada; et (c) doter notre fédération des outils de gestion partenariale dont elle a besoin pour régler les problèmes continentaux, voire planétaires de notre époque.

Comment concrétiser une telle négociation *win-win* ?

Puisque les organisateurs de ce colloque nous ont demandé d'être audacieux et d'y aller de suggestions concrètes, permettez-moi de reprendre à l'intention de nos dirigeants politiques, fédéraux et provinciaux, les suggestions que j'ai esquissées à l'Université Queen's, en décembre dernier.

Transformant alors mes espoirs en conseils, je leur suggérais la ligne d'action suivante.

Premièrement, cessez de vous faire illusion et admettez, une fois pour toutes, que Meech est le seul *package-deal* minimum que onze premiers ministres et neuf législatures ont endossé et que le Québec pourrait encore accepter pour satisfaire son besoin de reconnaissance collective et donner son assentiment à la *Loi constitutionnelle de 1982.* Et dites-vous bien qu'aucune paix constitutionnelle et politique ne sera possible si le reste du Canada n'accepte pas de livrer, sous une forme ou sous une autre, la substance de Meech.

Deuxièmement, dites aux Québécois de considérer l'Accord Canada-Québec sur l'immigration, signé en février 1991, comme une première reconnaissance *de jure* et *de facto* du caractère distinct de la société québécoise au sein du Canada.

Troisièmement, prenez l'engagement solennel de livrer la balance de l'Accord du Lac Meech lors de la conférence constitutionnelle de 1997, à la condition expresse que le Québec et tous les partenaires de la fédération s'entendent entre temps pour conclure, par voie administrative, un Pacte sur l'union économique et sociale canadienne qui autorisera la création d'un Conseil des premiers ministres responsable, transparent et capable de fixer par codécision, comme cela se fait au sein de l'Union européenne, les objectifs communs et les normes et règles de jeu communes minimums nécessaires au maintien et au renforcement de l'union canadienne face aux pressions du libre-échange et de la concurrence internationale.

Pour convaincre nos élus de bouger dans cette direction, j'énumérerai en terminant quelques-uns des bénéfices que le pays pourrait tirer d'un tel Pacte :

1. La signature de ce pacte permettrait au gouvernement fédéral de se retirer des plates-bandes provinciales, qu'il a envahies par son pouvoir de dépenser, sans mettre en danger l'intégrité de l'union économique et sociale canadienne. Et le Parlement canadien pourrait ainsi concentrer son action sur le seul terrain où sa légitimité est inattaquable: celui des grandes questions qui ne peuvent être solutionnées avec justice et efficacité à l'échelle des communautés fédérées.

2. Ce pacte redonnerait du même coup à toutes les provinces un plus large espace pour exercer leur droit à l'autonomie locale, tout en accordant *de facto* au Québec plus d'espace pour exercer son droit à la différence linguistique et culturelle.

3. La conclusion de ce pacte ferait tomber la crainte d'un *power grab* québécois découlant de la reconnaissance du Québec comme société distincte au sein du Canada. Et il permettrait de négocier avec les peuples autochtones des traités d'autonomie gouverne-

mentale prévoyant leur participation au Pacte, de façon à faire tomber la peur d'une balkanisation de l'espace économique et social canadien.

4. Ce Pacte nous sortirait d'un fédéralisme exécutif jugé irresponsable et querelleur, et il redonnerait une nouvelle crédibilité au processus politique en permettant aux onze premiers ministres démocratiquement élus pour exercer les pouvoirs confiés aux provinces et au fédéral par la Constitution de concerter leurs décisions et d'additionner les outils d'intervention des deux ordres de gouvernement de la fédération pour régler les problèmes que ni l'un ni l'autre ne pourrait solutionner à lui seul.

5. Renonçant au culte de l'uniformité, ce pacte démontrerait que les intérêts du pays sont mieux servis par une gestion fondée sur un traitement équivalent plutôt qu'un traitement identique des citoyens et des régions, étant donné l'immensité du pays et son refus originel de se fondre en une seule nation à l'américaine.

6. Ce pacte préparerait enfin les esprits et les cœurs à une reconnaissance *de jure* du caractère distinct de la société québécoise dans la Constitution après l'avoir consacré *de facto* dans une nouvelle façon de gérer la fédération.

What Does Canada Want?

Je ne prétends pas que pareil projet de rééquilibrage de la fédération serait acceptable aux souverainistes purs et durs. Mais les études que j'ai menées durant trois ans avec le groupe de chercheurs que je dirigeais au Bureau des relations fédérales-provinciales à Montréal, de même que les réactions des fédéralistes et des souverainistes modérés aux idées défendues dans mon livre,[1] me permettent de croire que semblable projet recevrait l'appui d'une forte majorité des Québécois, y compris chez les francophones. Et de ce fait, même M. Bouchard ne pourrait le rejeter du revers de la main et serait obligé d'en discuter, voire d'en négocier le contenu.

La véritable question est de savoir si le reste du Canada serait prêt à livrer sa part du marché, et à reconnaître le caractère distinct de la société québécoise au sein du Canada, selon les termes de Meech, en échange d'une participation pleine et entière du Québec à un renforcement partenarial de l'union économique et sociale canadienne soumise aux pressions du surendettement fédéral, du libre-échange international et du néo-libéralisme à l'américaine? De la réponse à cette question dépend, à mon avis, l'avenir du Canada.

Notes

1. Fides, 1994.

David Cameron
Department of Political Science
University of Toronto
Presenter

DOES OTTAWA KNOW IT IS PART OF THE PROBLEM?

There has been growing concern among Canadians about the Government of Canada's confused and uncertain response to the referendum results. We have been left pretty much in the dark about what the government thinks about all this. At no time since October 30 has Prime Minister Chrétien laid out his considered view of the meaning of the referendum vote, its consequences for Canada and Canadians, and the overall direction his government intends to pursue in its policies. His government's amending formula and distinct society initiatives have an air of improvisation about them, and the sudden assertion that the POGG power might be used to fend off a future referendum came as a surprise, not just to members of the public, but to members of his own government. Until the Cabinet shuffle at least, one was left with the impression that policy is being shaped less by a coherent analysis of the situation, and more by the strong desire that the issue will go away and we can all get back to business as usual. Would that it would, and would that we could.

There is now evidence that many Canadians are unable or unwilling to countenance this approach. The growing ferment in the country suggests that the extraordinary pre-referendum Montreal rally may have been more than a flash in the pan. But the energy of increasing numbers of Canadians is currently washing back and forth in the system without much focus and with little direction or guidance from the political leadership of the country. If Ottawa doesn't act fast, Keith Spicer may inflict another Spicer Commission on the country, whether we like it or not.

There are now signs that the Prime Minister and the Government of Canada are feeling this rising pressure and that they may be readying themselves to respond. For example:

- The pamphlet outlining Ottawa's post-referendum initiatives, sent to every household in Quebec, is likely to be a harbinger of things to come. There seems to be a realization in Ottawa that the secessionists have controlled, virtually unchallenged, the making of myth and the definition of fact, and that an aggressive communications effort is required.

- Allan Rock, the Minister of Justice, speaking before a Senate Committee, alluded to the fact that contingency planning to deal with a possible future referendum is under way.

- The Government's national unity cabinet committee has apparently been fine-tuning a unity strategy that will be presented to the federal cabinet and caucus in the next few weeks.

- And—most significant of all—the recent cabinet shuffle has clearly been undertaken with the intention of substantially strengthening the Government of Canada's national unity capacity and its clout in Quebec, witness in particular the appointment of our colleague, Stéphane Dion, as Minister of Intergovernmental Affairs. Perhaps the most striking thing about the Cabinet shuffle was the fact that this normally cautious and conservative (though Liberal) Prime Minister felt it necessary to invest his prestige in the appointment of two very able but politically inexperienced Quebeckers, who do not as yet even have seats in the House of Commons.

But supposing Ottawa *is* ready to respond, what will it do? That's what I would like to speak about in the balance of these remarks.

Obviously, what it decides to do will depend on its analysis of the situation. To oversimplify madly, you could argue that there are two broad alternative understandings of the situation. The first I will call political, and the second, structural.

(1) The political understanding of the plight we are in would claim that there is nothing fundamentally wrong with the way the country is set up, but that we are going through a bad political patch. Secessionist sentiment in Quebec was more or less dormant until the election of the PQ in September 1994, and they came into office, not because of their program, but because they were *there*, the only possible alternative to an increasingly unpopular Quebec Liberal government. Luckily for federalists, at that time Jacques Parizeau was Premier of Quebec, which was a sure-fire way of keeping the sovereignty vote down. Midway in the referendum campaign, however, the game changed, when Lucien Bouchard was made de facto leader of the sovereignist forces; with his

energy and charisma, he turned the campaign around, and was almost able to snatch victory from the jaws of defeat. So what you have here, it is argued, is a conjuncture of circumstances that produced a "Yes" vote substantially higher than anyone was predicting and higher than its "natural" level. All of this is the product of the fortunes of politics, not the result of deep problems in the nature and functioning of our country or profound alienation on the part of Francophone Quebeckers. Canada is a good product, but it has been badly sold.

On this understanding, then, what the Government of Canada will need to be engaged in over the next couple of years is the equivalent of an extended election campaign. Rhetoric and communications therefore lie at the heart of a proper federal strategy. The good story of Canada needs to be told, the falsehoods and distortions of the separatists need to be countered at every opportunity, and the rest of the country should say and do the right things and avoid saying and doing the wrong things. What is essentially required is for the Government of Canada to go on a systematic and aggressive communications offensive. This would be the kind of strategy that would grow logically out of what I have called a political understanding of our recent referendum experience.

(2) A structural understanding would look quite different and would lead to different strategic and policy consequences. A structural understanding would be more likely to pay attention to experience in Quebec and elsewhere in Canada during the last several decades as a guide to grasping the forces at work in the recent referendum. It would note the following: that Quebec has been engaged in a sustained enterprise of national affirmation for more than 35 years; that, despite recurrent and laudable efforts, Canada has never been able to achieve a stable equilibrium with the new Quebec; that, at the same time, English-speaking Canada has altered substantially in its socio-demographic composition; that many of the English-speaking provinces have been engaged in powerful processes of province-building; and finally that the resources of the Government of Canada have declined and its pre-eminence in the federation has been reduced. As for the referendum campaign itself, this approach would take very seriously some of the early findings of Quebec social scientists that the growth in support for the "Yes" side began *before* Bouchard assumed the leadership of the sovereignist campaign.

If you're the Government of Canada and this is your understanding of what is going on, your approach is likely to be quite different. The policies and strategies you fashion in consequence are likely to be broader and much deeper than if you have formed an essentially political understanding of the situation. You are more likely to be persuaded of the following: that Canadians are facing something like the challenge of reconfederating; that the reasons for Canada need to be stated anew; that the roles and responsibilities of the two orders of government require to be thought through in principled terms; and that the policy and program consequences of this modernized understanding of the Canadian federation need to be pushed forward aggressively. Given this view, if Canada is a product, it needs to be re-designed so that it can be success-fully marketed. The existence of Lucien Bouchard and the PQ is not an invitation to an extended election-style campaign—or not only that—but a trigger that should release basic reflection and reform.

Obviously, the situation is more complicated than this distinction between the political and structural would have us believe, and there may be other ways of characterizing the choices facing Canada and its national government. And pursuing one approach does not preclude pursuing the other as well. But this device does permit us to ask the question: Where are we and where should we be going?

For myself, I am inclined to believe that the structural analysis is nearer the mark, that the country is in need of significant renovation, and not just in the way it manages relations between Quebec and the rest of Canada. There is no question that the country is already changing quite rapidly, and not, by any means, always to our liking. The pressures of Quebec nationalism and public sector penury have probably had more to do with this than anything else. But it seems to me that Canadians and Canadian governments—more than we would like and more than is necessary—are the *creatures* and *sufferers*, rather than the *agents*, of change. It would be nice to get out in front of the wave.

If you asked me how I think the Government of Canada understands our current situation and the manner in which it is likely to respond, I would say, regretfully, that the adoption of the political approach is more probable than the structural. This is for several reasons.

(1) The political approach is easier, certainly in the short run, although if it is mistaken it is likely to heap up even greater problems in the medium to long term. All conventional, day-to-day political experience argues for the adoption of what I have called the political approach; it is what we do most of the time, and it is what governments and political parties presumably do best.

(2) The federal government's performance to date reveals a pro-nounced preference for incremental measures and for preserving the existing regime at all costs. There seems to be little capacity in Ottawa to recognize that Ottawa itself is part of the problem. Take the example of the Canada Health and Social Transfer (the CHST). If ever there was a moment for a complete re-think of federal fiscal transfers and the way in which we manage our social programs, it was the last Martin budget.

However, the notion that the jurisdiction which in theory is constitutionally responsible for the country's social services should be constitutionally responsible in fact was apparently too radical to contemplate. Thus, the federal spending power, which was without doubt a creative and constructive force three or four decades ago, is now used as a crutch, partly to protect Canada's social safety net from the impact of Ottawa's own withdrawal of funds. Is this really the best we can do as a country?

(3) There are extraordinarily powerful interests which would be directly challenged by the pursuit of a structural approach. People who have built their careers in national public service or in national political life will find much to oppose in a substantial overhaul of Confederation, and there are many individual Canadians and organizations across the country who have for years looked to Ottawa for the protection and advancement of the things they hold dear.

(4) Finally, there is the matter of the Prime Minister. It is unthinkable that the Government of Canada could adopt and pursue a structural approach in the absence of the determined, sustained commitment of the Prime Minister. One must therefore ask the question: Is this his game? Jean Chrétien is an adroit and able politician who, I think, benefitted throughout much of his career from being consistently underrated. It is possible that in his first two years in office he has suffered from being overrated. We thought he made governing during those first two years look easy, but perhaps governing in those first two years *was* easy. He now faces the largest challenge of his political life, and getting it right matters greatly not just to him but to all of us. What will he think is "getting it right"? I believe that Lawrence Martin implicitly answered that question in a comment he made in the first volume of his fine biography of Chrétien, published before the Quebec referendum took place. Summing up Jean Chrétien's strengths and weaknesses at the moment when he was poised to take power, first as Leader of the Liberal Party and then as Prime Minister of Canada, Martin identified as one of Chrétien's flaws, the following: the fact that "he showed few signs of being able to understand, as perhaps the greatest of leaders must, the great currents of change, both the dismal and the grand, sweeping the world around him."[1]

By way of conclusion, let me say that I hope I am wrong in either one of two ways. Either that I am wrong in thinking that structural change is necessary, which would permit me to hope that the political approach likely to be pursued by Ottawa might carry the day. Or that I am wrong in thinking that Ottawa is not capable of pursuing much more than the political approach, and that it is in fact on the point of embarking on a process of structural change or re-Confederation. For, like it or not, Ottawa is key to the resolution of this country's difficulties. On its own, it cannot ensure success, but it has within its power the capacity to guarantee failure.

Notes

1. *Chrétien: The Will to Win*, vol. 1 (Toronto: Lester Publishing, 1995), p. 376.

David Elton

Canada West Foundation
Calgary
Presenter

CANADA 1996:
THE RECONFEDERATION CHALLENGE

How can Canada's political space be better managed? What changes are needed to renew our democratic institutions? Practical and politically workable answers to these two questions would provide the very action agenda that Canada needs to eliminate the threat of Quebec separation and reduce citizen alienation. My job on this panel is to contribute to the search for these answers. I will therefore seek to do so by addressing three things—the rebalancing of government responsibilities, process issues, and institutional reform. And, perhaps most importantly, all of my recommendations can be accomplished within days, as they do not require any constitutional change, nor do they even call for any new legislative initiatives. Sound impossible? Read on!

Rebalancing the Federation

My suggestions for better handling our political space centre around the notion of rebalancing governmental responsibilities. The older legal term for this was the constitutional division of powers; the trendy new term of the economists and political scientists is subsidiarity. In everyday language, it is which set of political officials does what. I believe one of the most important things Canadians can do to reduce the chances of Quebec separating and to reduce alienation from coast to coast is for our governments to restructure themselves. And the core of this restructuring must be that responsibility for designing programs and for delivering government services be placed in the hands of the level of government that is best able to provide the service—be that a municipality, a province, or the federal government.

Rebalancing government responsibilities theoretically entails moving responsibilities both up and down—up to ensure co-ordination and regulate externalities such as securities markets and interprovincial trade, down for local flexibility in the delivery of, for example, social services or health care. In the context of contemporary Canadian federalism, however, such rebalancing necessarily means substantial decentralization.

The all-but-automatic response to this suggestion is the observation that Canada is the most decentralized federal system in the world. Please allow me to set the record straight by providing what should be the other half of the statement: Canada is at one and the same time the most decentralized and the most centralized federation in the world. This paradox lies at the heart of many of the political problems and frustrations we've been wrestling with for over three decades.

For an excellent explanation of this decentralization-centralization oxymoron, I recommend Greg Marchildon's soon-to-be-published article. He points out that although Canada may well be decentralized in terms of the relative size of provincial and federal government expenditures, it is institutionally and constitutionally the most centralized federal system that exists.[1]

Marchildon's observations are not original. Almost twenty years ago, in one of my first forays into constitutional issues, I collaborated with some colleagues in creating an Index of Centralization for national institutions and practices.[2] We looked at heads of state, heads of government, upper chambers, lower chambers, supreme courts, and amending procedures as a basis for comparison, and found that not only did Canada earn the highest centralization score, but that no other federal system was even close. If I were rerunning that index today, I would have to change the score for the amending process and I would want to look at other institutions such as central banks. Nonetheless, I would not have to change any of my basic conclusions, and I could still throw in as a clincher the national government's anti-federal powers such as reservation, disallowance, the declaratory power, the spending power, and the emergency power. Quite an arsenal.

This centralization of power is why issues such as reform to the parliamentary system have been debated for decades with little if any substantive change. The powers of the Prime Minister and his inner circle are near absolute—perhaps not to the point that they can do anything they want, but certainly to the point that no one can get anything done of which the inner circle does not approve. If I were so naïve as to put parliamentary reform at the top of my list of necessary changes, everyone in this room would write me off as a poor innocent from the hinterland, and rightly so. Parliamentary reform can only go as far as the Prime Minister will let it, and a Prime Minister has more to lose than to gain by pursuing the matter, so nothing will happen.

As another recent example of Prime Ministerial power, Joe Clark's July 1992 agreement with the Premiers and others would probably been supported in Western Canada, but Mulroney's intervention doomed the Charlottetown Accord process. Similarly, Chrétien's studied indifference to substantive reforms throughout 1995 completely paralyzed any serious governmental movement toward constitutional discussions. As more than one frustrated person has told me: in this country, you can get around many obstacles, but you just cannot get around the Prime Minister.

As yet another example, we have all discussed the recent cabinet shuffle in terms of people being promoted or demoted, regions or provinces being rewarded or ignored, new faces being brought in to give a new style or a new emphasis to government policy. But all of this is the product of prime ministerial calculation, prime ministerial will, prime ministerial whim. If a minister such as Doug Young can be moved up, he could quickly be moved back down. If a minister like Diane Marleau can be moved down, she could be restored to favour at any time. If the new faces disappoint, they can quickly be turned into old news. And if B.C.'s increased presence at the cabinet table is no longer deemed important, that province's representation could drop back down to the token one. Ottawa routinely belongs to a Prime Minister in a way that Washington almost never belongs to a President.

Better representation in Ottawa is still important—that currency is far from being devalued. However, it is not the same thing as genuine local control of decision making, agendas, and priorities. Provincial governments are not perfect and provincial premiers are hardly angels, but it is generally the case that most citizens find them more responsive than the federal government, whether they have provincial representatives at the cabinet table or not.

But, you will reply, this is exactly where our system excels. We may have the most centralized national government of any democratic society, but we are the most decentralized federal system at precisely the functional level of program delivery and design. And this is true to such an extent, some would add, that any further devolution amounts to dismemberment and destruction. Just look at the ratio between federal government expenditures and those of the provinces and municipalities, or compare full-time employee ratios on the same basis. This is what decentralization in practice looks like.

I beg to differ. Health and welfare services are among the most expensive items in any provincial budget, accounting between them for more than half of total government expenditures. Yet these are precisely the policy areas dominated by the federal initiatives that began as conditional grant programs, were transformed into established programs, and are about to be transformed again by another federal government sleight of hand. These programs were established when federal expertise and financial clout made its leadership acceptable, and they remain so important to many Canadians as to have become defining national values. Yet even while Ottawa's share of the expenditure falls, its desire for control remains. B.C.'s skirmish on social assistance, Alberta's collision with the Canada Health Act, and Quebec's unending battles over manpower training demonstrate how short this leash really is.

Please do not miss my point. I would have understood the principles that led Ottawa to intervene even if they had not been earnestly explained to me three times in the last twenty-four hours—i.e., portability, seamless coverage, etc. But if Canada is highly decentralized and fast becoming even more so, and if provincial spending on provincial employees in areas of uncontested provincial jurisdiction is the practical face of this functional decentralization, then how is it that Ottawa still holds all the high cards? If I tell someone, "You can do anything you want so long as it is exactly what I want you to do," how can anyone legitimately call that interdependence much less sovereignty? If Ottawa still calls the shots, how can anyone say Canada is decentralized?

At one time, I was ready to conclude that what I am describing is just a passing phase. It may be true that Ottawa is struggling to prolong its control even as its fiscal leverage dwindles—but soon that leverage will drop to zero for some provinces, and the control must vanish with it. Now that I have had time to think it over, however, I am not as confident. The Canadian Supreme Court has decided that the federal emergency power can be used in peacetime for economic reasons. It has recently decided that "peace order and good government" is not simply an emergency power but can also be used under a "national dimensions" test. And even more recently it has resurrected aspects of the federal trade and commerce power that have been a dead letter for more than a century. As Ottawa loses its fiscal clout, the court seems to be giving it new cards to play with.

In a recent article in the *Canadian Journal of Political Science*, André Bzdera argued that national supreme courts in federal systems are inevitably centralizing institutions.[3] This is not a new argument; the same conclusion is cheerfully echoed by any number of American histories of their Supreme Court. Future Canadian governments may wonder why they ever relied on anything as limited and clumsy as the spending power. And some future commentators will still say that Canada is more decentralized than ever because provincial spending is a larger part of total governmental expenditure, or because some federal government departments have been downsized. Yet it could very well be that Ottawa will dictate what kind of bandages be put on a scraped knee. I cannot say that I find this scenario particularly attractive.

Since I am no longer sure that my preferred future of a genuinely decentralized Canada is going to emerge as the natural product of the debt crunch, global forces, or the constitutional crisis, I will make the appeal up front. I am making it as a Western Canadian, but some of the things that I suggest run parallel to the plaintive pleas emerging from the beleaguered camp of the Quebec federalists. This is a symmetry that I find less surprising than some central Canadians seem to. It grows from the fact that the problem with Canadian federalism isn't Quebec; the problem is Ottawa.

The first track along which my proposed solutions run is the rebalancing of government responsibilities to permit those who deliver the services to decide what services should be delivered and how, and to have these governments directly responsible to the people who receive the services. What I am arguing for is a general retreat on the part of the federal government from many of those areas of provincial jurisdiction that it bought its way into in fiscally more happy times. This is hardly a new suggestion. As several participants have already reminded us, the Pepin-Robarts report of two decades ago laid out this argument in careful detail, right down to the way that it intersects with the specific concerns of Quebec and a looming national unity crisis. If we had listened to them then, we would not be meeting here today. If we act on their recommendations, and those of dozens of reports written since that commission, we might very well reduce the chances of the country breaking up.

This retreat has begun with Ottawa's rather grudging changes to manpower retraining in the context of Unemployment Insurance reform; it should continue by extension to such obvious candidates as the "six sisters" of devolution Charlottetown style—tourism, forestry, mining, recreation, housing, and urban affairs. The very recent tentative agreement on the environment is another very positive development that needs to be built upon. Most of these responsibilities are transparently provincial either by formal constitutional assignment or by their very nature. That we should describe this as decentralization reveals how wide the reach of Ottawa's umbrella has become. Surely Canada can survive Ottawa's retreat from tourism!

I am well aware that Ottawa's retreat will encompass much of the Canadian social safety net. Unlike some, I do not think that the premiers are reincarnations of Herbert Hoover, drooling with the desire to dismantle social programs or longing to build workhouses for the widows and orphans. The voters who supported the federal social safety net voted in provincial elections as well, and no premier who dismembered medicare, completely undermined post-secondary education, or eliminated social assistance would stay in office for a second mandate. Even Premier Ralph Klein, the major icon of reduced government spending, has discovered these limits and conducted a careful retreat.

This rebalancing would contribute to flexibility, even to a degree of experimentation from which others could learn as well. Tom Courchene points out that twenty years ago Quebec wanted to shift its medicare emphasis from doctors and hospitals to paraprofessionals and clinics, a suggestion that was stiff-armed by Ottawa bureaucrats. Isn't it reasonable to conclude that local and provincial governments will help us find the mix of delivery systems for our social programs that permits both effectiveness and affordability?

The price of this flexibility will be some degree of diversity in provincial programs and delivery systems. Within limits, this is a good thing, and Ottawa will continue to have a role to play in defining these limits. However, the basic control must be in local hands because this is increasingly provincial money that we are talking about in a time when tax revenues are tight. The tighter the money, the more essential it is to allow the provinces to set their own priorities and make the trade-offs.

The last few decades have disabused us of the notion that the federal government is an astute and efficient financial manager. This, along with the eclipse of Keynesianism, has undermined Ottawa's claim to fiscal dominance within the federation. At the same time, the heavy-handedness with which many national programs are handled has created both the annoyance in provincial governments and the public horror stories that undermine support for federal involvement. We know that our social programs have made us the envy of the world, but we also know that they were paid for with borrowed money at a scale we can no longer afford. I believe that there are many programs that could be run more effectively, more efficiently, and more affordably by provincial governments, and that this is the only way to save these programs. And I think that in both Quebec and in many other parts of the country, national unity has more to gain than it has to lose by this rebalancing of responsibility with delivery and affordability.

The postwar growth of Ottawa's power was born not of formal constitutional change but rather of fiscal necessity and political inventiveness. This is both good news and bad news. It is good news because it means that we can rebalance government responsibilities without venturing down the slippery path of formal constitutional amendment. But it is bad news because it means that what is unilaterally surrendered can be unilaterally taken back. It is for this reason that decentralization must be accompanied by some changes to national government institutions—less because these changes will absolutely block future federal action than because they constitute a demonstration of good faith.

Institutional Reform

Although Canada has never undertaken any substantive institutional reform, it is in this area that there are the fewest constitutional or procedural roadblocks. It is also the area in which reform in 1996 could demonstrate that renewal is not just a code word for a search for responses to the Quebec separatist threat. It is also the area in which very simple changes could demonstrate the national government's willingness to undertake symbolic change that every Canadian would recognize. There is only one catch—it requires prime ministerial leadership!

The centrepiece of this reform should be the Senate. One good reason for this is that Senate reform is the one constitutional item on which the West has clearly staked its claim. A second reason is that it represents one of the three remaining aspects of the Meech Lake agenda that could be dealt with immediately. Since the federal government has already put tentative check marks beside such items from the Meech Lake list as the veto, the distinct society, and a Quebec immigration agreement, it may as well continue to the end of the list. I would even settle for the admittedly imperfect process that Meech itself established—prime ministerial appointment from lists submitted by the provincial premier as Senate vacancies occur.

In Western Canada, Premiers would undoubtedly use a popular vote to choose nominees, an example that I anticipate other provinces would choose to follow. This simple concession, accompanied by a commitment to more substantial reform before the new appointees constituted a majority of the chamber, would make the national unity slogan something more than a code word for concessions to please Quebec by federal ministers from Quebec.

I hope that Senate reform would lead the list but not conclude it. For example, since we know the Supreme Court will not have many vacancies in the next decade, why not suggest provincial involvement in their nomination or selection, or invite provincial ideas on how to operationalize this idea? Since provincial involvement could only enhance the neutrality of the Court, the institution would be helped rather than harmed by such a process.

Yet another highly symbolic act would be to request provincial government nominees for the board of directors of the Bank of Canada. Since the board only has advisory powers, it seems to me that involving provinces in this way is long overdue. At the cost of little more than a few patronage appointments, the Prime Minister could send a message about intergovernmental co-operation that would send a signal to every Canadian that co-operation not confrontation is part of the new order of government in Canada.

Designing a New Process

While there is an emerging consensus on the need to develop a new package of non-constitutional reforms in 1996, there is little agreement on how this should be done, or who should do it. Not surprisingly, concerns over process are every bit as relevant as debate about content, particularly given the failures of Meech Lake and Charlottetown.

Canadians have been really quite inventive on process over the past two decades. We have used the Task Force approach (e.g., Pepin-

Robarts), a Royal Commission (e.g., Macdonald Royal Commission), First Ministers' conferences (e.g., Meech and Charlottetown), special committees of parliamentarians (e.g., Charest Committee, Beaudoin-Dobbie Committee, etc.), provincial government advisory bodies, and even citizens' conferences (e.g., Renewal of Canada Conferences). All of these approaches have had their strengths and their weaknesses, their temporary successes and their failures. However, it is doubtful whether any of these approaches, alone or in combination, would have enough credibility to convince a large number of uncommitted Quebeckers to reject sovereignty in a provincial election or a third referendum.

New ideas are still being generated. For example, there are hundreds of thousands of Canadians who would prefer that a constituent assembly be struck to deal with this matter. Just exactly what the make-up of this assembly would be, how they would be chosen, what their mandate would be, and what processes would be followed is a matter of considerable debate. It is also highly unlikely that existing elected officials at the provincial or federal levels would sanction such an assembly in 1996.

Fortunately, there is another process that Canadians have not used for a long time. It could provide the proper mixture of novelty, inventiveness, credibility, dynamism, and political realism. It could conceivably convince uncommitted Quebeckers that Canada is capable of changes that can renew the confederation and give us all a positive vision of the future. The last time the process to which I am referring was used was in 1864. The participants are now referred to as the Fathers of Confederation.

The process I am referring to is of course a joint committee of provincial MLA's from all provinces. Indeed, one could even go two steps further and include MP's and eminent citizens and call it a Reconfederation Council. They could be given a specific mandate and required to report back to First Ministers within 90 to 120 days. Their recommendations would then be submitted to all provincial government legislatures and the Parliament of Canada for consideration and passage of a resolution if so warranted.

Those with experience on Royal Commissions, parliamentary committees, task forces, etc., will immediately suggest that I have just created a 20 to 30 person committee that will have trouble agreeing on a time to meet or the shape of the table much less a practical set of recommendations that could pass muster in twelve legislatures. There is something to this criticism, but not conclusively so. I have reasonable faith that our First Ministers could devise a Council with a chair person that could organize such a council. Unlike other task forces, commissions, committees, etc., this chair would not have the final say on anything but process. Recommendations on substantive aspects of the package would require an exceptional majority—say two thirds of the membership. Such an extraordinary majority would ensure than no one province or set of council members would dominate the decision-making process.

Conclusion

At this conference on Quebec and Canada we have heard a little bit about the frustration of Westerners with current unity initiatives. The frustration/anger is real, but it is not yet irreversible. The original title of an article I wrote over 15 years ago is still valid: "the West wants in." I worry that especially in B.C. it is beginning to be replaced by another slogan: "the West doesn't care." In any partnership, anger is better than apathy because it means that there is still a desire to work things out. Indifference often means that the partnership is over.

The suggestions made in this article are, I submit, practical and politically workable. They do not require constitutional change of any kind. Indeed many of them could be operationalized at a prime ministerial-Premiers' news conference (e.g., numerous rebalancing initiatives such as restructuring environmental regulations, securities commissions, reducing interprovincial trade barriers, housing, mining, forestry, etc., the creation of a Reconfederation Council, appointments to the Supreme Court, the Senate, the Bank of Canada). The only barrier to change in Canada is a lack of imagination and a failure of political will. The real question for Canadians, therefore, is not so much "What needs to be done?" but rather "How do we inject our political leaders with the political will to undertake the necessary changes to Canada's political processes?"

Notes

1. Greg Marchildon, "Fin de Siècle Canada: The Federal Government in Retreat," in *Disintegration or Transformation? The Crisis of the State in Advanced Industrial Societies.* Patrick McCarthy and Erik Jones (Eds.). London. St. Martin's Press. Forthcoming. (Marchildon is currently Saskatchewan's Deputy Minister of Intergovernmental Affairs.)

2. David Elton, Peter McCormick, and Fred Engelmann, *Alternatives: Towards the Development of an Effective Federal System for Canada.* Calgary: Canada West Foundation, 1978.

3. André Bzdera, "Comparative Analysis of Federal High Courts: A Political Theory of Judicial Review," *Canadian Journal of Political Science,* vol. 26 (1993), p. 3.

David C. Hawkes

Royal Commission on Aboriginal Peoples
Presenter

RECONFEDERATING CANADA

Even before last year's Quebec referendum, our democratic institutions were in the midst of a legitimacy crisis. There is growing disrespect for our elected representatives and the courts, there are increasing numbers of Canadians evading taxes, and there is little faith in our governments' ability to address the country's most pressing problems. This is not a new situation. It has developed slowly and is the result of many complex forces. Some of these originate beyond our borders, in the global environment. Others are more domestic in nature. I will consider several of the latter variety here. The first is the relationship between our country's values and our political institutions—in a healthy democracy, the country's values are reflected in the political institutions of the state. The second matter is political decision making—in a healthy democracy, all citizens have the opportunity to participate in making the major decisions that will affect their lives.

Values and Political Institutions

Earlier in this colloquium there was a discussion of the values and principles animating our political life. Every society has certain core values that form the foundation of its existence. We are in the midst of a debate about one of our core values—the value of diversity in Canadian society.

On one side of the debate are those who see little value in diversity. They argue that all provinces should be "equal," and by equal, they mean "the same," "identical." They argue that all citizens should be "equal," and by that they also mean that each citizen should have identical rights.

From this perspective, there is no room for distinct societies, for language laws, for Aboriginal and treaty rights, or for employment equity. And, as I shall argue, should this viewpoint prevail, it will result in the breakup of Canada.

On the other side of the debate are those (myself among them) who see diversity as a core value of Canadian society. Diversity is a good in itself. In nature, diversity is at the core of the ecosystem and, in Canada's case, it is at the core of our political system. Cultural diversity and linguistic diversity are thus desirable, as are the rights of Aboriginal peoples and the differences among provinces.

Historically, Canada has accommodated diversity among provinces and among peoples. Early treaties recognized the nation-to-nation relationship that Canada has to Aboriginal peoples and their rights respecting land, resources, and self-government. Quebec entered Confederation as the only province with a civil code, as a "founding nation" of Canada, with protections for its language and culture. When it joined Confederation, Prince Edward Island was guaranteed regular transportation to the mainland, soon to become the fixed link, a project that was to be fully funded by the federal government. New Brunswick received per capita grants for ten years after joining Canada. British Columbia got a railroad, while Newfoundland retained the right to denominational schools (which it wanted when it joined Confederation in 1949).

What this demonstrates is that accommodations were made when provinces entered Confederation to reflect their regional differences. Although some alterations have been made since 1867, they have not kept pace with change since that time. Western Canada is much more populous and more robust economically. Quebec is of the view that it needs more powers to protect its national identity. And there appears to be the political will to recognize Aboriginal peoples as founding peoples of this country, with their own right of self-government. It is time to re-open the Confederation bargain, to examine how it could more fully respect such differences, and to renew our arrangements.

In my view, no multicultural—and I shall argue, multination—state can survive if it does not value diversity and if this diversity is not reflected in its political institutions. We have seen the failure of the former Soviet Union, Yugoslavia, and Czechoslovakia.[1] And we are seeing the withering of the Canadian state for many of the same reasons. Our political institutions do not adequately recognize the diversity of Canadian society. This is a major factor in the crisis of legitimacy to which I alluded a few minutes ago.

This is not because we haven't tried. With varying degrees of energy, we have attempted for the last 30 years to reform our constitution and political institutions so that they more fully reflect the diversity of Canada. The Charlottetown Accord was the most recent attempt to do so. Of course, when Canadians were voting in the referendum on the

Charlottetown Accord, they did not know that the alternative to the status quo could shortly thereafter be the breakup of the country. The default condition today is not the status quo, it is the end of Canada as we know it.

We have failed to recognize, in our federal institutions, the distinct society of Quebec and its changed needs, the growing importance of western Canada, and the relationship that we have to Aboriginal peoples—one of equal, self-governing, and co-existing peoples. Mutual recognition requires that we live side by side, retaining rights inherited from the past, in a confederation that values both co-existence and interdependence.

These, of course, are the twin pillars of federalism—self-rule and shared-rule. And federalism would seem a most appropriate political construct for accommodating diversity. It is designed to promote distinctiveness and innovation at the regional or provincial level, while at the same time providing for federal standards, rights and freedoms, and general powers at the federal level. And perhaps more importantly for the future, federalism has enabled us, albeit imperfectly, to have multiple citizenship identities—as Albertans and Canadians, as Quebeckers and Canadians, as Aboriginal peoples and Canadians. This may be one key to making our political institutions more accurately reflect our current values and culture.

Historically, the diversity of Canada demanded that our political systems be pluralistic: asymmetry was the price to be paid for national unity—being different and equal. To my mind, it still is. This view, however, is very much under challenge, especially since the proclamation of the *Charter of Rights and Freedoms*. The *Charter* has been interpreted by many Canadians (wrongly, I would argue) to support a more homogeneous Canada.

This has at least three important effects I wish to point out. First, it arguably places the consideration of individuals with different rights—such as language rights—under scrutiny. Second, it has had the effect, certainly outside Quebec, of placing the burden of defending collective rights—in many instances seen in opposition to individual rights—more firmly on the holders of those rights. This has led to yet another argument for denying Aboriginal peoples their collective rights to self-government, to lands and resources, and to the protection of their languages and cultures. Third, it has led to the development of a rather rigid notion of provincial equality, so that provinces, it is argued, must have identical or nearly identical powers. This makes it difficult to provide for regional variation in many important areas of governmental activity. All of these outcomes undermine the ability of our political system to have diversity formally accommodated in our political institutions.

This focus on homogeneous individual rights places at risk those who cannot take the preservation and growth of their culture and language for granted—the Québécois and the Aboriginal peoples. To accommodate their legitimate needs requires what Charles Taylor has termed "deep diversity," or different ways of belonging to Canada.[2] This is where we might build on our experience with multiple identities and loyalties. Part of the solution may lie in viewing Canada as a multination state (nation in the sociological sense of the word—a community of people with common characteristics such as history, language, and culture, and a collective sense of identity) embodying the Quebec nation and the Aboriginal nations,[3] all existing within the country of Canada.

One can imagine multiple citizenship—of Quebec and Canada, of the Dene and Canada—and passports that identify one's nation as well as one's country. What harm would it do to identify a Canadian citizen as also a member of the Mi'cmaq nation or the Quebec nation? None, I suspect. But it would be a formal recognition of that diversity in a federal political symbol, and a source of great pride to both the Mi'cmaq people and the Québécois.

A multination Canada would require that both the Quebec nation and the Aboriginal nations have more autonomy than they do now. This would be especially true of those jurisdictions that are key to the well-being of the nation, such as language, culture, family law, land and resources, and citizenship. At the same time, there are other provinces in Canada—such as British Columbia, Alberta, and Ontario—where citizens do not relate to Canada through their nation or group, but relate to Canada directly, who also wish to have more autonomy. This could be accomplished by making more heads of power concurrent with provincial paramountcy, thus enabling those provinces who wish to do so to attain more autonomy. Those provinces satisfied with their existing powers would not have to legislate in these additional fields, since federal laws would apply until a province enacted a law to oust the federal legislation. No province would receive "special treatment."

When we speak of the multiple identities of Canadians, we should also acknowledge that not all of these identities are based on territory. Many "communities" are not. Non-territorial federalism, perhaps recognizing Francophones or Aboriginal people across Canada, could also be part of the solution, as David Elkins advocates.[4]

Political Decision Making

The second matter I wish to address is the role of citizens in the decision-making process. Part of the crisis of legitimacy facing our political system is caused by the view of a significant portion of Canadians that decisions were made that fundamentally affected them without their consent. Democracy is founded upon the consent of all parties to their governing structures. Legitimacy can be regained only through the participation of these disaffected citizens in decisions that address their most basic concerns.

Many Quebeckers are of the view that the Constitution was amended in 1982 without their consent in ways that have proven harmful to them as a people. The change made to the constitutional amending formula is perhaps the most noted example. Many Aboriginal people say that they were not even involved in the Confederation debates and that they never consented to "joining Canada." As the Inuit said during the constitutional negotiations ten years ago, we now want to "complete the circle of Confederation." Other Canadians also felt left out of the decision-making processes that led to the Meech Lake and Charlottetown Accords.

A way must be found to gain the consent of these people—of Quebeckers and of Aboriginal peoples and others—to our governing structures, in order to restore legitimacy to our political institutions. And if this effort is to be successful, it must come from the people themselves: it cannot be imposed from above.

In other words, the process must be more democratic and more effective in achieving widespread support than has been the case to date. And to my mind the most promising processes that we have for doing so—the constituent assembly and the constitutional convention (or variations thereof)—require time that we may not have. Let us briefly examine these processes on the assumption that we have at least one year before the next Quebec referendum.

Constituent assemblies are bodies specifically created to be broadly representative of the country as a whole, and are separate from the existing regional or federal governments. Members of these assemblies are either chosen by popular election or by provincial legislatures, and meet in exceptional circumstances to develop or ratify a new constitution or to amend an existing one.[5]

Constitutional conventions are also designed to address constitution-building, but they are usually comprised of a select group of existing legislators nominated by their colleagues to serve in this additional capacity. The wider public is not necessarily involved in the process. This leads me to conclude that the constituent assembly is to be preferred to the constitutional convention, since the former can better accommodate diverse linguistic, cultural, ethnic, and national groups within the country by providing for distinct representation. It is also important that delegates to the assembly, at least one-half of them, be directly elected by the people. Canadians as a whole must participate in the selection of delegates so that the assembly gains legitimacy, and so that citizens feel some "ownership" of the process and, it is hoped, of its result.

The constituent assembly would be charged with drafting a new or amended constitution and with broadly consulting Canadians prior to and following the draft. The assembly's recommendations would not be binding. Ratification would be required in Parliament and provincial legislatures, no mean feat given the assumption of a one-year time line. And there will no doubt be those who will argue that the constitutional amendment should be subject to a Canada-wide referendum. The necessity of a referendum may depend upon how open, democratic, and representative the constituent assembly can be made.

For this reason, consideration should be given to having both federal and provincial legislators (government and opposition) and members of the general public elected to the constituent assembly, and for having seats assigned to Aboriginal peoples, territorial governments, linguistic minorities, and perhaps others. The chances of success depend upon broad representation, inclusion, and legitimacy.

One can imagine the process in several stages over the course of a year:

1. Design of constituent assembly and election of members (three months)

2. Broad public consultation (one month—with 10 teams working concurrently)

3. Series of open and closed meetings resulting in proposed amendments (three months)

4. Public consultation on proposed amendments (one month)

5. Ratification by Parliament and provincial legislatures (three months)

6. Referendum, if necessary (one month)

Of course, one can imagine as well the potential problems that confront such an attempt to reimagine Canada, as Jeremy Webber has phrased it.[6] Government members of Quebec's National Assembly may not participate, although opposition members and representatives elected from the Quebec public-at-large are likely to do so. The timetable is very tight. Consensus may not be achieved.

On the other hand, what other options are there? A First Ministers' Conference, which Premier Bouchard would not attend, and which would likely end in failure? Another referendum, which would likely further harden existing cleavages and speed up the process of separation? Do nothing? In the absence of other viable options, a constituent assembly (or a variant thereof) appears to be our last chance of finding a new accommodation that more accurately reflects our current political culture and that gives recognition to our diversity. Even if it failed, and even if

Quebeckers voted to separate in the forthcoming Quebec referendum, a draft constitutional amendment from a representative constituent assembly would be helpful in designing the successor states to Canada.

A few years ago, a conference was held here in Ottawa to discuss the future of Canada. It was called "Toward 2000" and brought together a wide cross-section of Canadians. In preparing this paper, I reviewed the communiqué that was issued at the end of that conference, which was endorsed by those who attended. I think that parts of it are worth mentioning here. In terms of government action, the following recommendations received widespread support:

- recognition of the inherent right of Aboriginal self-government;

- recognition of Quebec as a distinct society that may require a readjustment of federal and provincial powers so that Quebec may preserve its way of life;

- preservation of linguistic duality and protection, preservation and promotion of official language minority communities; and

- maintenance of health care and social programs.[7]

The communiqué spoke of "facing our fears" (separation), and ended with a section on consent and the importance of freedom and the opportunity to choose. It noted that immigrants have chosen Canada over somewhere else. Canada existed, and they chose it. Manitoba, Prince Edward Island, British Columbia, and Newfoundland joined Canada after Confederation. These represent important choices because these provinces had other options.

The communiqué went on to note that most Québécois and Aboriginal people, by contrast, feel that Canada was imposed upon them by conquest or by settlement. They were here first. Part of Canada's constitutional challenge, therefore, is to find a way to allow and to encourage these groups to choose Canada of their own free will. Obviously one implication of free choice, the communiqué concluded, is that the answer could be either positive or negative. Canada cannot build national unity on a basis of coercion. Unity should grow out of voluntary acts of trust, which in turn rest on the feeling of security that our commitment to diversity provides.

We must find a way to reflect that diversity in our political institutions and to have Canadians reaffirm this diversity as a core value of our society.

Notes

1. See Robert A. Young, *The Secession of Quebec and the Future of Canada* (Montreal and Kingston: McGill-Queen's University Press, 1995), for a discussion of the applicability of secession in other states to Canada.

2. For a succinct description of his views, see Charles Taylor, "Shared and Divergent Values," in Ronald L. Watts and Douglas M. Brown (Eds.), *Options for a New Canada* (Toronto: University of Toronto Press, 1991).

3. It is estimated that there are between 60 and 80 Aboriginal nations in Canada. See Final Report of the Royal Commission on Aboriginal Peoples, forthcoming.

4. David J. Elkins, *Beyond Sovereignty: Territory and Political Economy in the Twenty-First Century* (Toronto: University of Toronto Press, 1995).

5. These descriptions are found in David C. Hawkes and Bradford W. Morse, "Alternative Methods for Aboriginal Participation in Processes of Constitutional Reform," in Watts and Brown (Eds.), *op.cit.*, pp. 177-178.

6. Jeremy Webber, *Reimagining Canada: Language, Culture, Community, and the Canadian Constitution* (Kingston and Montreal: McGill-Queen's University Press, 1994).

7. "Completing the Circle of Confederation," Communiqué from the conference "Toward 2000: A Changing Canada," Ottawa, Dialogue Canada, Nov. 1992.

Gilles Paquet

Faculty of Administration
University of Ottawa
Presenter

DISTRIBUTED GOVERNANCE AND
TRANSVERSAL LEADERSHIP

Introduction

Quebec-Canada constitutional carpentering has become a national cottage industry. For years aficionados have met in different forums on alternate weeks to debate slightly different versions of the same basic scenarios. After a while these ballet-like exchanges have ceased to generate excitement and there is a danger of a fatigue syndrome on the part of the citizenry.

The way out of this stalemate for the sovereignist camp is through *hope*. The separatist movement, however flimsy may appear the base on which it is constructing such hope, is providing a permission to dream. For a large number of Quebeckers living in regions where the unemployment rate is oscillating around 30%, the dream of a future where things might not be as bad as they are now, of a future that will materialize magically the day Quebec is free from the bondage of Canada is an attractive proposition. This is not unlike a modern version of the "cult of the cargo" or of "some day my prince will come."

Up to now, the federalist camp has either fantasized about instant constitutional reform or been satisfied to try to puncture the secessionists' hope. Neither strategy appears promising: it should be clear by now that no magic constitutional refurbishment will materialize and that one cannot expect to win over the hearts and souls of Quebeckers by dashing their hopes.

The only way out for the federalist camp to find ways to rebuild *trust*. This calls for refocusing the debates on the highest and best use of the non-constitutional route and for a new transversal, principled but pragmatic leadership along that road. This sort of governance and leadership is feared not so much by the have-nots (who are often uninvolved and passively hopeful), but by the haves who have invested so much in the status quo (status, beliefs, values, power) that they are unlikely to allow change to proceed and perturb their comfort and security. Challenging this collective myopia of the haves and their somnambulistic certainty about the rectitude of the existing governance process and the sort of leadership in good currency is the task facing those who want to earn trust.[1]

From Centralized to Distributed Governance

Governance is about guiding: it is the process through which an organization is steered. Fifty years ago, in Canada, governance was debated in the language of management science. Those were the days when social sciences were still Newtonian: a world of deterministic, well-behaved mechanical processes where causality was simple because the whole was the sum of the parts. The challenge was relatively simple: building on the well-defined goals of the organization and designing the control mechanisms likely to get the organization where it wanted to be.

As the pace of change accelerated and the issues grew more complex, private, public, and social organizations came to be confronted more and more with "wicked problems," that is, issues in which the goals either are not known or are very ambiguous, *and* in which the means-ends relationships are highly uncertain and poorly understood.[2] To deal with these *wicked problems*, a new way of thinking about governance was required. In this Quantum world, there is no objective reality, the uncertainty principle looms large, events are at best probable and the whole is a network of synergies and interactions that is quite different from the sum of the parts.[3] The challenge is to build on intelligence, social learning, and perpetual innovation to provide the requisite flexibility and suppleness of action.

This new governance process has emerged in four stages of complexification.[4] At first, when organizations were relatively small and under the direction of autocratic leaders, governance had a fiefdom quality: information flows were very informal, and they were strongly focused on a small group around the leader. But as problems grew more complex, this pattern of governance faltered: more elaborate structures were required and more formal rules had to evolve to meet the organization's changing needs, but these formal rules remained the preserve of those at the top of the hierarchies.

Then, as the pace of change accelerated, the bureaucratic system, with its slow capacity to transform, began to show signs of dysfunction. This led to efforts to partition private, public and social bureaucracies into smaller self-contained and more flexible units likely to be more responsive to clients. This market-type governance, built on the price system, had the benefit of being more inclusive, for price information is widely shared. In the private sector, large companies were split into strategic business units. With a lag, public bureaucracies have gone the same route with, for instance, the creation of Executive Agencies in the United Kingdom or Special Operating Agencies in Canada. Organizations came to be governed—to a much greater extent than before—by the "invisible hand" of the market.

Information flows in market-type organizations are anonymous and highly stylized and the price-driven steering mechanism is often less than perfect. For instance, it is insensitive to third-party effects and external economies, and incapable of appreciating either the synergies within the organization or the various syncretic forces at work in the external environment. More importantly, the myopia of the market has often led to short-term opportunistic competitive behaviour that proved disastrous for organizations. As a result, an effort has developed to establish or re-establish within their decentralized units the informal cooperative links—les liens moraux that might give an organization a sense of shared values and commitments. Corporate culture thus acquired a new importance as the sort of social glue that enables organizations to steer themselves better through better use of informal moral contracts based on shared values.

While private sector organizations were again fast in developing these new informal channels of communication, public organizations were slower to recognize the central importance of these clan-type relations. In the case of Canada's public service, the Public Service 2000 exercise was perhaps one of the first occasions when these issues were given prominent visibility.

The new governance structures (more modular, network-like and integrated either by the invisible hand of the market or by informal moral contracts) are only one half of the learning process. The other half is the work of the leader as animateur. Instead of building on the assumption that the leader is omniscient and guiding autocratically top-down, a distributed governance process builds on social learning and on the capacity of the leader to listen and to lead through a critical dialogue with the stakeholders to ensure that everyone learns about the nature of the problem and about the consequences of various possible alternative initiatives. For the organization to learn fast, everyone must take part in the *conversation* and bring forward each bit of knowledge and wisdom he or she has that has a bearing on the issue.[5]

The citizenry and clienteles learn in this manner to limit unreasonable demands, managers and administrators learn to listen and consult, and other stakeholders learn enough about one another's views and interests to gauge the range of compromise solutions that are likely to prove acceptable. As a result, the distributed governance process predicated on social learning builds on the answers to four questions posed to all stakeholders in this variety of meso-forums: Is it feasible? Is it socially acceptable? Is it too destabilizing? Can it be implemented?[6]

A Three-Pronged Strategy

Distributed governance calls for the definition of a new role for the central government, which depends to a great extent on its capacity to earn the trust of Canadians, to regain their consent to be governed, and therefore the opportunity to play its role of animateur and leader within the new governance system.

In order to effect a transformation in our governance system to rekindle the commitment of the citizenry and to regenerate trust in the federal government by the population of all regions, three major and difficult tasks must be undertaken: (1) a reframing exercise, (2) a retooling exercise, and (3) a mobilization exercise.

(1) The reframing effort entails a shift from debates on government to debates on governance. This will be defocusing discussions from the fight between coalitions trying to seize power and establish their hegemony *toward* an examination of the best way one might design the system so that it learns faster and more effectively. Our socio-politico-economic system is like our immune system: it is bombarded by new bacterias and viruses continually and it has to "learn," develop, transform to cope effectively with them. Focusing on governance requires that we reflect on the required changes in our governance system. This raises a meta-problem: the question of the rules that are to be used when changing rules.

It has been suggested that *a meta-rule could be provided by the principle of subsidiarity.*[7] Such a principle or philosophy of governance leaves completely open the precise allocation of responsibilities; it simply suggests a set of principles to help decide who should do what.

It is difficult to imagine any party refusing *ex ante* to enter a debate on governance based on this principle. Indeed we have reasons to believe from statements of endorsement like those of staunch sovereignists such as J.F. Lisée (on the backcover of André Burelle's book) that such an approach would even be acceptable to Quebec.[8] This approach has also the merit (a) of putting the responsible citizen at the centre of the stage, (b) of underpinning a division of labour not only between Quebec and the rest of Canada but among the private, not-for-profit and public sectors based on efficiency and proximity, and (c) of undergirding a distributed notion of governance and a transversal notion of leadership.

(2) The retooling effort needed to support the reframing strategy sketched above entails the development of political and administrative instrumentalities to ensure that the transformation of the governance system be effected in an orderly manner.

First, at the symbolic level, one requires a sketch of an inspiring *political vision* of where the governance system might be heading if a subsidiarity strategy were adopted. A plausible beacon might be Switzerland but there might be other models. While such a broad fuzzy objective is vague and most certainly not meant to be binding in any way, it would have the advantage of providing the citizenry with a reference point. It is very difficult to understand how trust could be regained by the federalist camp without such a vision. Yet, there seems to be quite a bit of diffidence on the part of the federal public officials in providing any vision of where their strategy would appear to lead.

Second, at the realities level, one requires a sketch of the *administrative means* through which the reallocation of responsibilities will proceed. The obvious administrative routes might well be Program Review (in a refurbished format) and the Efficiency of the Federation Initiative (in a rekindled form) as leading instruments to establish beyond reasonable doubt the degree of seriousness of the federal government in proceeding with a streamlining of its own operations in keeping with the philosophy of subsidiarity. This would entail massive devolution with compensation.

(3) The mobilization exercise calls for a pro-active strategy (a) to elicit a strong active commitment to the new philosophy of governance, and (b) to neutralize the dynamic conservatism of those in power and expose their various stratagems to derail the process of change. Education, information, communication must play an important role in this effort. Central to this process is the recognition of the negative power of the ideology of comfort and the importance of a new form of values-based leadership mobilizing the positive freedom of the citizenry.

There is "no formula, no documentable technique, and no replicable skill" involved in such a leadership. "Leaders overcome this chronic and inevitable pattern of resistance in only one way: by building an alternative system of belief and allowing others to adopt it as their own."[9] This is the only way to ensure that not only the new focus on governance but also the new operational definition of the governance system will be supported actively and meaningfully by a substantial majority throughout the evolving socio-economic and political system.

Social Learning and Transversal Leadership

At the core of this cross-functional strategy, one finds two central features: (1) organizing for knowledge and social learning and (2) transversal leadership.

To cope with a turbulent environment, organizations must use the environment strategically, in the manner the surfer uses the wave, to learn faster, to adapt more quickly. This calls for *non-centralization*, for an expropriation of the power to steer from the sole top managers of the organization: we are very far from unilateral decentralization that can be rescinded. There must be a constant negotiation and bargaining with partners. Managers must exploit all the favorable environmental circumstances and the full complement of imagination and resourcefulness in the heart and mind of each team player; they must become team leaders in task force-type projects, quasi-entrepreneurs capable of cautious sub-optimizing in the face of a turbulent environment.

These new modularized private and public organizations cannot impose their views on clients or citizens in a Taylorian way. The firm, very much like the state, must consult. Deliberation and negotiation are everywhere. A society based on active participation, negotiation, and bargaining replaces one based on the passive affirmation of universal entitlements. The strategic organization has to become a broker, a negotiator, an animator: in this network socio-economy, the firm and the state are always in a consultative and participative mode.[10]

In these diverse forums that cut across bureaucratic hierarchies and vertical lines of power, fraught with overlapping memberships, personal ties, temporary coalitions, and special-task organizations, "the organizational structure of the future is already being created by the most as well as the least powerful" within the new paradigm.[11] Indeed, to the extent that middle-range regional and transnational networks and forums emerge that are cutting across usual structures, the interactions distil in an evolutionary way an always imperfectly bounded network.

Leadership is the leavening force that is required to ensure effective social learning.

Effective leaders lead change by reflecting the values of their followers, after having done much listening. For effective leaders are principled but also pragmatic. They tend to bring their followers beyond their limits, but not unreasonably fast and not unreasonably beyond such limits. To be followers, team members must first respect their leader and be persuaded that *their* welfare is the objective of the leader. The burden of office for a leader is therefore first a requirement to listen and to "refine the public views in a way that transcends the surface noise of pettiness, contradiction and self-interest."[12] The leader must earn the trust of his followers by persuading them that he has their needs and aspirations at heart. The leader's ability to lead, as O'Toole would put it, is a by-product of the trust he has earned by serving them.[13]

This transversal leadership cannot play itself out unless the leader and the followers develop a capacity to appreciate the limits imposed by mutual obligations. It pertains not to traditional functional top-down organization; it does not fit either with matrix form of organizations where vertical-functional and horizontal-process rapports are supposedly keeping one another in check. Rather, in a transversal world, processes are dominating and the reaction to external challenges is for the different stakeholders to coalesce laterally to create informal links and multifunctional teams capable of promoting faster and more effective learning.[14]

Transversality is built on a multifunctional *esprit de corps* that provides a most fertile ground for social learning. It is based on the existence of a social capital of trust, reasonableness, and mutual understanding that facilitates the debates and generates a sort of basic pragmatic ethic likely to promote interaction and synergies among the many partners in the organization. Transversal leadership is based on the ligatures among functions effected by individuals or groups that have accepted the distributed nature of governance and are building on new modes of cross-functional coordination. While much of this new coordination is fuzzy and built on moral contracts, it must be clear that it represents the only effective way to guide the organization and nudge it in different directions.[15]

What is at stake in leadership is "the ability to stay the course while "rocking the boat" to enhance organizational readiness and competitiveness in an unpredictable environment."[16] This ability cannot be imparted effectively except through experiential and action learning.

Resistance to Change

Our experience suggests that there are systemic reasons that are at the roots of the lack of trust and of the political stalemate in Canada. These reasons fall in three general categories: the existence of a centralized mindset, the development of the adversarial syndrome, and the burden of envy and resentment inherited from our egalitarian tradition of the last fifty years.

A Centralized Mindset

Over the last one hundred and twenty-five years, circumstances have often endangered Canadian prosperity. Canada has had to learn ways and means to cope with these challenges in a manner that reconciled its geo-technical and socio-political constraints with the values, plans, and idiosyncrasies its diverse population chose to prioritize. An *habitus* has evolved: a system of habitualized dispositions and inclinations to use certain institutional devices or stratagems that appeared to do the job of reconciling all those constraints most effectively.

This took the form of an *economic culture* that has underpinned the governance of the Canadian economy and has been based on two fundamental elements: the extensive use of *public enterprise* and of *interregional redistribution* of the economic surplus.[17] These two root-stratagems have been used repeatedly from the very early days of the federation. An important implication of this economic culture is that it favours centralization. For without centralization, the two root-stratagems cannot be used effectively. This has meant that the Canadian *habitus* has been a centralized mindset.

Over the recent past, both these tenets of the Canadian *economic culture* have come under attack: there has been a massive disengagement by the federal government from its public enterprises, and the massive interregional redistribution of resources has been questioned. Disenchantment with guidance from the center has led to decentralization: many public enterprises have been privatized or have ceased to play a central policy role; and the weakening of the central government's financial capacity has eroded its capacity for massive interregional transfers.

But despite the assault on the old economic culture, the centralized mindset has remained strong in Canada and the strategies to immunize it from challenges and erosion have been very sophisticated. First there has been the simple denial that the attack on the old economic culture could be an attack on the centralized mindset. Using public spending patterns as benchmarks, many have argued that Canada is already one of the most decentralized countries in the world. Whether spending at the subnational level was commanded by conditional transfers, as it was in Canada, would appear to have been ignored. A second line of defense has suggested that there cannot be more devolution because it might well balkanize the country, which would be disastrous.[18] This argument is still in use even though Migué has shown rather persuasively that centralization, and not decentralization, is the source of balkanization in Canada.[19] A third defense mechanism has been that the glue that binds this country together is the egalitarian economic culture of redistribution: national standards are the "fabric" of this country so central control cannot be reduced; moreover the central government must retain the role of enforcer because of international agreements Canada is party to.[20] We have shown elsewhere that it is not a very potent argument.[21] A fourth argument has been that decentralization is necessary but that it must be postponed until we have uncovered the "Canadian core values" that might be used in determining the nature, extent and character of the "acceptable" decentralization.[22]

The conflict between the centralized mindset of Canadian leaders and the forces underpinning the dispersive revolution[23] has generated directly some resistance to change but it has also catalyzed the coalescence of a national adversarial system in Canada.[24] This regime has developed as a result of (1) adversarial relations becoming the modus operandi and the new underlying philosophy and (2) conflictive equilibria (situations where nothing can be resolved except by cooperation but where collaboration appears extremely difficult if not impossible) materializing in government-business-society relations, in the labour-management world, and also within each sector (private, public, and social) as between large and small firms, between the federal and provincial levels or between different environmental groups, etc.

This adversarial syndrome corresponds to the strong taste for competition in the Anglo-American space[25] but it also echoes a profound social decapitalization that has occurred in North America over the last decades.[26] The adversarial syndrome has thrived on this loss of civic engagement based on networks, norms, and social trust that facilitate coordination and cooperation for mutual benefit; but it has also contributed to the process of social decapitalization to the extent that it has accelerated it. To the extent that Hollingsworth (1993) is correct, a weakening of the collective socio-cultural underground on which individualistic cooperation is built for firms and public or social organizations could only prevent alliances and collaboration. This has also contaminated the core of basic values on which our socio-political architecture has been built and explains the difficulties in generating the requisite concertation, harmonization, and co-decision processes necessary to solve the new and challenging problems of coordination created by the new world of distributed governance.

Egalitarianism, Envy and Resentment

A third general set of forces has contributed to generate a "climate of unreasonableness" (Conrad Winn) and a socio-cultural underground more likely to generate division than cohesion. It has its roots in the promotion of egalitarianism as a foundational value and a democratic dogma in a world more and more segmented along ethnocultural lines. This has generated a heightened degree of tension and envy at the intercultural interface.[27]

The nature of these jealousies, and the deep resentment created by the propaganda about egalitarianism in a world where differences are omnipresent, underpin the profound public sentiment that one cannot be "equal and different." This remains prevalent in all the recent interprovincial deliberations but also in all the constitutional forums around the country. Nothing less than a new social contract built on the principle "different but united" can accommodate the separateness, complementarities, and hierarchies necessary to reduce envy and contain violence.

But we are still very far from being willing to confront head on the demons of egalitarianism and the "negative social capital" of envy and resentment that has been accumulated by efforts to force top-down the acceptance of stratagems trying to square the circle of "equal and different." These forces have been responsible for the failure of Meech and Charlottetown, but they have also fueled much social decapitalization. This has reinforced the intransigence of egalitarians who are arguing for more centralization to be able to enforce redistribution to ensure standardization. While this may appear to fly in the face of the forces of the dispersive revolution and to point to dysfunctional outcomes, none of the alternative propositions to manage the intercultural interface (separateness, encapsulation, etc.) would appear palatable.[28]

These systemic blockages do not annihilate any possibility of action, but they clearly limit considerably any progress on the constitutional front. The three blockages would appear to make any likelihood of a general agreement about a modification to the Canadian constitution very slim. This is why it would appear to us that the non-constitutional route offers the only viable solution.

The Long Administrative Route as a Shortcut

Social learning may materialize in the constitutional debate. However there are reasons to feel pessimistic as any group of malcontents may get the whole process to crash. This sort of exercise is probably *incontournable* in dealing with high profile symbolic issues, for no other channel can provide an easy resolution of disputes at this level. The "distinct society" conundrum is a good example of such issues. But for most of the substantive issues, the administrative route is much more promising and holds the promise of rapid progress while the constitutional route would appear paved with bad intentions.

Highroad constitutional debates get bogged down in posturing, in negotiation through the media, in extraordinarily intricate and unfortunate wordings that prove cast in stone as soon as they hit the street, etc. This generates important learning disabilities. It is much less difficult to negotiate important compromises when one is not in Macy's window. This is the reason why we have had such a long tradition of successes in using the administrative state route. One may point to the social learning by all parties that has marked decades of negotiations by the Tax Structure Committee or by generations of anonymous committees of public officials that have been particularly effective at reframing issues and have allowed the federation to evolve fast and most fruitfully over the last century.

We may face an ideal occasion to re-affirm the importance of proceeding via the administrative non-constitutional route. There has been a slow awakening to the new realities as a result of the October 30 referendum. This has triggered new thinking at the federal cabinet level, if one is to believe the revelations made about the famous "master plan" being elaborated by Marcel Massé and company, which would call for a devolution of 25 percent or more of federal program activities in the very near future.[29] But the panic effect may easily fade away and the original good intentions of Massé may be squashed and derailed by the not inconsiderable group of federal public officials that still adheres to the view that nothing would be more disastrous for Canada than Ottawa's power being eroded.

One may suspect that those most opposed to a transformation of the Canadian governance system also feel a sense of urgency. Their rear-guard action will not take the form of counter-productive inflammatory denunciations of the devolution process under way. In all likelihood, it will take the form of a broad focus on other non-constitutional techniques to stall the devolution process, such as alternative program delivery or a quality-service centred federalism. Such strategies might be a genuine way out of the constitutional conundrum but they can equally well be manœuvres designed to give the appearance of transformation of the federal governance without any substantial reduction of the federal hegemony. In this dark scenario, obfuscation would be increased: a proliferation of special operating agencies and a focus on service quality might even get Ottawa's central agencies to increase their power base.

A more optimistic scenario would call for a reframing of perspectives along the lines suggested by Burelle and others: (1) a vision of Canada that would accept in principle to proceed comfortably toward decentraliz-ation à la Switzerland, (2) a general philosophy of governance based on subsidiarity (i.e., a strong push toward the responsibilization of the citizen and a recognition that one may best attend to the needs for help that the citizen might have at the level closest to the citizen), (3) a renewal of the notion of citizenship to replace the mentality of entitlement with a sense of mutual obligations, and (4) a rethinking of the state away from its heavy top-down omnipresence toward a light-handed strategic state ensuring a more distributed governance.[30]

If such a plan is to be effected at all, it must be effected very quickly. It would call for a rejuvenation of the Efficiency of the Federation Initiative and for a refurbishment of the Program Review. The explicit objective would be to accomplish by administrative negotiations, over the next six months, so much progress toward the re-allocation of responsibil-ities among the federal government, the provinces, the not-for-profit sector, and the private sector, that it would be impossible for the crusaders on the high stage of constitutional talks not to acknowledge that there has been a reframing of the central issues.

Then one might be able to focus on some fundamentals that are for the moment drowned by the ideological harangues. These fundamentals are (1) the extraordinary interregional economic interdependence that still exists in Canada and that one would not wish to destroy lightly[31] but also (2) the recognition that Canada is fundamentally a "community of communities" much like Switzerland and that attempts to homogenize it unduly, and to thrust national standards top down on these diverse communities, can at best balkanize the country and at worst fracture it.[32]

Conclusion

To cut through the present stalemate, we must be ready to recognize that our political pair of scissors needs two blades: one constitutional blade to deal with symbolic issues and an administrative blade to deal with substantive issues, and that it is only when the second blade is sharp that the first blade should really come into play.

There has been much skepticism about the effectiveness of the administrative route among constitutional poets and in other unpragmatic tribes. On the contrary, the public officials in Ottawa have feared that route from the very beginning; so much so, that they have successfully strategized to derail many genuine efforts to make good use of it.[33]

The panic social learning triggered by the referendum results provides a unique opportunity to rekindle the administrative strategy before it gets encapsulated again by the forces of dynamic conservatism. This will require the emergence of a transversal leadership capable of kickstarting a process of social learning within a distributed governance context. Such a leadership is unlikely to emerge from the federal officialdom. We must bet on one of the many chautauquas orchestrated by diverse groups in Canada in the first half of 1996. Such initiatives, like the one initiated by the Business Council on National Issues, may have a chance to succeed because of the fact that they are of necessity transversal.

Notes

1.   O'Toole, 1995.

2.   Rittel and Webber, 1973.

3.   Becker, 1991.

4.   Boisot, 1987; Paquet, 1994a.

5.   Paquet, 1992; Webber, 1993; Piore, 1995.

6.   Friedmann and Abonyi, 1976.

7.   Burelle, 1995; Janigan and Fulton, 1996.

8.   Burelle, 1995.

9.   O'Toole, 1995, p. 14.

10.   Paquet, 1992.

11.   Hine, 1977.

12.   O'Toole, 195, pp. 10-12.

13.   O'Toole, 195, p. 28.

14.   Tarondeau and Wright, 1995.

15.   Putnam, 1995.

16.   Vicere, 1992.

17.   Hardin, 1974.

18.   McCallum in McKenna, 1995.

19.   Migué, 1994.

20.   Banting, 1996; Leslie in McKenna, 1995.

21.   Paquet, 1995.

22.   Maxwell, 1995.

23.   de la Mothe and Paquet, 1994.

24.   Valaskakis, 1990.

25.   Choate and Linger, 1988.

26.   Putnam, 1995, 1996.

27.   Laurent and Paquet, 1991.

28.   Laurent and Paquet, 1991, pp. 177-178.

29.   Janigan and Fulton, 1996.

30.   Paquet, 1994a; Burelle, 1995.

31.   Helliwell and McCallum, 1995.

32.   Migué, 1994.

33.   Paquet and Roy, 1995; Paquet, 1996; Paquet and Shepherd, 1996.

References

Banting, K. 1996. "Notes for the Deputy Ministers' Luncheon." January 5, mimeo p. 14.

Becker, T.L. 1991. *Quantum Politics*. New York: Praeger.

Boisot, M. 1987. *Information and Organization*. London: Fontana.

Burelle, A. 1995. *Le mal canadien*. Montreal: Fides.

Choate, P., and J. Linger. 1988. "Tailored Trade: Dealing with the World As It Is." *Harvard Business Review*, 66, 1, pp. 86-93.

de la Mothe, J., and G. Paquet. 1994. "The Dispersive Revolution." *Optimum*, 25, 1, pp. 42-48.

Friedmann, J., and G. Abonyi. 1976. "Social Learning: A Model for Policy Research." *Environment and Planning*, Vol. A, No. 8, pp. 927-940.

Hardin, H. 1974. *A Nation Unaware*. Vancouver: J.J. Douglas.

Helliwell, J.F., and J. McCallum. 1995. "National Borders Still Matter for Trade." *Policy Options*, 16, 5, pp. 44-48.

Hine, V.H. 1977. "The Basic Paradigm of a Future Socio-Cultural System." *World Issues*, April/May, pp. 19-22.

Hollingsworth, R. 1993. "Variation Among Nations in the Logic of Manufacturing Sectors and International Competitiveness." In D. Foray and C. Freeman (Eds.), *Technology and the Wealth of Nations*. London: Pinter, pp. 301-321.

Janigan, M., and E.K. Fulton. 1996. "The Master Plan: A Draft for a New Canada Goes Before the Cabinet." *Maclean's*, 109, 6, (February 5), pp. 18-19.

Laurent, P., and G. Paquet. 1991. "Intercultural Relations: A Myrdal-Tocqueville-Girard Interpretative Scheme." *International Political Science Review*, 12, 3, pp. 171-183.

Maxwell, J. 1995. "Build on Core Values." *The Ottawa Citizen*, November 15, p. A17.

McKenna, B. 1995. "Ottawa's Grip on Economy at Issue in Debate Over Powers." *The Globe and Mail*, November 13, p. B1-2.

Migué, J.L. 1994. "The Balkanization of the Canadian Economy: A Legacy of Federal Policy." In F. Palda (Ed.), *Provincial Trade Wars: Why the Blockade Must End*. Vancouver: The Fraser Institute, pp. 107-130.

O'Toole J. 1995. *Leading Change*. San Francisco: Jossey-Bass Publishers.

Paquet, G. 1992. "The Strategic State." In J. Chrétien (Ed.), *Finding Common Ground*. Hull: Voyageur Publishing.

————. 1994a. "Paradigms of Governance." In M. Cottrell-Boyd (Ed.), *Rethinking Government*. Ottawa: Canadian Centre for Management Development.

————. 1994b. "Reinventing Governance." *Opinion Canada*, 2, 2, April, pp. 1-5.

————. 1995. "Gouvernance distribuée et habitus centralisateur." In *Transactions of the Royal Society of Canada*. Ottawa, forthcoming.

————. 1996. "Le fruit dont l'ignorance est la saveur." In A. Armit and J. Bourgault (Eds.), *Hard Choices or No Choices*. Toronto: Institute of Public Administration of Canada, pp. 47-58.

Paquet, G., and J. Roy. 1995. "Prosperity Through Networks: The Small Business Strategy That Might Have Been." In S. Phillips (Ed.), *Mid-Life Crises: How Ottawa Spends 1995*. Ottawa: Carleton University Press, pp. 137-158.

Paquet, G., and R. Shepherd. 1996. "Program Review: A Deconstruction." In G. Swimmer (Ed.), *Life After the Cuts: Doing Less with Less*. Ottawa: Carleton University Press (in press).

Piore, M.J. 1995. *Beyond Individualism*. Cambridge: Harvard University Press.

Putnam, R.D. 1995. "Bowling Alone: America's Declining Social Capital." *The Journal of Democracy*, 6, 1, pp. 65-78.

————. 1996. "The Strange Disappearance of Civic America." *The American Prospect*, 24, pp. 34-48.

Rittel, H.W.J., and M.M. Webber. 1973. "Dilemmas in a General Theory of Planning." *Policy Sciences*, 4, pp. 155-169.

Tarondeau, J.C., and R.W. Wright. 1995. "La transversalité dans les organisations ou le contrôle par les processus." *Revue française de gestion*, No. 104, juin-août, pp. 112-121.

Valaskakis, K. 1990. *Canada in the Nineties*. Montreal: The Gamma Institute Press.

Vicere, A.A. 1992. "The Strategic Leadership Imperative for Executive Development." *Human Resource Planning*, 15, 1, pp. 15-31.

Webber, A.M. 1993. "What's So New About the New Economy?" *Harvard Business Review*, 71, 1, pp. 24-42.

Kathy Brock

Department of Political Science
Wilfrid Laurier
Commentator

OPENING OUR EYES
ON THE PATH AHEAD

Once again, a uniquely Canadian form of myopia is beginning to obscure our vision of the nation's future as we recommence the trek down the constitutional road. The panelists have noted the need for careful and considered thought about where we have been and where we wish to go. David Cameron wisely advises us to define the nature and type of problems clearly and accurately before proceeding. André Burelle cautions us to choose a decision-making process that will ensure that the terms of the social contract are consonant with the political institutions and tools. Just as he offered means of addressing Quebec's concerns, David Elton offered workable suggestions to address the requirements of the western provinces. While David Elton placed his faith in our ability to come up with imaginative solutions to the difficult problems facing Canada, Gilles Paquet countered the politics of hope held out by leaders advocating sovereignty for Quebec with a politics of trust, of making the political system work more efficiently. David Hawkes urged us not to exclude Aboriginal peoples from this process. Running throughout the presentations was the recognition that if the process of national reconciliation is to succeed, then Canadians must engage in an open dialogue. This will be difficult for Canadians since in the past we have been more inclined to engage in simultaneous soliloquies than constructive dialogues.

In hindsight, a form of near-sightedness caused us to stumble on the paths to the patriation of the constitution, Meech Lake and Charlottetown. In those processes, Canadians and their governments focussed on their differences to the exclusion of understanding each other. Alan Cairns has documented that the constitutional debates leading to patriation and the adoption of the Canadian Charter of Rights and Freedoms led Canadians to begin thinking of themselves in terms of their differences and special interests and rights.[1] This process, and then the Charter itself, drove wedges among the citizenry, between citizens and their governments, between governments and, most perilously of all for Canada, between Quebec and the rest of Canada. During Meech Lake, Quebec's demand to be recognized as distinct with appropriate political powers to cultivate its culture and society was met with demands for recognition from the West, Aboriginal peoples, ethnic and racial communities, and women, among others. The result was no understanding, only shouts of entitlements. The Charlottetown round succeeded in incorporating everyone's demands no matter how inconsistent and incoherent the final product. And there lay its weakness: it too was predicated on trade-offs not compromises.

These past attempts at reform have embraced our differences in a negative rather than a constructive way. They divided Canadians, undermining a sense of national community by focussing on differences and neglecting common interests. But there was a more insidious consequence. Asserting difference was not just self-interested, it was a means of denying, denigrating, and misunderstanding others. Thus, there has been little or no progress in developing an understanding of distinct society in the West, of the diversity and uniqueness of western cultures in the centre, of the West's need for Senate reform in Ontario and Quebec, of the Atlantic provinces anywhere, of a First Nations' conception of self-government by the other governments and so on. Each is aware of the others' demands but there is no rapport, no basis for considered compromise. Canadians have become locked into a conserver mentality in which citizens and governments vie to maintain what they have if not augment it.

The same myopia is beginning to impede us on the current path. Past actors are beginning to focus on entitlements and minimum positions. Only limited efforts are made to peer beyond the immediate or to understand each other. We see this in the current debate over the federal offer to Quebec of a constitutional veto and recognition as a distinct society, and in its limited attempts at decentralization. These offers do not fundamentally rethink federalism but are based on past conceptions of Quebec's needs. Immediately, voices within Quebec claimed that the package was too little, the B.C. government clamoured for the same treatment, critics claim that the veto legislation is unconstitutional, and citizen groups are mobilizing against decentralization. This conserver mentality has surfaced in the debate over the status of Montreal in the advent of separation. Governments, economic groups, and citizens in Montreal are moving to protect their interests by advocating an independent status that emphasizes the differences between Montreal and the rest of Quebec rather than recognizing that Montreal is unique because of its position within Quebec. This line of vision precludes the realization that it ensures other provinces have a vested interest in opposing Quebec's attempts to define a new status: if Montreal gains distinct status within Quebec on the basis of linguistic differences, then should St. Boniface have special status within Manitoba, or a partitioned Moncton within New Brunswick, or Sault Saint Marie within Ontario? This short-sightedness is reflected elsewhere. The Assembly of First Nations has instructed the Grand Chief to prepare for the next round of constitutional negotiations regardless of political arrangements made by the federal government in the interim. Grand Chief Ovide Mercredi was quick to criticize the Quebec veto and demand the same for his people. The Cree within Quebec's borders have prepared a strategy and legal position in the event that Quebec prepares to separate. However intrinsically worthwhile these positions may be, they are being formulated and echoed in isolation from each other.

Perhaps most dangerous of all is the current consensus among the governing and academic elites outside of Quebec that a two-track strategy be adopted: governments should discuss and plan for decentralization and reforms to federalism; academics and others should ponder the prospects and preparations for separation. Experience tells us that governments will negotiate and reach agreements that then cannot accommodate citizen demands. Governments are now moving to monopolize the field of negotiations and to define the parameters of discussion just as they did in Meech and, to an extent, in Charlottetown. Discussions on separation are equally ill-fated: they prepare Canadians psychologically for separation; they risk triggering a backlash in Quebec if the rules of secession are changed and formalized at a time when the prospects of separation seem more realistic; and, as the idea of separation becomes more familiar, the onus on Canadians to seek means of reconciliation is attenuated. As governments retrench, citizens mobilize, and both begin to focus on their own sets of demands, the spectres of past constitutional failure loom.

This is not the path Canadians must take. The cacophony of voices proclaiming entitlements does not have to be deplored, but it must be managed and harmonized from the outset. Anthony Giddens's concept of dialogic democracy provides insight into management of the process. To reconcile differences between communities, the state must foster an open dialogue to re-examine and revisit the relationships and institutions that have traditionally ordered society and their rationales. This dialogue involves traditional and new communities in a process of mutual disclosure aimed at establishing a mutual basis of trust. The result is a new understanding between communities based on respect and accommo-dating differences. If traditional communities cannot redefine themselves in relation to new communities or no basis of trust between groups in society can be established to support a new relationship, then dialogue breaks down. To preserve their sense of community and meaning, the groups threatened by the traditional structures close themselves off to external influences as much as possible and seek recourse in secession. If exit is impossible or too difficult, then violence will ensue as the nation-state authorities try to enforce compliance with established rules and practices or preserve the integrity of the state, or as the contesting communities express their frustration at the denial of their legitimacy, identity, and claims of entitlement.[2]

If Canadians are to avoid the secession of Quebec and violence, they must not just pronounce and proclaim but must try to understand the demands and positions put forward. Instead of focussing on being heard, the West and citizen groups should try to understand Quebec's need for certain powers and forms of assurance if it is to remain within Confederation; and Quebec must understand why other communities require assurances or concessions in the same process of change. This entails according their differences and needs equal respect and recognition. The next step is to seek bonds that unite us in our differences. Thus, each set of actors must relinquish past and present entitlements and start anew.

Past experience and traditional Canadian values may guide us on this path. A few concrete examples illuminate the way. One answer lies in the Charter of Rights and Freedoms. Polls show that Canadians in and outside Quebec are consistent in their support for rights and freedoms. The Charter only becomes a tool of oppression when equality and rights are equated with sameness or a denial of difference. Fortunately, the Charter embodies Canadian values of fairness, equity, and difference. Section 1 enables Canadians to place reasonable limits on rights to tolerate differences that are important in a liberal democracy. This clause provides Quebec with necessary latitude to meet the diverse requirements of its citizens. Even in the controversial Ford case, the Supreme Court allowed that Quebec's objective in protecting its language and culture was sufficiently important to justify infringing upon freedom of expression but encouraged the government to find a less restrictive means of achieving this end.

If section 1 is insufficient, there is a fail-safe device in section 33 that allows governments to override certain rights and freedoms. For this section to be useful or constructive in the context of Canadian unity, its legitimacy must be restored: it should be a last resort used only infrequently and on important issues of national unity or provincial culture and community. New rules of use would help. If a province invoked the section 33 override to protect legislation infringing citizen rights in the interests of protecting the cultural or social character of the province, then it should be obliged to serve notice to the other governments. The federal government would convene a First Ministers' meeting where the provincial government would explain its justifications for the use of the override clause and the other governments would offer their opinions. The discussions would be private but at the conclusion, the governments would issue a joint communiqué to the media stating the reasons for the abrogation of rights and the positions of the other governments. This process, the five-year limit on the override, and the democratic check of regular elections would provide substantial and adequate guarantees to minorities within the provinces. The rules would foster greater understanding and dialogue among governments while reassuring Canadians that their rights would only be temporarily limited after due consideration.

Perhaps history would have been different had Quebec accepted the guidance of the Supreme Court in 1988 and only used section 33 as a last resort, or had other governments publicly supported Quebec's decision as a legitimate exercise of powers under the Charter given the importance of its objective. But the point is not to speculate on counterfactual conditionals; it is merely to point out that the Charter, if used as it was constructed, provides one example of how to recognize a common bond (our shared commitment to rights) while respecting our differences (reasonable limits and temporary exemptions).

Federalism also provides a means of uniting Canadians while respecting differences. To take one example, reforms to social programs and the decentralization of areas of jurisdiction such as unemployment insurance do not necessarily signal the end of compassion in Canada or the dissolution of national ties. Unemployment insurance could be transferred to the provinces to tailor the program to better serve the needs of local communities on the condition that the provinces sign agreements ensuring access to benefits. Residency requirements would be permitted to stem the flow of citizens from jurisdictions with limited benefits to provinces with more generous benefits or conditions, but then the province with the net out-migration would compensate the recipient province for the costs incurred by these new residents at the rate set by the recipient province. The federal government would arbitrate disputes over compensation between provinces and set minimum levels. It would retain its role in ensuring comparable standards through equalization payments.

The federal government must re-examine its powers in other areas and reconceptualize its role within Confederation. For example, Ottawa should serve as a symbol of national identity, not local differences. In this capacity, it should reflect the national commitment to an inclusive society by promoting Canada as a nation with two linguistic communities and an open and diverse society and culture of individuals. As Quebec has taught Canada, language unlike race or ethnicity is inclusive, not exclusive. Through the promotion of bilingualism and the treatment of Canadians as individuals regardless of ethnicity and race, the federal government can begin to construct a more democratic and responsive national presence. This requires rethinking institutions and traditions that are reflective of British and French traditions but discriminatory to other Canadians.

One example of this process involves multiculturalism. In deference to public opinion, the federal government should end its programs promoting multiculturalism. As part of this process, it should revisit the criteria for cultural and arts funding with the prospect of making it more responsive to non-western European-centred definitions of arts and culture. The promotion of multiculturalism should become the exclusive purview of the provinces since matters of a local nature are a provincial responsibility and each province has a unique mix of peoples that its government may serve best. Fair treatment for ethnic and racial minorities within provinces is now guaranteed by the Charter and courts. If necessary, an amendment could be made to the Supreme Court Act providing an automatic right of appeal from the provincial courts of appeal on matters of language, culture, and ethnicity. Also, the federal government could retain a residual, advisory role to the provinces on legislation affecting citizens on the basis of language, race, and ethnicity. The notwithstanding clause contained in section 33 might be useful here if the rules devised above were to govern its use. These are only a few concrete examples of the types of change Canadians could engage in to begin the process of reconciliation and redefinition.

In conclusion, as we begin down the path of national reconciliation, we must heed the message of the 1995 referendum. Separation looms but there is still opportunity for constructive dialogue. Aristotle guides us here. Friendship defined on the basis of utility and economic interest is unstable, lasting only as long as mutual need does. Friendship based on pleasure is temporary at best. But friendship based on mutual respect, tolerance and understanding, and on a dialogue aimed at finding a common good transcending individual needs and concerns is lasting. This means Canadians must listen to each other for the first time and seek mutual solutions not just proclaim entitlements. Or as Giddens warns: where there is no dialogue the alternatives are exit or violence. As we head down the path of nation-building, let's keep our eyes open this time.

Notes

1. Cairns, 1991.

2. Giddens, 1994.

References

Cairns, Alan. 1991. *Disruptions: Constitutional Struggles, From the Charter to Meech Lake*. Douglas E. Williams (Ed.). Toronto: McClelland and Stewart.

Giddens, Anthony. 1994. *Beyond Left and Right: The Future of Radical Politics*, Stanford: Stanford University Press.

André Tremblay

Faculté de Droit
Université de Montréal
Commentateur

LA POLITIQUE CONSTITUTIONNELLE DU GOUVERNEMENT CHRÉTIEN AFFAIBLIRA LE LIEN FÉDÉRAL ET RENFORCERA LE MOUVEMENT INDÉPENDANTISTE

Ce bref commentaire envisage les moyens constitutionnels et non constitutionnels pour sortir le pays de la crise. Beaucoup préféreraient ne point parler de cette crise mais, comme elle est réelle et menaçante, elle mérite certainement le temps d'une réflexion. Je ne crois pas, par ailleurs, que certains segments de la société canadienne veulent reconnaître que le Canada soit presque rendu à l'étape du démantèlement, que la crise provient largement de l'incapacité du pays d'organiser ses relations avec le Québec et que, si des gestes concrets d'apaisement et de réconciliation ne sont pas posés, il faudra aborder l'épineuse question du partage de la dette et des actifs du gouvernement canadien. Nous ne sommes pas encore rendus là, mais le temps presse. Même s'il n'est pas évident que nous pourrons éviter l'échec, il faut encore essayer.

Cela dit, j'estime qu'un colloque d'universitaires peut avoir le mérite d'influencer ou d'amorcer des politiques ou des façons de voir. Évidemment, ce n'est pas dans le forum universitaire que se décident les grandes orientations de la politique constitutionnelle; celles-ci relèvent des politiciens, et leur succès dépendra, en définitive, de l'opinion publique qui aura été marquée dans une bonne mesure par les travaux du monde de l'enseignement et de la recherche universitaires.

La *première question* que j'aborderai concerne l'approche non constitutionnelle en tant qu'instrument de résolution de la crise politique. Personnellement, je n'y crois guère. Cette approche permet d'envisager des moyens défensifs (négatifs) et actifs (positifs). Les moyens défensifs comprennent des procédures juridiques pour encadrer ou limiter l'utilisation du référendum; ils peuvent comprendre aussi l'utilisation de lois spéciales d'urgence ou d'autres lois pour contrer la menace sécessionniste et la partition du territoire canadien. On ne sait pas trop tout ce que peut impliquer le recours aux moyens défensifs fondés sur la légalité et la force, mais cette approche m'apparaît répréhensible et ne fera qu'ajourner et aggraver les problèmes; elle affaiblira le lien fédéral et renforcera le mouvement indépendantiste.

Quant à l'approche non constitutionnelle active consistant à utiliser les ententes administratives, les résolutions parlementaires ou les lois ordinaires, elle fait en sorte qu'elles se révèlent peu adaptées, fragiles et insatisfaisantes. Lorsqu'on s'interdit d'ouvrir le dossier constitutionnel, et c'est le cas de notre premier ministre fédéral, on se réduit à utiliser les expédients; on utilise la voie indirecte ou la voie détournée, la voie politique, pour aborder la question constitutionnelle. Cela ressemble à des exercices de pensée magique.

L'expression la plus claire et la plus récente de cette approche non constitutionnelle réside dans les trois initiatives prises récemment par le gouvernement Chrétien à propos de la société distincte, du droit de veto et de la politique de formation de la main-d'œuvre. Je commenterai surtout la loi fédérale C-110 adoptée en février 1996. Cette loi illustre la faiblesse et l'ineptie de l'approche politique. Voici quelques caractéristiques de la loi :

a) Elle interdit pratiquement toute marge de manœuvre au gouvernement fédéral sur le terrain constitutionnel. Le gouvernement fédéral se menotte et se condamne à l'impuissance en soumettant son droit d'initiative en matières constitutionnelles à cinq vetos ou assentiments régionaux, dont celui du Québec;

b) Le moyen employé, étant statutaire ou incorporé dans une loi du Parlement, n'offre par ailleurs aucune garantie de stabilité ou de permanence. Par essence, un droit de veto devrait être garanti par la Constitution, non par une loi fédérale abrogeable par une majorité de parlementaires. La manière de procéder conduit à de la contrefaçon ou à une espèce de droit de veto frelaté qui ne peut guère intéresser son bénéficiaire présumé;

c) Celui-ci, c'est le Québec, et le Québec n'a jamais demandé ce genre de produit. Ce que le Québec a toujours demandé, c'est un veto constitutionnel, exercé par l'Assemblée nationale. Il n'a jamais demandé un droit de veto statutaire que le Parlement fédéral peut soit lui retirer en tout temps, soit contourner en consultant directement la population. Le Québec n'a jamais sollicité l'instauration de mécanismes qui rendraient plus difficile l'amélioration de son statut. Or, avec la loi, on ajoutera un niveau de difficultés supérieures aux formules de modifications constitutionnelles actuelles, déjà fort complexes, et qui ne favorisent nullement la modification constitutionnelle. On rendra, par exemple, la reconnaissance constitutionnelle de la société distincte ou l'octroi de pouvoirs additionnels au Québec tributaires de l'assentiment de deux provinces atlantiques ou de deux provinces des Prairies;

d) Cette loi serait non constitutionnelle parce qu'elle ajoute par voie statutaire des éléments de procédure aux procédures constitutionnelles déjà prévues dans la *Loi constitutionnelle de 1982*. Elle crée par voie législative ordinaire un quasi-droit de veto en matières constitutionnelles; elle fait par voie détournée, indirectement, ce que la Constitution aurait dû prévoir en 1982. On peut prétendre qu'elle change ou modifie la procédure de modification constitutionnelle; on peut dire qu'elle propose une nouvelle formule de modification constitutionnelle qui diffère de celles prévues par la *Loi constitutionnelle de 1982*. Or, celle-ci énonce, à l'article 41e, que la modification de la procédure de modification constitutionnelle exige un amendement constitutionnel voté selon la procédure de l'unanimité des corps législatifs canadiens. Elle énonce de plus, à l'article 52(3), que la « Constitution ne peut être modifiée que conformément aux pouvoirs conférés par elle ».

Le rappel des caractéristiques de la loi illustre que ce genre d'approche unilatérale, sans doute inspiré par la volonté de répondre aux demandes québécoises et de corriger les dommages causés par le rapatriement de 1982, ne rend service ni à la cause canadienne ni à la cause québécoise. La solution esquissée est mal conçue et évite les vrais problèmes. Elle dénote l'improvisation, le manque de politique fédérale sur la question québécoise, le manque de vision et de leadership du gouvernement fédéral.

Alors qu'il faudrait s'attaquer directement à la crise constitutionnelle et proposer un plan d'ensemble, cohérent, de renouvellement du fédéralisme canadien, on se cantonne à Ottawa dans l'approche non constitutionnelle qui frise la provocation.

Mon commentaire veut souligner les faiblesses des solutions non constitutionnelles, qui peuvent s'avérer complètement déconnectées de la réalité politique et des besoins. On pourrait formuler des observations aussi défavorables à l'égard de la reconnaissance de la société distincte, réalisée par une simple résolution de la Chambre des Communes.

Ces initiatives unilatérales, non constitutionnelles, se situent très loin du seuil minimal des réclamations du Québec. On est à des années-lumière de l'Accord du Lac Meech, on est même en deçà de l'Accord de Charlottetown. Or, selon moi, jamais le Québec ne saurait considérer comme satisfaisants des arrangements qui offrent moins que l'Accord du Lac Meech.

Ma *deuxième question* concerne les éléments de solution. Comment faire et que faire? Il est évident qu'il aurait été préférable de ne pas adopter cette loi et qu'il fallait plutôt engager des pourparlers en vue de rouvrir le dossier constitutionnel. Il faut poser les gestes nécessaires qui démontrent que le Canada fédéral ne patauge plus dans le *statu quo* constitutionnel. Il faut faire des offres sérieuses et honorables au Québec. Il faut s'attaquer avec courage et détermination à la définition des rapports intergouvernementaux entre le Québec et le reste du Canada. Pour ce faire, il conviendrait d'amorcer une révision en profondeur du partage actuel des compétences (selon moi, le partage des compétences réalisé en 1867 était, dans l'ensemble, adéquat; le gouvernement fédéral aurait donc besoin d'une grosse cure d'amaigrissement, et il peut s'y adonner sans prescriptions constitutionnelles).

De plus, il faudrait procéder à la reconnaissance constitutionnelle du Québec comme société distincte et lui assurer l'octroi d'une protection constitutionnelle contre des amendements constitutionnels jugés préjudiciables à ses intérêts supérieurs. Cela respecterait les attentes engendrées par les promesses du premier ministre Chrétien en octobre 1995. À un problème global d'ordre constitutionnel, il faut une approche d'ensemble; l'approche parcellaire et timorée ne convient pas. Le temps presse; l'urgence commande l'action.

Puisque je suggère l'action à un auditoire préoccupé par l'unité canadienne et qui entretient des relations de proximité avec le personnel politique, je lui demande pourquoi le Canada anglais ne poserait-il pas un geste de bonne volonté ? Pourquoi les provinces qui ont déjà voté la résolution relative à l'Accord du Lac Meech ne voteraient-elles pas une résolution en vue de reconnaître dans la Constitution le Québec comme société distincte, avec le libellé même de l'Accord du Lac Meech? Voilà une proposition simple et concrète qui permettrait de joindre le geste à la parole! Voilà un premier pas dans la bonne direction !

Miriam Smith

Department of Political Science
Carleton University
Rapporteur

REPORT ON THE STATE AND INTERGOVERMENTAL RELATIONS

Most suggestions for solutions to the current political and constitutional impasse between Quebec and Canada include proposals for changes to political institutions. The constitutional debate itself has concerned not only the meta-political rules that should govern the relationship between Quebeckers and other Canadians and between citizens and their governments but also very specific recommendations for changes in political institutions including parliament (especially, but not exclusively, the Senate), the Supreme Court, intergovernmental relations, and the recasting of the division of powers between the federal and provincial levels of government.

The presentations at the conference featured several common themes. Most presentations called for dialogue and mutual understanding as either implicit or explicit alternatives to the options of exit or violence and called our attention to the ways in which institutions may foster dialogue and accommodation. The spectre of a potentially violent political outcome is a new development in thinking about Quebec-Canada relations and most participants emphasized in one way or another that the continued existence of the Canadian state cannot be purchased with threats. In that sense, the participants sent a clear message of tolerance and mutual respect, which contrasts with some of the more inflammatory voices in the "Track two" debate.

Another theme that emerged from the presentations on political institutions was that the federal government acts as an impediment and an obstacle to changes in political institutions in a number of ways. Ottawa was seen as the problem in the relatively traditional sense of blocking change that might benefit certain regions or of reflecting central Canadian interests. Furthermore, the Liberal government itself was seen as incapable of understanding the depths of the current crisis, which, perhaps, is not really surprising given the electoral, social, and regional bases of the Liberal party. The Liberals play the "governing party" role and tend to cling to the methods and ideas that have ensured their electoral success in the past rather than undertaking a more imaginative role. In particular, the Liberal government is not inclined to political institutional solutions that would recognize the multi-national character of Canadian society, as such recognition might imperil the party's electoral base in Canada outside Quebec and would be a denial of the Trudeau legacy in the party. Finally, the federal government was perceived to be an obstacle in the structural sense that the government's institutional interests shape the process and outcome of the current debate in important ways. I was reminded of Alan Cairns's essay on the politics of constitutional conservatism, which emphasizes the ways in which the weight of entrenched institutions and existing rules limits options for change. Some of the more creative solutions, such as moving toward European-style decision making in intergovernmental relations and using the principle of subsidiarity in jurisdictional conflicts between federal and provincial governments, would require the federal government—whatever the party in power—to alter its traditional role. The idea of holding a constituent assembly that might hammer out new constitutional norms would also require the cooperation of the federal government, which would not be interested in relinquishing control of the constitutional debate.

Several specific proposals for political institutional change were made by the participants. First, some suggested ways in which institutions could be changed by non-constitutional means. David Elton argued for the implementation of the proposals of the failed Meech Lake Accord through non-constitutional means. This would entail the federal government's existing resolutions on the veto and the distinct society clause as well as a federal government commitment to choose senators from lists provided by the provinces, which would allow provinces to hold Senate elections. However, it is far from clear that a non-constitutionalized distinct society clause would dampen the forces of Quebec nationalism. André Burelle suggested changes to Canadian political institutions that would import decision-making principles from the European Union such as subsidiarity, which is usually interpreted as implying decentralization if applied in the Canadian case. In addition, Burelle suggested European-style decision making in intergovernmental affairs. On both points, Richard Simeon warned that the European model might in fact evolve in a centralized rather than decentralized direction.[1] Despite this, the confederal views of Quebec politicians such as Mario Dumont, and former premier Robert Bourassa's open musings about the applicability of the European model to Quebec-Canada relations following the demise of the Meech Lake

Accord, imply that a European Union model might be politically salable in Quebec and might be perceived as a real departure from past constitutional and institutional practice. Gilles Paquette suggested that the federal government's role could be effectively reshaped through program review and retrenchment while Kathy Brock proposed that the political legitimacy of section 33 of the Charter of Rights (the legislatures' ability to override sections 2 and 7-15 of the Charter) be shored up as a means of allowing the provinces greater latitude. In addition, the idea of expanding the areas of concurrent jurisdiction with provincial paramountcy was suggested although there was much debate about the meaning of further decentralization and calls for more precision in the use of the terms "centralization" and "decentralization."

Aside from proposed changes to existing institutions, a more radical departure from Canadian institutional traditions was the idea of a constituent assembly. A constituent assembly would enable us to deal with the problem of citizens' alienation from government, governmental agendas and strategies, and, in general, the Canadian elite accommodation model. However, as Tom Courchene suggested, many changes to federalism itself or solutions to jurisdictional conflicts would require intergovernmental agreement that could not be provided by a constituent assembly while other changes, such as entrenching the constitutional recognition of Quebec's distinctiveness, require the consent of governments as well as, potentially, ratification by referendum. Practically speaking, this would seem to circumscribe the power of a constituent assembly or, at least, the extent to which its deliberations could actually be implemented. Furthermore, such an assembly would have to be designed in a way that would avoid its domination by partisan party political interests, as François Rocher commented, otherwise it would lose its advantage of circumventing the traditional political elite.

Another potential advantage of a constituent assembly would be that it would potentially—depending on its design—allow many groups who are normally shut out by territorially organized politics to express their interests and concerns. The danger would be that such an assembly would only fan the flames of conflict by bringing them out into the open and might perhaps harden attitudes even further. On the other hand, the very clear expression of divergent interests and values might help build the social and political support and consensus that must underpin compromise "track one" solutions, whether such solutions are constitutional, political, or administrative. However, the question is, is a constituent assembly practicable in the time available, especially given that governments and governmental elites will not be open to the idea and that, indeed, it involves circumventing their institutional interests?

A number of constructive and imaginative proposals have been made that provide grounds for optimism. Many of the proposals do not require constitutional means for their implementation. At the same time, however, there are grounds for pessimism. While some feel that the government's current strategies may be seen as a move forward, others feel that the strategy is ill-conceived and improvised. In my own view, any process, whatever the substance, must be based on the principle of political inclusiveness in ways that will deal with the extent to which existing political elites and existing processes have been discredited in the rest of Canada. The time is short and the divisions are deep.

Notes

1. Due to other committments, Richard Simeon, who acted as a commentator at the Colloqium, was unable to submit a final text.

Miriam Smith

Département de science politique
Université Carleton
Rapporteur

L'ÉTAT
ET LES RELATIONS INTERGOUVERNEMENTALES

La plupart des solutions proposées pour sortir le Québec et le Canada de l'impasse politique et constitutionnelle actuelle comportent des propositions de changements aux institutions politiques. Le débat constitutionnel en soi porte non seulement sur les règles de politique spéculative qui devraient régir les relations entre les Québécois et le reste des Canadiens, ainsi que les relations entre les citoyens et leurs gouvernements, mais aussi sur des recommandations très précises concernant les modifications qu'il y aurait lieu d'apporter aux institutions politiques, dont le Parlement (et particulièrement, mais non de façon exclusive, le Sénat) et la Cour suprême. Ces recommandations concernent également les relations intergouvernementales et la refonte du partage des pouvoirs entre le gouvernement fédéral et les gouvernements provinciaux.

Les exposés présentés lors du colloque touchent à plusieurs thèmes communs. Bon nombre des conférenciers ont préconisé le dialogue et la compréhension mutuelle comme solutions de rechange, implicites ou explicites, à la séparation ou à la violence. Ces derniers circonscrivent également les méthodes auxquelles les institutions devraient avoir recours pour encourager le dialogue et favoriser les compromis. Le spectre d'un dénouement politique potentiellement violent est une nouvelle façon d'envisager les relations Québec-Canada et la plupart des participants ont fait valoir, d'une façon ou d'une autre, que la continuation de l'existence d'une nation canadienne ne peut se faire sous la menace. À cet égard, les participants ont livré un message clair de tolérance et de respect mutuel qui se détache de certaines opinions incendiaires exprimées lors du débat sur la deuxième option.

Un autre thème qui est ressorti des exposés sur les institutions politiques avance que le gouvernement fédéral agit à titre de frein et d'obstacle aux changements à apporter aux institutions politiques, et ce, de diverses façons. On estime en effet que le problème se situe au niveau du gouvernement fédéral, qui est perçu soit comme une entrave au changement dans le sens plus ou moins traditionnel qui pourrait bénéficier à certaines régions, soit comme défenseur des intérêts du Canada central. De plus, le gouvernement libéral semble incapable de comprendre l'intensité de la crise actuelle, ce qui, peut-être, n'est pas si surprenant, étant donné ses assises électorales, sociales et régionales. Les Libéraux jouent le rôle de « parti au pouvoir »; ils ont tendance à se raccrocher à des méthodes et à des idées qui leur ont assuré un succès électoral par le passé plutôt que d'assumer un rôle plus original. Le gouvernement libéral est notamment peu enclin à adopter des solutions visant à modifier les institutions politiques de manière à reconnaître le caractère plurinational d'une société canadienne; une telle reconnaissance pourrait compromettre l'assise électorale des Libéraux dans le Canada anglais et renierait l'héritage de Trudeau au sein du parti. En dernier lieu, le gouvernement fédéral est perçu comme un frein au niveau structurel puisque les intérêts institutionnels du gouvernement façonnent le cheminement et l'issue du débat actuel de façon substantielle. Cela me rappelle l'essai d'Alan Cairns sur la politique de conservatisme constitutionnel qui mettait l'accent sur les diverses façons dont le poids des institutions enchâssées dans la Constitution et les règlements existants limite les possibilités de changement. Certaines des solutions plus créatives, comme l'adoption d'un décisionnisme à l'européenne pour les relations intergouvernementales et l'utilisation du principe de la subsidiarité dans les conflits de compétences qui opposent le gouvernement fédéral et les gouvernements provinciaux, nécessiteraient la modification du rôle joué traditionnellement par le gouvernement fédéral, et ce, quel que soit le parti au pouvoir. Le concept de la création d'une assemblée constituante qui mettrait au point de nouvelles normes constitutionnelles exigerait également la coopération du gouvernement fédéral. Ce dernier ne serait sans doute pas intéressé à renoncer au contrôle du débat constitutionnel.

Les participants ont présenté plusieurs suggestions précises de changements aux institutions politiques. Certains ont recommandé des approches permettant de changer les institutions sans faire appel à la Constitution. David Elton a invoqué l'élaboration des propositions du défunt Accord du Lac Meech qui pourraient être mises en œuvre au moyen de démarches non constitutionnelles. De telles propositions entraîneraient l'imposition des résolutions existantes concernant le droit de veto et la clause de la société distincte et la prise d'un engagement par le gouvernement fédéral de sélectionner les sénateurs à partir de listes fournies par les provinces. Cet engagement permettrait aux provinces de tenir des élections pour le Sénat. Il est toutefois loin d'être évident qu'une clause de société distincte non enchâssée dans la Constitution contribuerait à modérer l'ardeur du nationalisme québécois. André Burelle propose d'apporter des changements aux institutions politiques canadiennes, conformément à certains principes de processus décisionnels tirés de l'Union européenne, dont la subsidiarité. Ce dernier concept est souvent interprété comme une décentralisation des pouvoirs s'il est appliqué au contexte canadien. M. Burelle préconise également un décisionnisme à l'européenne pour ce qui est des relations intergouvernementales. Sur ces deux points, Richard Simeon rétorque que le modèle européen peut se transformer en une direction centralisée plutôt que décentralisée.[1] Malgré cela, les vues confédérales de politiciens québécois, dont Mario Dumont et l'ancien premier ministre Robert Bourassa (qui rêvait tout haut à l'applicabilité d'un modèle européen aux relations Québec-Canada depuis l'échec de l'Accord du Lac Meech), indiquent qu'un modèle inspiré de l'Union européenne serait peut-être vendable politiquement au Québec. Un tel modèle serait perçu comme un véritable hiatus avec les anciennes pratiques constitutionnelles et institutionnelles. Gilles Paquet estime que le rôle du gouvernement fédéral peut être réorganisé efficacement par le truchement d'un examen des programmes et d'une réduction des dépenses, tandis que Kathy Brock mentionne que la légitimité de l'article 33 de la *Charte canadienne des droits* (la capacité de la législature de déroger aux articles 2 et 7 à 15 de la Charte) doit être consolidée afin d'accorder une plus grande latitude aux provinces. On lance également l'idée d'élargir les secteurs de compétences communes, mais en donnant prépondérance aux gouvernements provinciaux; on ne s'entend toutefois pas sur la définition d'une plus grande décentralisation. Les concepts de « centralisation » et de « décentralisation » auraient donc avantage à être précisés.

En dehors des changements proposés aux institutions existantes, on a évoqué une coupure plus radicale avec les traditions institutionnelles existantes au Canada, à savoir l'idée d'une assemblée constituante. Cette dernière permettrait de régler le problème de l'aliénation des citoyens envers le gouvernement et ses programmes et stratégies et, de façon générale, envers le système d'accommodements à l'avantage de l'élite canadienne. Toutefois, comme l'a mentionné Tom Courchene, bon nombre des changements qu'il y aurait lieu d'apporter au fédéralisme ou des solutions proposées aux conflits de compétences nécessiteraient une entente intergouvernementale qui ne pourrait être conclue par une assemblée constituante. D'autres changements, tel l'enchâssement de la reconnaissance du caractère distinct du Québec dans la Constitution, nécessiteraient le consentement des gouvernements et, potentiellement, la tenue d'un référendum. À peu de choses près, cela reviendrait à limiter les pouvoirs de l'assemblée constituante ou, du moins, la mise en œuvre réelle de ses délibérations. De plus, comme François Rocher le précise, une telle assemblée devrait être conçue afin d'éviter que des intérêts politiques partisans en régissent le fonctionnement, puisqu'elle perdrait ainsi sa prérogative de contourner l'élite politique traditionnelle.

L'idée d'une assemblée constituante, selon sa conception, offrirait aussi l'avantage de permettre à plusieurs groupes normalement exclus des politiques organisées par territoires de faire valoir leurs intérêts et d'exprimer leurs inquiétudes. Il se pourrait, toutefois, qu'une telle assemblée attise les querelles en les mettant au grand jour, ce qui aurait comme résultat de durcir davantage les attitudes. En revanche, l'expression très explicite de valeurs et d'intérêts divergents pourrait contribuer au soutien et au consensus social et politique. Ces deux derniers éléments doivent en effet étayer les « solutions » de la première option, qu'il s'agisse de solutions constitutionnelles, politiques ou administratives. Toutefois, la question est de savoir si une assemblée constituante peut être mise sur pied dans les délais plausibles, étant donné surtout que les gouvernements et l'élite gouvernementale ne seront pas réceptifs à cette idée et que, en réalité, la création d'une assemblée constituante exigerait de contourner leurs intérêts institutionnels.

De nombreuses propositions originales et d'ordre pratique ont été présentées, ce qui est de bon augure. Bon nombre d'entre elles ne nécessiteront pas d'être enchâssées dans la Constitution avant d'être mises en application. Pourtant, certains points suscitent le pessimisme des participants. Plusieurs sont d'avis que les stratégies actuelles du gouvernement sont un pas en avant, tandis que d'autres les perçoivent comme irréfléchies et improvisées. Selon moi, toute démarche, quelle que soit sa nature, doit se fonder sur le principe d'intégralité politique de manière à tenir compte de la mesure selon laquelle l'élite politique et les approches actuelles ont perdu la considération du reste du Canada. La course contre la montre est commencée et les divisions remontent à la nuit des temps.

Notes

1. A cause d'autres engagements, Richard Simeon, qui a participé au Colloque, n'a pas pu soumettre un texte final.

Robert Young
Department of Political Science
University of Western Ontario

CONCLUSION:
THE PATHS AHEAD

The conference for which these papers were written was constructive, stimulating, and at times even exciting. It brought together forty participants, representing several disciplines and a very wide spectrum of opinion. Like other Canadians, these people were attached to particular regions, interests, ethnic and linguistic backgrounds, and ideologies. But in their formal presentations, and in debates and discussions both on and off the conference floor, the participants, together, transcended these particularities. While prepared to advance and defend their viewpoints with vigour and commitment, the contributors also were prepared to listen, to assimilate and understand different and sometimes contradictory positions, and to continue an engaged dialogue. In this sense, the presenters were constructive, a simple, basic fact that augurs well for the future—especially because it holds true across the cleavage that motivated the conference, that between Francophone Quebeckers and people in the rest of Canada. Since this was the first big public conference after the Quebec referendum of October 30, it was noteworthy that such an attitude prevailed.

The first of the five sessions explored the causes and consequences of the referendum results. Evidently the sovereignist forces had made important gains between the time of Bouchard's *virage* and referendum day. Based in a growing sense that sovereignty is possible, these gains among swing voters occurred because of the perceived inflexibility of the federal system, strong self-identification among Francophones as *Québécois*, and considerable confusion about both the sovereignists' partnership proposal and the economic consequences of secession. It seems now that many Quebeckers think sovereignty would bring about long-term economic advantages. More significantly, because the credibility of those who predict dire consequences was compromised during the referendum campaign, there is room for the sovereignists to argue that "things can't get worse," and also—since the effects of a Yes vote are unforeseeable—that the transition to sovereignty would be costless.

The Anglophone presenters spoke of the shock and confusion that the referendum result had created. It has unleashed a wave of thinking about "track two"—preparing for Quebec secession and contemplating the future of Canada without Quebec. Ideas like Maritime union and the partition of Quebec, as well as a new, tough political rhetoric founded in self-interest and expressed in threats, testify to the growing estrangement between Quebeckers and English Canadians. Some contributors exposed these trends; others deplored them. And the rapporteur for this session, Kenneth McRoberts, highlighted one practical result: because there is little new thinking among federalists about radical reform, the rest of the country may be unprepared for genuine overtures from Bouchard and his government about a new partnership, either before or after another referendum. Caught between a set of modest "track one" (reform) proposals and preparing for the "formerly unthinkable," Canadians may see the latter materialize if the first fails.

The participants would return to these practical matters in the final session. For this, the next three sessions were to provide the groundwork, and the papers in the session on values began this by exposing two main features of the normative subtext of constitutional politics. The first concerns the welfare state. Extensive polling has shown that support for social programs and interregional redistribution has been eroding for some time, a trend that has been accelerated by economic insecurity. This currently underpins some support for decentralizing control of social programs to the provinces. At the same time, however, many participants clearly regarded the welfare-state programs as a defining feature of Canada, and also as a principal pillar of the legitimacy of the central government, which helps fund these programs as well as enforces national standards of services to which all Canadians are entitled. These people would endorse decentralization with great reluctance, not only because it would decrease benefits but also because an important part of the Canadian identity would be lost. In Quebec, intriguingly, there is support for decentralization, but it is coupled with a strengthening support for communitarian values, ones that might underpin a collective, supra-governmental approach to solving economic problems and maintaining the social safety net.

The second value-laden issue was the recognition of Quebec's distinctiveness. As was demonstrated, this can be presented in straightforward factual terms—as a matter of recognizing that Canada is unique in having two languages within which immigrants are assimilated, and that

French does and will predominate in Quebec. But it is also a symbolic and highly charged matter. For the *Québécois* participants, the need was evident for Canadians to achieve a fundamental act of recognition, one that would satisfy the deep conception of Canada as a pact between nations. Although many participants were quite prepared to accept this in order to avoid the stark choice between homogeneity and the secession that would occur were recognition not forthcoming, others were not. The distinct-society clause is seen by some as a concession that would not blunt the sovereignists' momentum. Others argued that it flies in the face of public support for the notion of provincial equality. And, among some Westerners, the view has grown that recognizing Quebec as "distinct" not only connotes "special" status but also could legitimize special transfers to Quebec, ones that would be as unjust as the National Energy Program and the tariffs that favoured central Canada for so long. It was also clear that when support for recognizing Quebec as distinct comes to be identified with partisan political calculations, the potential mounts for escalating rhetoric and growing polarization between the communities. This fact was gently brought home to the conference by rapporteur John Trent.

The fourth session, on coping with division, broadened out these debates. The participants spoke to the issue of identity—as Quebeckers, Westerners, Acadians, Aboriginals, Francophones, recent immigrants, and Canadians—and they revealed both the complexities and the significance of these various self-conceptions, of these subtle modes of inclusion and exclusion. The debate about Quebec's status was deepened by the distinction between ethnic and civil nationalism, which received a full exposition. But the Acadians are also different, as are many groups who seek to recognize themselves in a federalism that can be seen as a process. The goal is to let various communities thrive within a flexible, accommodating framework.

There was a sharp expression of alienation by some presenters. This sentiment seems particularly marked in the western provinces, as it has been historically. Now the grievances concern a central-government approach to Quebec that came near failure, and that then was supplemented by a set of quasi-constitutional changes that did not take real western interests and views into account. In particular, there are few signs that Ottawa is prepared to meet traditional regional demands for better representation in the central government. Of course such alienation - and not only in the West - poses a real obstacle to accommodating Quebec, because various groups may not agree to set their own demands aside to be dealt with later.

On the other hand, the session did show that Canada's various divisions are hardly insurmountable. There exists a substratum of toleration and mutual respect among groups in this country, with very little hostility and mistrust of others, and this bodes well for reconciliation. Moreover, mutual recognition need not engender a slide towards fragmentation and disunity, a point underlined by John Amagoalik, president of the Nunavut Implementation Commission, who addressed the conference from the floor. Amagoalik deplored the sovereignists' efforts to break up the country just when the Inuit are beginning to feel comfortable within it. Canada has, he said, been moving towards reconciliation with the Aboriginal peoples, and any new roadblock would be most regrettable. This was a moving speech, not only in its representation of Inuit concerns but also in its possible parallel for relations between Quebeckers and other Canadians. As rapporteur Frances Abele put it, the Inuit should be a source of pride to Canadians and a mark of success, because they have had their "moment of consent."

The session on political economy was meant to reveal some of the constraints operating on political actors, but the participants' major contribution may well have been to expose some of the opportunities open to Canadians. The common theme of each presentation was globalization, a set of phenomena that represents a changed context for economic activity and for governance. While Canada has performed well in the globalizing economy, there are now pressures for decreasing the scope of government, decentralizing, and dealing with the fiscal crisis.

One solution would be to rebalance the federation around the notion of subsidiarity, which was much discussed. The basic principle is that unless compelling reasons can be given to the contrary, state functions should be exercised by the lowest possible tier of government. Economically, this would permit provincial governments to concentrate on increasing human capital—a privileged site of intervention in the new economy—while other functions might be shifted "upwards" to Ottawa or to new federal-provincial structures in order to strengthen the economic union. A rather different response is based in new theories of economic growth that stress information flows, local networks, innovation, and the integration of social with economic policy. This emphasis would support collectivist, consensual decision making, especially in Quebec, where mobility is limited.

By stressing the link between social and economic policy, and by questioning deeply the institutional structures through which policy is formulated and delivered, the participants helped expose a dilemma that was highlighted by the rapporteur. In much of Canada, opinion about how to respond to global pressures is divided. One camp, pre-occupied with government deficits, seeks to roll back the state through privatization, cuts to social entitlements, and offloading responsibilities. But this is resisted by many who believe that social programs delivered by an active central government are not only worthwhile and humane in themselves, but also build loyalty, express Canadian unity and distinctiveness, and underpin Ottawa's legitimacy. Meanwhile, in Quebec, Bouchard and the sovereignists can depict the first current of thought as a threat to Quebeckers, while promising that a consensual, collective approach to the province's problems can both preserve social programs and, in the new global economy, deliver superior economic performance. All that is required, the argument might run, is full (sovereign) control over the relevant policy instruments. Given the potential for deep alienation that was expressed during this and other sessions, this could be a powerful argument.

The last session was designed to be the capstone of the conference. Given the historic event of the referendum, and the nature of values, social cleavages, and economic pressures, what changes should be wrought in the political sphere? What institutional innovations, if any, are required?

The participants raised several clear themes about political renewal. One was the danger of polarization between Quebec and the rest of Canada in the post-referendum period. There was general condemnation of the lack of courtesy, escalating rhetoric, and language of threat that have emerged in some quarters. Another major theme was the need for citizen involvement in the process of renewal. While there was little support for untried mechanisms like a constituent assembly, there was much agreement that the public had to acquire a "sense of ownership" of the process; unfortunately, however, there was no obvious and simple way to achieve this.

As for the substance of reform, it was evident that Quebec federalists still demand a package that looks a lot like Meech Lake—recognition of the province's distinctiveness, some decentralization, and a veto, perhaps limited, over threatening constitutional change. But, as much of the conference discussion revealed, there would be resistance to such a package. How to overcome it? There were several suggestions. First, decentralization would be welcomed by many Westerners. Were it accompanied by some improvements in regional representation in Ottawa, there could be support in the region for a small package, especially were the distinct-society clause clearly to imply no transfer of tax dollars to Quebec.

Second, decentralization could be achieved under the banner of a new principle—subsidiarity. This would make the process seem less haphazard, and it could also promise that Ottawa would retain its powers to manage the economic union, if not increase them. Finally, to mollify those who resist decentralization because it would lead to fragmentation and a decline of Ottawa's legitimacy, there was a concrete proposal at this session for new federal-provincial agreements and mechanisms that would enshrine and enforce the social and economic union. Hence, the guarantee of pan-Canadian standards could accompany the transfer of program control to the provinces.

Of course, all these proposals depend on Ottawa. It was quite clear that in the post-referendum period, "the ball is in Ottawa's court." But there was no agreement about whether the federal government perceives the situation as urgent enough that it can muster the political will to move forward. Rapporteur Miriam Smith found grounds for optimism in the fact that much could be accomplished through non-constitutional means; on the other hand, the time frame for action is short, and it is not clear that Ottawa will move fast enough to meet the post-referendum demands for structural change. This could depend not only on the government's analysis of the prevailing mood across the country, but also on its concern about electoral prospects and the very legitimacy of the central government as such.

So, in the end, there are many alternative futures open to Canadians and to Quebeckers. We have all witnessed a historic event, in the October 30 referendum, and as its repercussions set in, the situation remains fluid. There are important divisions between regions and groups, with respect to values, social formations, and economic interests, but there are also important ties that bind the citizens of this country, as well as deep norms of tolerance and mutual respect that remain solid. The political future and change in our institutional structures remain open. Which paths are taken will depend on the will of Canadians as well as the choices of their political leaders. In this volume, the contributors have admirably illuminated these alternative paths to the future.

Robert Young

Département de science politique
Université de Western Ontario

___

CONCLUSION :
LES VOIES DE L'AVENIR

___

Le colloque dans le cadre duquel les présentes communications ont été préparées s'est avéré constructif, stimulant, voire passionnant par moments. Il a rassemblé quarante participants, spécialistes de disciplines variées, aux opinions des plus diverses. Outre leurs intérêts, leurs origines ethniques, leur langue maternelle et leurs idéologies différentes, ces participants avaient aussi des attaches avec des régions particulières du pays. Toutefois, dans leurs présentations respectives, et lors des débats et discussions, tant dans la salle de conférence qu'en dehors des séances, ils ont tous fait abstraction de ces différences. Bien qu'ils fussent prêts à promouvoir et à défendre leurs points de vue avec force et diligence, ils étaient aussi disposés à écouter, à s'approprier et à comprendre des points de vue souvent contradictoires et à entretenir un dialogue entre personnes engagées. En ce sens, les présentateurs constituaient un groupe de personnes aux attitudes positives, ce qui est de bon augure pour l'avenir, surtout parce que leurs attitudes transcendent le clivage qui a donné lieu au colloque, à savoir celui qui divise les Québécois et les citoyens du reste du Canada. Comme il s'agissait de la première conférence publique d'envergure depuis le référendum québécois du 30 octobre, la prédominance de telles attitudes est digne de remarque.

La première des cinq séances a traité des causes et des conséquences des résultats du référendum. De toute évidence, les forces souverainistes avaient fait des gains importants entre le moment du *virage* de M. Bouchard et le jour du référendum. En raison du sentiment croissant chez un grand nombre de Québécois que la souveraineté pouvait se concrétiser, il est possible de lier ces gains à l'apparente opiniâtreté du système fédéral, à une tendance prononcée des francophones à se reconnaître comme *Québécois*, à l'imprécision du projet de partenariat des souverainistes et à la confusion des Québécois concernant les conséquences économiques de la sécession. On a l'impression maintenant qu'un grand nombre de Québécois pensent que la souveraineté entraînerait des avantages économiques à long terme. Fait encore plus important, étant donné la perte de crédibilité des personnes qui, durant la campagne référendaire, affirmaient que la souveraineté entraînerait des conséquences néfastes, les souverainistes peuvent dorénavant soutenir que la situation ne peut empirer. En outre, comme il est impossible de prédire les conséquences d'un « oui », ils peuvent aussi soutenir que la transition à la souveraineté n'entraînerait aucun coût.

Les présentateurs anglophones ont fait allusion au choc et à la confusion engendrés par les résultats du référendum. Ces résultats ont donné lieu à un nouveau train de pensée axé sur une deuxième stratégie, à savoir la préparation à la sécession du Québec tout en réfléchissant sur l'avenir du Canada sans le Québec. L'émergence de certaines idées, telles l'Union des provinces Maritimes et la partition du Québec, de même qu'une nouvelle rhétorique politique dure axée sur des intérêts particuliers se traduisant par des menaces, témoigne de l'élargissement de la division qui existe entre les Québécois et les Canadiens de langue anglaise. Certains contributeurs ont fait état de ces idées, tandis que d'autres les ont déplorées. Et le rapporteur de cette séance, Kenneth McRoberts, a souligné une conséquence pratique de la nouvelle conjoncture : en raison de la carence de nouvelles idées de réformes en profondeur chez les fédéralistes, le reste du pays pourrait en fait être mal préparé à toute ouverture sincère de M. Bouchard et de son gouvernement en ce qui a trait à un nouveau partenariat, soit avant ou à la suite d'un autre référendum. Les Canadiens sont donc pris entre l'ensemble de propositions de réforme modestes dans le cadre de la première stratégie et le besoin de se préparer à « l'inconcevable » d'antan. Si les projets de réforme échouent, l'inconcevable devient dorénavant possible.

Les trois séances suivantes avaient pour but de préparer le terrain pour un retour sur ces questions lors de la dernière séance. Dans cette perspective, les communications sur les valeurs qu'apprécient les Canadiens ont amorcé le processus en exposant deux caractéristiques principales de la réalité normative de la démarche politique en ce qui a trait à la constitution. La première est liée à l'État providence. Certains présentateurs ont souligné qu'à la suite de sondages d'opinion fouillés l'appui traditionnel consenti aux programmes sociaux et à la redistribution interrégionale semble s'effriter depuis un bon moment. Il s'agit d'une tendance qui s'explique par l'insécurité économique que ressentent les Canadiens. Voilà ce qui est à la base d'un certain appui en faveur de la dévolution aux provinces des pouvoirs relatifs aux programmes sociaux. Par ailleurs, un grand nombre de participants ont affirmé que les programmes de l'État providence constituent une caractéristique déterminante de l'identité du Canada et le principal fondement de la légitimité du gouvernement central qui contribue au financement de ces programmes, tout en veillant au respect de normes nationales régissant la prestation des services auxquels tous les Canadiens ont droit. C'est à contrecœur que ces personnes appuieraient la dévolution de pouvoirs aux provinces. À leurs yeux, cela entraînerait non seulement une diminution des bénéfices, mais aussi une perte considérable sur le plan de l'identité nationale. Au Québec, curieusement, on appuie la notion de décentralisation. Cet appui s'ajoute toutefois à un appui grandissant envers les valeurs communautaires, valeurs susceptibles de servir d'assises d'une approche collective supragouvernementale pour résoudre les problèmes économiques, et ce, tout en maintenant en place le filet de sécurité sociale.

La deuxième question liée aux valeurs portait sur la reconnaissance de la spécificité du Québec. Comme on a pu le constater, celle-ci peut se présenter en termes factuels simples, à savoir que le Canada est unique en raison de ses deux cultures d'accueil auxquelles les immigrants s'assimilent et que le français est effectivement et pour toujours la langue prédominante au Québec. Mais cette question est à la fois symbolique et très émotive. Les participants *Québécois* ont déclaré que les autres Canadiens devaient effectivement reconnaître la spécificité du Québec de manière à consacrer la notion profondément ancrée que le Canada est le résultat d'un pacte entre deux nations. Un grand nombre des participants se disaient favorables à cette idée afin d'éviter de choisir l'homogénéité et la sécession qui surviendrait en l'absence d'un tel acte de reconnaissance. D'autres, cependant, ne l'étaient pas. Aux yeux de certains, la disposition qui reconnaît la société distincte n'est qu'une concession qui ne ralentirait aucunement l'élan des souverainistes. D'autres ont soutenu que cela bat en brèche l'appui de la population pour la notion de l'égalité des provinces. Et certains, en provenance de l'Ouest, ont déclaré qu'à leurs yeux la reconnaissance du Québec en tant que société distincte non seulement dénote un statut « spécial », mais ouvre la voie au transfert de pouvoirs spéciaux qui seraient tout aussi inéquitables que le Programme énergétique national et les tarifs qui ont si longtemps favorisé le Canada central. On a pu constater par ailleurs que lorsque l'appui pour la reconnaissance du Québec en tant que société distincte est perçu comme un calcul politique partisan, le potentiel d'escalade de la rhétorique et de la polarisation des collectivités augmente, ce que nous a gentiment rappelé le rapporteur de la séance, John Trent.

La quatrième séance, qui s'est déroulée sous le thème « S'accommoder des divisions », a élargi le cadre du débat. Les participants ont parlé d'identité — à titre de Québécois, de citoyen de l'Ouest, d'Acadien, d'Autochtone, de francophone, d'immigrant récent et de Canadien — en faisant ressortir les complexités et l'importance de ces concepts de soi et de la subtilité des modes d'inclusion et d'exclusion qui leur sont associés. Le débat sur le statut du Québec s'est approfondi par suite de la discussion des concepts de nationalisme ethnique et le nationalisme civil dont on a longuement traité. Mais on a souligné que les Acadiens représentent aussi une société distincte, tout comme les nombreux groupes qui cherchent à se reconnaître au sein d'un fédéralisme que l'on considère au même titre qu'un processus, qu'un mécanisme qui permet à diverses collectivités de s'épanouir dans un cadre souple et conciliant.

Certains présentateurs, cependant, ont fait allusion à un profond sentiment d'aliénation. Ce sentiment semble prévaloir de façon particulière dans les provinces de l'Ouest, où il existe depuis toujours. Les griefs de l'Ouest portent maintenant sur l'approche du gouvernement central concernant la question du Québec, approche qui est venue près d'échouer, et sur l'ensemble de changements quasi constitutionnels qui ne tiennent pas compte des intérêts et des points de vue de la population de l'Ouest. En particulier, on déplore l'absence de la volonté du gouvernement central de satisfaire la demande régionale traditionnelle concernant une meilleure représentation au sein du gouvernement central. Il est certain qu'un tel sentiment d'aliénation — non seulement dans les provinces de l'Ouest — constitue un obstacle réel à la satisfaction des attentes du Québec, car divers groupes n'accepteront peut-être pas de reporter à plus tard la considération de leurs demandes.

Par ailleurs, la séance a fait ressortir que les divisions qui existent au Canada ne sont pas du tout insurmontables. Il existe un courant de tolérance et de respect mutuel entre les groupes de ce pays. Ces derniers entretiennent peu d'hostilité et de méfiance les uns envers les autres, ce qui est de bon augure pour la réconciliation. La reconnaissance mutuelle, par ailleurs, n'engendre pas nécessairement la fragmentation et la désunion, comme l'a souligné de l'auditoire John Amagoalik, président de la Commission d'établissement du Nunavut. M. Amagoalik a déploré les efforts des souverainistes visant à détruire le pays au moment où les Inuit commencent à s'y sentir à l'aise. Selon M. Amagoalik, le Canada fait des progrès sur le plan de la réconciliation avec les peuples autochtones et tout nouvel obstacle à ce progrès serait très regrettable. Son intervention a touché l'auditoire, non seulement par sa représentation des préoccupations des Inuit, mais aussi par l'illustration du parallèle qu'il est possible d'établir sur le plan de l'harmonisation des relations entre les Québécois et les autres Canadiens. Comme l'a signalé le rapporteur Frances Abele, les Inuit devraient être une source de fierté et une marque de succès pour les Canadiens, car ce peuple a connu son « moment de consentement ».

La séance sur l'économie politique avait pour but de faire ressortir un certain nombre de contraintes influant sur les activités des acteurs sur la scène politique, mais la principale contribution des participants aura certainement été d'exposer quelques-unes des occasions qui se présentent aux Canadiens. C'est le phénomène de la globalisation, soit un sous-ensemble de phénomènes ayant engendré une nouvelle conjoncture d'activité économique et de gouvernement, qui s'est dégagé en tant que thème commun à chaque présentation. Bien que le Canada se soit bien tiré d'affaires sur le plan de la mondialisation de l'économie, on note maintenant une pression de plus en plus forte en faveur de la réduction du champ d'intervention du gouvernement, de la décentralisation et de la résolution de la crise financière.

Une des solutions avancées préconise le rééquilibrage de la fédération selon le principe de la subsidiarité, proposition qui a été longuement discutée. En principe, à défaut de raisons irrésistibles en faveur du contraire, les fonctions de l'État devraient être gérées à l'échelle locale. Sur le plan économique, les gouvernements provinciaux pourraient ainsi concentrer sur la valorisation du capital humain — un lieu privilégié d'intervention dans le cadre de l'économie nouvelle — alors que la gestion d'autres fonctions pourrait être confiée à Ottawa ou à de nouvelles structures fédérales-provinciales crées en vue de renforcer l'union économique. Une autre solution avancée, mais plutôt différente, s'inspire des nouvelles théories de croissance économique qui mettent l'accent sur l'importance des flots d'information, des réseaux locaux, de l'innovation et de l'intégration des politiques sociales et économiques. On a souligné qu'une telle approche favoriserait la prise de décision collective et consensuelle, particulièrement au Québec où la mobilité des citoyens est limitée.

En insistant sur l'intégration des politiques sociales et économiques, et en remettant en question les structures institutionnelles par lesquelles on élabore les politiques et on les applique, les participants ont contribué à dégager un dilemme que le rapporteur a fait ressortir davantage. Ce dilemme découle du fait que, dans une bonne partie du Canada, les opinions divergent quant à la façon de réagir aux pressions de la mondialisation. Certains, préoccupés par les déficits des gouvernements, soutiennent qu'il faut réduire l'influence du gouvernement par la voie de la privatisation et de la diminution des prestations sociales. La décentralisation peut être utile en ce sens. Mais cette approche est inacceptable à d'autres qui estiment que la prestation de programmes sociaux par un gouvernement central actif est non seulement une initiative valable et humanitaire, mais une activité qui engendre la loyauté, traduit l'unité du Canada et légitime le gouvernement à Ottawa. Pendant ce temps, au Québec, M. Bouchard et les souverainistes dépeignent la première école de pensée comme une menace pour les Québécois. Du même souffle, ils prétendent qu'une approche consensuelle et collective pour résoudre les problèmes de la province permettra de protéger les programmes sociaux et, dans la conjoncture de mondialisation de l'économie, se traduira par une performance économique supérieure. Tout ce qu'il faut, selon l'argument des souverainistes, c'est la maîtrise complète des instruments de politique pertinents. Étant donné le potentiel d'aliénation profonde auquel les présentateurs de la présente séance et d'autres séances ont fait allusion, cet argument pourrait prendre beaucoup de poids.

La dernière séance devait être la pierre de faîte du colloque. Étant donné la valeur historique du référendum et la nature des valeurs, des clivages sociaux et des pressions économiques en présence, quels changements pourrait-on provoquer dans la sphère politique? Quelles innovations institutionnelles s'imposent, s'il en est ?

Les participants ont soulevé avec clarté plusieurs thèmes traitant des possibilités d'un renouveau politique. Un de ces thèmes abordait la question de la polarisation entre le Québec et le reste du Canada dans la période postréférendaire. On a déploré le manque de courtoisie, l'escalade de la rhétorique et les menaces qui sont issus de certains milieux. Un autre thème soulignait le besoin de la participation des citoyens au processus de renouvellement. Bien que le recours à des mécanismes qui n'ont pas été mis à l'épreuve, tels que celui de l'assemblée constituante, n'ait pas recueilli beaucoup d'appuis, on a convenu que la population devrait s'approprier le processus de renouvellement. Malheureusement, il ne semble pas exister de manière facile et efficace de faire en sorte qu'elle réussisse à cette fin.

Pour ce qui est de la substance de la réforme, il est clairement ressorti que les fédéralistes québécois continuent de réclamer un ensemble de dispositions qui ressemblent beaucoup à celles de l'accord Meech : reconnaissance de la spécificité de la province, un certain niveau de décentralisation et un droit de veto, probablement limité, en cas de changements constitutionnels menaçants. Mais, comme une bonne partie du débat lors du colloque l'a démontré, il y aurait de la résistance à un tel ensemble de dispositions. Comment la surmonter? Plusieurs suggestions ont été faites. Premièrement, on a signalé qu'un grand nombre de citoyens de l'Ouest seraient favorables à la décentralisation. Dans la mesure où celle-ci serait doublée d'une amélioration sur le plan de la représentation à Ottawa, l'Ouest appuierait un ensemble limité de dispositions, surtout s'il était clair que la disposition qui reconnaît la société distincte n'entraînerait aucun transfert d'impôts au Québec.

Deuxièmement, la décentralisation pourrait se concrétiser par suite de l'application d'un nouveau principe, celui de la subsidiarité. L'application de ce principe rendrait le processus de décentralisation moins aléatoire et permettrait à Ottawa de conserver, sinon de les étendre, les pouvoirs nécessaires pour gérer l'union économique. Enfin, pour apaiser ceux qui s'opposent à la décentralisation parce qu'ils estiment que cela entraînerait la fragmentation du pays et une diminution de la légitimité du gouvernement d'Ottawa, on a fait une proposition formelle lors de cette séance préconisant l'établissement de nouveaux accords et de mécanismes connexes pertinents entre le gouvernement fédéral et les provinces, pour assurer et renforcer l'union sociale et économique. Ainsi, le transfert de pouvoirs aux provinces pour ce qui est de la prestation de programmes serait accompagné par une garantie de normes pancanadiennes.

Naturellement, la réalisation de toutes ces propositions dépend de la bonne volonté d'Ottawa. Il est clairement ressorti que, dans la période postréférendaire, c'est à Ottawa de jouer. Mais on n'a pas réussi à déterminer si le gouvernement fédéral estime que la situation est suffisamment urgente pour qu'il mette tout en œuvre pour mobiliser la volonté politique d'agir. Le rapporteur, Miriam Smith, a trouvé qu'un certain optimisme se justifiait, du fait que beaucoup de progrès pourraient être réalisés par voie de moyens non constitutionnels. Par contre, les délais sont des plus courts et il n'est pas apparent qu'Ottawa agira avec la rapidité voulue pour répondre aux demandes de changements structurels formulées durant la période postréférendaire. Tout dépendra non seulement de l'analyse de l'opinion publique partout au pays que fera le gouvernement, mais aussi de ses préoccupations au sujet de ses perspectives électorales, voire de la légitimité du gouvernement central lui-même.

En fin de compte, les Canadiens et les Québécois peuvent envisager plusieurs avenirs. Nous avons tous été témoins d'un événement historique, soit le référendum du 30 octobre. Au fur et à mesure que ses conséquences s'affermissent, la situation demeure tout aussi fluide. Il existe des divisions importantes entre régions et groupes quant aux valeurs, aux formations sociales et aux intérêts économiques, mais il existe aussi des liens importants entre les citoyens de ce pays, de même que des normes profondes de tolérance et de respect mutuel dont la solidité est établie. L'avenir politique et le changement de nos structures institutionnelles sont à définir. Les voies qui seront choisies dépendront des volontés des Canadiens aussi bien que des choix que feront leurs dirigeants politiques. Dans ce volume, les contributeurs ont admirablement balisé les voies de l'avenir.

The paper used in this publication meets the minimum requirements
of American National Standard for Information Sciences -
Permanence of Paper for Printed Library Materials, ANSI Z39.48-1992.

• Cap-Saint-Ignace
• Sainte-Marie (Beauce)
Québec, Canada
1996

« L'IMPRIMEUR »